소중한 마음을 담아

_____ 님께 이책을 드립니다.

_____드림

하나님 아버지의 마음

- 초판 1쇄 발행 2009년 9월 15일

- 지은이 장경동
- 펴낸이 정종현
- 펴낸곳 도서출판 누가

- 등록번호 제20-342호
- 등록일자 제2008. 8. 30
- 주소 서울시 강서구 염창동 282-19 현대아이파크상가 B 102호
- 전화 02-826-8802 팩스 02-826-8803

- 정가 11,500원
- ISBN 978-89-92735-36-0

비유강해

하나님
아버지의 마음

장경동 목사 지음

도서출판

누가

Contents

서문

서문

우리 인간은 모두 선악과 사건 이후 하나님 품을 떠났던 자들입니다.

인류가 하나님 품을 떠난 이후로 하나님은 그들을 기다리고 계십니다. 우리는 하나님의 이 심정을 알아야 합니다. 그런데도 우리는 잘잘못의 기준을 재물에 두고 있기 때문에 재산을 탕진해 버린 작은 아들만 탕자라고 생각합니다. 그러나 하나님의 탕자 기준은 아버지의 뜻에서 살고자 하느냐, 아니면 아버지 뜻을 떠나 자기 멋대로 사느냐에 있습니다.

집 나갔던 아들이 돌아왔을 때 아버지가 그렇게 기뻐하시는데도 큰아들은 기뻐하지 않았습니다. 아버지의 진정한 마음을 모르기 때문입니다. 큰아들이 아버지와 한집에서 살고 있었지만, 그의 관심은 다른 곳에 있었습니다. 큰아들은 바리새인과 서기관처럼 그저 율법으로 완벽한 자가 되기 위해 아버지를 섬긴 것입니다. 나의 의로는 완벽해질 수 없습니다. 우리는 예수님의 은혜로만 완벽해질 수 있습니다.

하나님의 기뻐하시는 기준은 나의 어떤 수단으로 살지 않고 아버지 품에서 살기를 원하시는 것입니다. 자신의 의를 드러내는 바리새인과 서기관의 기질은 하나님께 환영받지 못합니다. 우리는 돌아온 탕자처럼 하나님 아버지 앞에 항상 죄인 된 신분으로 서야 합니다. 그 때 하나님은 나를 하나님의 자녀로 받아 주십니다.

우리는 하나님 아버지의 마음을 알면서 신앙생활을 해야 합니다. 죄인 하나가 회개하고 돌아오면 하나님은 사자들 앞에서 크게 기뻐하십니다. 하나님 아버지의 마음은 성령으로만 알 수 있습니다. 성령으로 하나님의 마음을 알아 하나님의 기쁨과 하늘나라의 잔치에 동참할 수 있는 우리 모두가 되시기를 바랍니다.

2009. 7. 목사 장경동

1. 소자

삼가 이 소자 중에 하나도 업신여기지 말라 너희에게 말하노니 저희 천사들이 하늘에서 하늘에 계신 내 아버지의 얼굴을 항상 뵈옵느니라 (없음) 너희 생각에는 어떻겠느뇨 만일 어떤 사람이 양 일백 마리가 있는데 그 중에 하나가 길을 잃었으면 그 아흔 아홉 마리를 산에 두고 가서 길 잃은 양을 찾지 않겠느냐 진실로 너희에게 이르노니 만일 찾으면 길을 잃지 아니한 아흔 아홉 마리보다 이것을 더 기뻐하리라 이와 같이 이 소자 중에 하나라도 잃어지는 것은 하늘에 계신 너희 아버지의 뜻이 아니니라

마 18:10~14

01

소자 마 18:10~14

우리는 이 땅에서 살아가는 가운데 사람들에게 곧잘 상처 입고 괴로워합니다. 왜 그렇습니까? 사람을 볼 줄 모르기 때문입니다. 그러나 하나님은 정말 사람을 정확히 보십니다. 예수께서 부르신 12제자들을 보십시오. 세리 마태, 어부 베드로, 안드레, 의원 누가 등, 이들 중에는 누구 하나 세계 복음화에 쓰임 받을 만한 인물이 없습니다. 겨우 밥이나 먹고 살 만한 사람들이지, 뭔가 특별히 내놓을 만한 사람이 아니었습니다.

베드로 같은 수제자를 보아도 그렇습니다. 베드로 전, 후서를 분명히 베드로가 기록했건만 역사가 2,000년이나 흐른 지금도 무식한 어부가 어떻게 그런 베드로 전, 후서를 쓸 수 있겠느냐는 의문을 품습니다. 그러나 주님은 그들을 정말 쓸만하셨기에 뽑아 12제자로 삼으셨습니다. 결론적으로 유다를 제외한 그들 모두는 예수님의 제자 역할을 너무나 완벽하게 담당해 냈습니다. 그런 제자들을 통하여 기독교의 초석을 놓으시고 세계 복음화의 역사를 이루어 가셨습니다. 우리가 볼 때에는 정말 못할 것 같은 사람들이지만, 주님의 안목은 달랐습니다. 역시 사람을 볼 줄 아셨습니다.

사람의 눈으로 보면 정말 보잘것없는 사람들입니다. 무엇을 제대로 할 수 있겠습니까? 의문이 충분히 갈 만한 사람들입니다. 그러나 주님의 사람 보시는 솜씨를 우리는 믿어야 합니다. 주님이 선택하신 데에는 사람 볼 줄 아시는 특유의 판단이 옳기 때문입니다. 바로 그 점을 믿자는 것입니다. 예수님이 예수님의 제자들을 제대로 봐 주셨듯이, 오늘 우리도 주님께서 제대로 보시고 세상에서 뽑으셨습니다. 십자가의 피로 구속하시고, 하나님의 자녀 삼아 주셨습니다. 그리고 하늘나라의 유업을 받게 될 상속자로 만들어 주셨습니다.

소자의 귀중함

'소자'란, 작을 소(小), 아들 자(子), 제자를 사랑스럽게 부르는 말입니다. 성경이 강조하며 가르치는 사상은 무엇입니까? 작은 것이 중요하다는 사상입니다. 세상은 작은 것을 무시하고 소홀히 여깁니다. 그러나 성경은 작은 것을 결코 무시하지 않습니다. 그렇다고 해서 작은 것만 중요하고 큰 것은 중요하지 않다는 말이 아닙니다. 큰 것은 더 중요합니다. 작은 것이 중요하다면 큰 것이 왜 안 중요하겠습니까? 아무튼 성경이 말씀하는 것은 작은 것이 중요하고 큰 것도 중요한데, 작다고 무시하지 말라는 것입니다.

오래 전 세계가 발칵 뒤집혔던 적이 있습니다. 정말 영화에서나 있을 법한 사건이 일어났기 때문입니다. 아니 영화도 일반 영화에서는 도저히 표현할 수 없습니다. 공상과학영화(science fiction films)나 만화영화에서나 나올 법한 사건이 현실이 되었습니다. 세계 최강의 나라 미국 아닙니까? 그 어떤 적의 미사일 도발도 미국을 해하지 못합니다. 강력한 MB 미사일 방어 구축을 계획하고 추진하던 미국입니다. 그런데 돈의 중심과 국방의 중심이던 미국이 비행기 테러를 당했습니다. 아주 비참하게 멍들고 말았습니다.

시편 127편에 있는 말씀처럼 하나님께서 우리의 성을 지켜 주지 아니하시면 허사라는 말씀이 정말 실감 납니다.

> 여호와께서 집을 세우지 아니하시면 세우는 자의 수고가 헛되며 여호와께서 성을 지키지 아니하시면 파수꾼의 경성함이 허사로다 (시 127:1)

미국은 군사나 통신이나 돈이나 식량이나 세계 최강의 나라입니다. 그래서 이 세상 어느 누구도 건드릴 수 없는 나라인 줄 알았습니다. 누구도 손댈 수 없는 최고의 무기와 힘으로 무장했기에 그 안에 있으면 평안하고, 그 안에 있으면 안전할 것 같았습니다. 그렇지만 그것은 착각이었습니다. 우리는 하나님께서 지켜 주셔야만 합니다. 그렇지 않으면 인간의 모든 준비가 정말 아무것도 아닙니다. 이 사실을 새삼 깨닫게 해 주는 사건이었습니다.

그런데 그러한 큰 문제가 왜 발생했습니까? 지금 살아 있는 60억 인구 중에 수억, 수십 억이 계획을 세워서 이루어 낸 일이 아닙니다. 오사마 빈 라덴이라는 한 사람이 일으킨 사건입니다. 유난히 회교의 우월성과 반미 감정을 가지고 있던 한 사람, 그리고 그를 따르는 몇몇의 추종자들이 주동이 되어 일어난 사건입니다. 세계는 경악했습니다. 미국의 심장부는 새파랗게 멍들고 말았습니다.

이 사건은 본문과 연관된 부분이 좀 있습니다. 그렇다고 해서 그라덴 한 사람이 중요한 인물이라는 의미는 아닙니다. 이 사람은 결국 처벌을 받아야 마땅하겠지요. 그래야 정의가 살아 있는 것 아니겠습니까? 다만 제가 말씀드리려는 요지는 그 강대한 미국을 혼란 속에 몰아넣는 데에는 많은 사람이 필요치 않았다는 것입니다. 바로 한 사람이 그런 엄청난 일을 저질렀으니 '소자를 무시하지 말라' 라는 이 말의 의미에서 뭔가 와 닿지 않느냐는 것입니다.

건강도 마찬가지입니다. 지금 거의 세계적으로 사망률 1위를 다투는 질병이 있다면 그것은 아마 암일 것입니다. 이 암이 덩어리가 되고 온몸에 퍼지게 되면 결국 사람이 죽습니다. 이 암 덩어리의 시작도 그렇습니다. 아주 작은 세포 하나에서 시작됩니다. 암 덩어리 전체가 갑자기 몸 안으로 쑥 들어와서 우리의 생명을 빼앗아 가는 것이 아닙니다. 수조 억 개 되는 그 엄청난 세포 속에서 한 세포가 잘못되는 것입니다. 그 많은 세포 중에 그까짓 것 하나 미치면 어떻고, 안 미치면 어떻겠습니까? 그러나 그것이 커서 10년 후, 15년 후에 덩어리가 되면 사람의 생명을 빼앗아 가 버립니다. 결국 사람의 생명을 앗아 가는 것은 무엇입니까? 아주 작은 그 세포 하나가 원인이 됩니다.

> 삼가 이 소자 중에 하나도 업신여기지 말라 너희에게 말하노니 저희 천사들이 하늘에서 하늘에 계신 내 아버지의 얼굴을 항상 뵈옵느니라
> (마 18:10)

우리는 삼가 아무리 덩치 큰 사람이라도, 세포 한 개를 업신여기면 안 됩니다. 결국은 그 한 개의 세포가 미쳐서 우리의 생명을 빼앗

아 갑니다.

소자는 작은 것입니다. 우리는 '적다'와 '작다'가 비슷해서 그 구분을 잘 못하고 있습니다. '적다'는 것은 양을 의미하고, '작다'는 것은 크기를 의미합니다.

마태복음 25장 21절 보면 달란트 비유를 보십시오.

> 그 주인이 이르되 잘 하였도다 착하고 충성된 종아 네가 작은 일에
> 충성하였으매 내가 많은 것으로 네게 맡기리니 네 주인의 즐거움에
> 참예할지어다 하고 (마 25:21)

주님의 칭찬은 큰일을 하는 것이 아니라, 작은 일에 있다는 사실을 우리는 알아야 합니다. 노래를 조수미 씨같이 잘한다는 일은 큰일입니다. 그러나 연습 시간에 딱 맞추어서 오는 것은 작은 일입니다. 주님은 바로 그 작은 일을 칭찬하신다는 것입니다. 파바로티처럼 노래를 잘하는 것은 큰일입니다. 그러나 성가대를 빠지지 않고 꾸준하게 하는 일은 작은 일입니다. 주님은 바로 그 작은 일을 칭찬하십니다. 그것이 칭찬 들을 요소라는 것입니다.

말이라는 것이 얼마나 유한합니까? 특히 말로 표현한다는 것이 얼마나 부족합니까? 제가 여러분에게 기대하는 것은 이 말씀 속에서 성령으로 깨닫는 지혜가 풍성하시기를 바랄 뿐입니다.

우리 생활 속에서도 보십시오. 아무것도 아닌 작은 것들이 굉장히 중요합니다.

> 또 누구든지 제자의 이름으로 이 소자 중 하나에게 냉수 한 그릇이
> 라도 주는 자는 내가 진실로 너희에게 이르노니 그 사람이 결단코

소자에게 냉수 한 그릇 주는 일, 그것이 무슨 상 받을 정도의 일입니까? 그까짓 물 한 잔 준 건데 아무것도 아닐 수 있습니다. 그러나 그것이 바로 큰일이요, 그게 바로 상 받을 일이라는 것입니다. 사람도 소자가 중요하고, 돈도 적은 돈이 중요합니다. 일도 적은 일이 중요하고, 공부도 별것 아닌 공부가 중요합니다. 운동도 별것 아닌 운동이 중요하고, 시간도 별것 아닌 것 같은 시간들이 중요합니다. 지혜로운 사람은 이 작은 것을 아낍니다. 작은 것들을 소중하게 여깁니다. 그래서 데살로니가 전서 5장 17절에서 "쉬지 말고 기도하라" 이렇게 말씀합니다.

기도가 왜 끊깁니까? 그 작은 시간들 때문입니다.

모든 기도와 간구로 하되 무시로 성령 안에서 기도하고 이를 위하여 깨어 구하기를 항상 힘쓰며 여러 성도를 위하여 구하고 (엡 6:18)

무시로 기도하라고 권면하고 계시는 것은 왜 그렇습니까? 그 작은 일들이 바로 중요하기 때문입니다.

아브라함의 실수

세상일이나 공부나 다 복잡한 것 같아도 들여다보면 어떤 비슷한 원리가 있습니다. 왜 쌍둥이 빌딩 같은 사건이 생깁니까? 사실 그것은 종교 문제입니다. 여러 가지 복잡한 문제 가운데 회교와 기독교

간에 일어나는 종교 문제 때문입니다.

이것을 더 깊이 들어가 보면 아주 재미있는 사실 하나를 발견하게 됩니다. 아브라함이 하나님의 부름을 받고 떠날 때가 75세 때였습니다. 아내 사라는 아브라함과 10세 터울이니까 65세였습니다. 그때 하나님께 받은 약속이 있습니다.

> 그를 이끌고 밖으로 나가 가라사대 하늘을 우러러 뭇별을 셀 수 있나 보라 또 그에게 이르시되 네 자손이 이와 같으리라 (창 15:5)

아브라함은 분명히 자손을 하늘의 별처럼 많게 해 주시겠다는 하나님의 약속을 받았습니다. 그래서 그 약속을 믿고 하나님께서 인도하시는 대로 따라 잘 살았습니다. 그런데 사라가 75살이 되자 문제가 생겼습니다. 이제 더 이상 애기를 못 낳게 된 것입니다. 다급해졌습니다. 하나님은 분명히 아들을 주신다고 약속을 하셨지만, 약속과 현실 앞에서 갈등을 느끼게 됩니다. 그러면 이때 사라가 해야 할 일이 무엇입니까? 바로 기도 아닙니까?

"하나님, 어쩐대요? 하나님은 아들을 주신다고 하셨지만, 저는 이제 애기 못 낳게 생겼어요. 여자로서 기능이 이제 끝났어요. 어쩌면 좋아요?" 하고 기도했더라면 하나님께서 응답해 주셨을 것입니다.

> 여호와의 손이 짧아 구원치 못하심도 아니요 귀가 둔하여 듣지 못하심도 아니라 (사 59:1)

"여호와의 손이 짧아졌느냐? 걱정하지 마라. 내가 아들을 주리라." 이렇게 약속을 확인했으면 될 것을 사라가 그 순간 기도를 안 했습니다. '하면 된다. 믿는 자는 능치 못함이 없다. 할 수 있다. 하나님의 약속은 불변함 없이 틀림없이 애기를 주실 것이다.' 그런 믿음이 없었습니다. 그래서 인간적인 방법을 씁니다. 자기 여종이 있으니 아브라함한테 가서 이야기합니다.

"여보, 어떻게 해요? 나는 이제 아기를 못 낳으니 당신이라도 아직 낳을 만할 때에 내 여종을 통해 아들을 낳아 보세요" 하고 제안합니다. 그러나 사라가 이러는 것은 이해가 된다 해도 아브라함까지 그렇게 나오면 안 됩니다. 아브라함은 당연히 이랬어야 합니다.

"쓸데없는 소리 하고 있어. 나는 일편단심 당신밖에 없어. 괜찮아. 하나님의 약속을 믿읍시다 여보! 언젠가는 하나님께서 주실 거야."

이렇게 하고 이겨 나갔어야 했습니다. 그런데 아브라함이 하는 말 좀 보십시오.

"그럼, 오늘 저녁에 들어오라고 해 봐" 하면서 사라의 제안을 기다렸다는 듯이 덥석 받아들입니다.

그래서 하갈은 한국판 씨받이를 한 것입니다. 그랬더니 젊은 종을 품에 안자마자 그날에 바로 아이가 잉태되어 버렸습니다. 그렇게 해서 생긴 아들이 누구입니까? 바로 이스마엘입니다. 이스마엘은 이삭보다 13살이 많습니다. 이스마엘이 잉태되면서부터 비극은 시작됩니다. 그전까지는 사라가 하갈에게 심부름을 시키면 순종을 아주 잘했습니다.

그렇게 고분고분하던 여종이 임신한 사실을 알고부터는 어떻게 변합니까?

"하갈아, 상 내 가라!"

"주인마님, 허리 아파서 안 되겠는데요."

"하갈아, 물 떠 와라!"

"직접 떠다 드셔야 되겠어요. 제가 좀 허리 아파서..."

더 이상 눈꼴이 시어서 하갈을 볼 수가 없습니다. 한 번의 실수에 이러한 비극이 이제 시작된 것입니다. 그래도 참았습니다. 아기를 낳고 세월이 지난 다음 13년 후에 아브라함이 100세, 사라가 90세가 됩니다. 아기를 또 낳습니다. 그가 바로 이삭입니다.

하갈은 자기가 몸종인 것을 잘 알기에 위아래를 알고 옆을 알았습니다. 그래서 격식을 잘 갖춥니다. 그러나 이스마엘은 다릅니다. 그는 동생 이삭을 자기 똘마니 다루듯이 막 다룹니다.

그러니 아브라함이 골치 아픕니다. 왜냐하면 이스마엘도 자기 자식이기 때문입니다. 사라가 하도 내쫓으라고 성화를 하니 어떡합니까? 어쩔 수 없이 내쫓았습니다. 그러고는 세상의 역사가 잘 끝난 줄 알았습니다. 그때 쫓겨난 이스마엘이 나중에 아랍 족속이 되고, 이삭은 이스라엘 족속이 되니 4,000년이 지난 지금도 저렇게 전쟁을 계속하고 있습니다.

지금 이 엄청난 테러의 비극을 누가 만들었습니까? 에서가 만들었다면 이해를 합니다. 가인이 만들었다면 이해를 하겠습니다. 누가 주범입니까? 바로 믿음의 조상인 아브라함입니다. 그래서 정말 재미있는 현상이 있습니다. 아랍계 사람도, 유대계 사람도, 기독교 사람도, 다 좋아하는 사람이 누구인가 물어보면 아브라함이라고 대답합니다. 이쪽도 내 후손이고, 저쪽도 내 후손이기 때문입니다. 그러다 보니 아브라함이 예수님보다 더 인기가 좋습니다. 이슬람교는 예수님을 인정 안 합니다. 그들은 마호메트만 인정합니다. 그러나 아브라함은 서로 자기네들 조상이라고 합니다. 아브라함은 유대인에게도 아버지이고, 회교도에게도 아버지입니다. 다 그들의 아버지입니다.

아브라함의 그 잠깐의 실수를 통해서 우리가 깨달아야 할 점이 있습니다. 오늘날 가족 관계가 복잡한 것은 무엇 때문입니까? 아버지의 실수 속에서 배다른 자식들을 여기 저기 만들어 놓기 때문입니다. 이것 때문에 관계가 복잡한 가정이 얼마나 많습니까? 아브라함의 실수를 보면서 깨닫는 지혜가 있기를 바랍니다. 우리는 정말 작은 것 하나라도 실수하면 안 됩니다. 주님은 작은 것, 소자가 중요하다고 말씀하셨습니다.

아브라함에게 이삭은 자기의 혈육이요, 혈통이니 큰아들입니다. 이스마엘은 종의 자식이니 별것 아닌 소자에 불과합니다. 그 별것 아닌 것 같은 소자를 내쫓고 그것으로 끝난 줄 알았습니다. 그러나 그 소자가 큰 아랍이라는 국가를 이루어서 지금도 갈등이 계속되고 있다는 것을 알아야 합니다. 쌍둥이 빌딩 사건은 다행히도 고비를 잘 넘겼습니다. 그러나 예언컨대 3차 대전이 일어나게 된다면, 바로 이 두 혈통 사이의 싸움이라는 사실을 우리는 깨달아야 합니다. 이들은 어떻게 합할 수가 없습니다. 원수입니다. 1, 2년 원수 진 것도 아니고, 무려 4,000년 동안 원수지간입니다. 도저히 합할 수 없는 배다른 형제의 싸움이요, 종교적 싸움이요, 지역적 싸움입니다. 복잡한 것이 한두 가지가 아닙니다. 정말 풀 수 없는 영원한 문제가 소자의 중요함을 모르는 아브라함의 실수 때문에 만들어졌습니다.

소자와 예수님

소자가 그토록 중요한 것은 또 무엇 때문입니까? 첫 번째, 주님을 그 소자와 일치시키고 있기 때문입니다. 성경에는 '큰 자가 곧 나다.' 이러한 표현이 없습니다. 마태복음 25장 40절에 나오는 양과 염소의 비유를 보십시오.

> 임금이 대답하여 가라사대 내가 진실로 너희에게 이르노니 너희가
> 여기 내 형제 중에 지극히 작은 자 하나에게 한 것이 곧 내게 한 것
> 이니라 하시고 (마 25:40)

지극히 작은 자를 주님과 일치시키고 있습니다. 이 말씀 한마디 속에서 우리는 기독교가 얼마나 위대한 신앙인가를 깨달을 수 있습니다. 만일 예수님이 큰 자와 일치시켰다고 해 보십시오.

힘 없고, 배경 없고, 못나고 작은 자들은 이 사회에서 어떻게 인정을 받고 살아갈 수 있겠습니까?

주님은 힘 있는 자와 자신을 일치시키지 않고, 아주 작은 소자와 자신을 일치시키셨습니다. 이것은 굉장히 중요한 정신입니다. 작은 자와 주님을 일치시키는 그 사회가 바로 좋은 사회입니다. 기독교는 아주 작은 자를 찾아가는 종교입니다. 만약 기독교가 큰 자 중심이 된다면 본질에서 이탈되는 것입니다.

누가복음 4장 18절을 보겠습니다.

> 주의 성령이 내게 임하셨으니 이는 가난한 자에게 복음을 전하게 하
> 시려고 내게 기름을 부으시고 나를 보내사 포로 된 자에게 자유를,
> 눈먼 자에게 다시 보게 함을 전파하며 눌린 자를 자유케 하고 주의

성령이 예수님에게 임하셨는데, 그다음 나타나는 현상이 무엇입니까? 바로 가난한 자에게 복음을 전하고, 포로 된 자를 자유케 하고, 눈먼 자를 보게 하고, 눌린 자를 자유케 하신다는 것입니다.

이 모두가 어렵고 작은 소자들을 찾아가는 성령의 역사입니다. 이렇게 말하면 또 오해하기 쉽습니다. 주님께서 큰 자는 신경도 안 쓰신다는 말입니까? 아닙니다. 작은 자도 중요하고, 큰 자도 중요합니다. 왜 큰 자라고 중요하지 않겠습니까? 작은 자를 멸시하고 무시하면 안 된다는 의미이지, 큰 자는 멸시하고 작은 자만 중요하다는 뜻이 아닙니다.

제가 신학 대학원을 다닐 때에는 대체적으로 주의 종 되는 사람들의 출신이 가난했습니다. 그런데 그중에도 간혹 아주 부잣집 아들이 하나씩 오는 경우가 있습니다. 지금은 여의도보다 더 부유한 지역이 많이 있습니다. 저의 기억이 정확한지 모르지만, 지금부터 한 28년 전의 일입니다. 그때 여의도에서 산다 그러면 '여의디안'이라는 별명을 붙여 주었습니다. 지금은 이 말을 안 쓰지만 말입니다. 거기 사는 사람들은 부유층 사람들이라는 뜻에서 나온 용어입니다.

그래서 그 '여의디안' 친구와 이야기를 하다 보면 아주 다른 문화적 차이를 발견하게 됩니다. 벌써 성장 과정부터가 우리와는 영 달랐습니다. 우리는 그냥 자연스럽게 방목으로 자랐습니다. 그런데 그 친구는 일정한 프로그램에 의해서 양육되었습니다. 우리는 그저 자치기 하나 들고 나가면 한 나절이고, 두 나절이고 지칠 때까지 실컷 놀다 들어옵니다. 그래도 뭐라는 사람 하나 없습니다.

그런데 그 친구는 몇 시부터 몇 시까지는 뭐를 해야 하고, 몇 시에서 몇 시까지는 뭐 하는 시간 하면서 스케줄이 다 짜여 있습니다. 그랬던 그 친구 나이가 지금 50대 후반이니까 생각해 보십시오. 40몇 년 전에 벌써 그런 식으로 자란 것입니다.

그런데 어느 날 한 시골 친구가 아프게 되었습니다. 병원을 가야하는데 돈이 없는 것입니다. 그래서 그냥 앓고만 있었습니다. 그러니까 그 친구가 뭐라고 충고한 줄 아십니까?

"아프면 병원 가야지. 왜 아픈데 그러고 있느냐?"

아파도 병원을 못 가는 사람의 심정을 그 친구는 절대 모르는 것입니다. 아프면 당연히 병원 가야죠. 그런데 당장 입원할 돈이 없는 걸 어떻게 합니까? 지금은 의료 보험 체제가 많이 좋아져서 나아졌지만, 옛날에는 의료 보험이 없었지 않습니까? 그 정도로 돈 없는 사람의 형편을 그가 모르는 것입니다.

그런데도 그 친구가 했던 아주 의미심장한 말 하나가 제 마음속에 와 닿는 게 있었습니다. 지금도 잊혀지지를 않습니다. 그가 하는 말인즉슨 '여의디안'도 불쌍한 사람들이라는 것입니다. '여의디안'도 구원받아야 하는 사람들이라는 것입니다. 그들도 예수의 피가 필요한 사람들이라는 것입니다. 무슨 말입니까? 없고, 헐벗고, 가난한 사람만 예수님의 도움이 필요한 것이 아니라는 거죠. 부유하고, 힘 있는 사람들도 예수님의 도움이 필요하다는 것입니다. 정말 지당한 말입니다.

왜 그렇습니까? 사장도, 시장도, 국회의원도 대통령도 예수 안믿으면 구원받을 수 없기 때문 아니겠습니까? 그렇습니다. 가난한 자에게만 주님이 필요한 것이 아니라, 부유한 자에게도 필요합니다. 무능한 자에게만 예수님이 필요한 것이 아니라, 유능한 자에게도 예수 그리스도가 필요합니다. 예수 그리스도는 모든 인류에게 다 필요하다는 그 말에 '아, 그렇구나. 맞다. 부자도 예수 믿어야 구원받을 거 아닌가?' 하고 깨닫게 되었습니다.

그렇지만 어쨌든 성경에는 예수님은 죄인의 친구요, 병든 자의 친구요, 가난한 자의 친구로서 더 많이 나타나고 있습니다. 이것이 예수님의 사상이시며, 이것이 기독교입니다. 지극히 작은 자에게 한 것이 곧 예수님께 한 것입니다.

소자와 천사들

두 번째입니다.

삼가 이 소자 중에 하나도 업신여기지 말라 너희에게 말하노니 저희 천사들이 하늘에서 하늘에 계신 내 아버지의 얼굴을 항상 뵈옵느니라 (마 18:10)

참 중요한 말입니다. 이 말에서 우리는 아주 중요한 힌트를 얻어야 합니다. 계시록 5장 8절을 보십시오.

책을 취하시매 네 생물과 이십 사 장로들이 어린양 앞에 엎드려 각각 거문고와 향이 가득한 금 대접을 가졌으니 이 향은 성도의 기도들이라 (계 5:8)

이 향은 무엇입니까? 바로 성도들의 기도입니다. 천사들이 그 기도를 받아 하나님 보좌 앞에 상달시킨다는 것입니다. 그리고 계시록 8장 3절을 보십시오.

> 또 다른 천사가 와서 제단 곁에 서서 금향로를 가지고 많은 향을 받았으니 이는 모든 성도의 기도들과 합하여 보좌 앞 금단에 드리고자 함이라 (계 8:3)

이 세 구절을 연합해 보면 어떤 뜻이 나옵니까?

'소자를 무시하지 마라. 그의 천사가 항상 하나님의 얼굴을 뵙느니라.'

그 소자의 기도를 돕는 천사가 받아서 하늘 보좌에 항상 열납시키니 그 소자를 무시하지 말라는 것입니다.

누가복음 22장 43절에 보면 예수님께서 기도하시는 장면이 나옵니다.

> 사자가 하늘로부터 예수께 나타나 힘을 돕더라 (눅 22:43)

예수님이 기도하실 때 사자가 하늘로부터 나타나 예수님을 도왔다고 했습니다. 아브라함도 기도할 때 천사가 나타나 도왔고, 야곱이 기도할 때도 천사가 나타나 도왔습니다. 요셉도 천사가 나타나 문제를 해결해 주었고, 하갈과 이스마엘이 쫓겨나 광야에 죽게 되었을 때도 천사가 나타나 도와서 살아났습니다. 우리 눈에 영적인 일이라 안 보여서 그렇지, 소자라도 기도하면 그의 천사가 항상 하나님을 뵙습니다. 이 사실을 깨닫고 소자를 무시하지 마시기 바랍니다. 그 소자라도 천군 천사가 보호하고 있다는 것입니다. 우리는 소자라고 무시하지만, 하나님은 무시하지 말라고 말씀하십니다.

어렸을 때 아버지가 흔히 그러셨습니다.

"아유, 저 어린것이 뭐 알겠어?"

그런데 저는 다 알았습니다.

"경동아, 너, 장가보내 주면 가겠냐? 너 여자를 알기는 하냐?"

제가 부끄러워서 아무 말도 안 해서 그렇죠. 저는 그때 속으로 다 알고 있었습니다. 초등학교 고학년이 되니 벌써 여학생 앞에 서면 부끄러워서 얼굴이 빨개지는 것입니다.

"애들이 뭘 알어?"

아닙니다. 표현을 못 해서 그렇지, 애들도 다 압니다.

천하보다 귀한 소자

세 번째, 소자가 중요한 것은 무엇 때문입니까? 그도 천하보다 귀한 한 영혼이요, 생명이기 때문입니다. 한 영혼, 한 생명의 가치가 얼마나 귀중합니까?

> 사람이 만일 온 천하를 얻고도 제 목숨을 잃으면 무엇이 유익하리요
> 사람이 무엇을 주고 제 목숨을 바꾸겠느냐 (마 16:26)

한 사람의 생명은 어른이든 어린아이든 온 천하보다 우주보다 귀합니다. 이것이 본문 말씀의 의미요, 주님의 관점이십니다.

그래서 주님은 지금 본문에서 한 마리 잃은 양의 비유를 말씀하고 계십니다. 양을 한 마리 잃게 되면 99마리 양을 그대로 놔두고 찾아

나서는 것은 왜 그렇습니까? 그 한 마리 양이 중요하기 때문입니다.

우리는 농사를 짓고 살지만 이스라엘은 목축업을 하며 삽니다. 그래서 그들은 양을 칩니다. 믿음의 사람들이 공통점이 있습니다. 양을 칠 때의 자세를 보면 생활 속에서도 그런 점들이 나타납니다. 비록 사람이 아닌 한 마리 양이고 염소지만, 얼마나 철저하게 새끼 한 마리도 잘 보살피는지 모릅니다. 이렇게 믿음의 사람들은 그저 믿음 하나만 좋은 것이 아닙니다.

믿음의 야곱이 양을 어떻게 쳤는지 창세기 31장 38절로 가 보겠습니다.

> 내가 이 이십 년에 외삼촌과 함께하였거니와 외삼촌의 암양들이나 암염소들이 낙태하지 아니하였고 (창 31:38)

야곱이 양 수천 마리를 키웠습니다. 그런데 낙태하지 않았다는 것입니다. 수천 명 여자가 아기를 잉태해서 낳는다고 생각해 보십시오. 분명히 유산되는 수도 있습니다. 그런데 야곱은 양 새끼나 염소 새끼 한 마리도 낙태 안 시키고 다 돌보았다는 것입니다. 우리는 이런 말씀을 그냥 지나치면 안 됩니다. 염소를 얼마나 소중하게 잘 다루었으면 유산이 안 되었겠습니까? 이렇게 믿음의 사람은 염소 새끼 한 마리, 양 한 마리도 애지중지하며 다룹니다. 그런데 여러분, 사람이 사람을 막 죽이면 되겠습니까?

산부인과에 관계되시는 분들은 잘 들으시기 바랍니다. 사람 죽이지 마십시오. 염소 새끼 한 마리 안 죽이고, 양 새끼 한 마리 안 죽이는 것이 믿음의 사람이거늘 어떻게 사람을 함부로 죽입니까? 이것은 의사만의 문제가 아닙니다. 아가씨들, 엄마들도 잘 들으십시오. 사

람 죽이면 안 됩니다. 사람 죽이지 마시기 바랍니다. 뱃속에서 죽든
나와서 죽든 그 사람 속에는 영혼이 있다는 사실을 알아야 합니다. 아
직 미완성된 생명일 뿐입니다. 지나간 것은 회개하고 잊는다 하더라
도 오늘 이후로는 사람의 목숨을 함부로 다루지 마시기 바랍니다.

다윗도 그랬습니다.

> 다윗이 사울에게 고하되 주의 종이 아비의 양을 지킬 때에 사자나
> 곰이 와서 양 떼에서 새끼를 움키면 내가 따라가서 그것을 치고 그
> 입에서 새끼를 건져 내었고 그것이 일어나 나를 해하고자 하면 내가
> 그 수염을 잡고 그것을 쳐 죽였었나이다 (삼상 17:34)

믿음의 사람은 책임감이 또한 보통 강한 것이 아닙니다. 다윗은
사자나 곰이 나타나서 양의 새끼를 움키면 사자 입에서 건져 내었고,
그 수염을 잡고 쳐 죽였습니다. 이것이 바로 책임감이며, 생명에 대한
애착입니다. 다윗이 바로 그렇게 살았기 때문에 목자 잘 만난 양은 정
말 안전하다는 것을 깨달았습니다. 그래서 그 유명한 시편 23편을 썼
습니다.

> 여호와는 나의 목자시니 내가 부족함이 없으리로다 그가 나를 푸른
> 초장에 누이시며 쉴 만한 물가로 인도하시는도다 내 영혼을 소생
> 시키시고 자기 이름을 위하여 의의 길로 인도하시는도다 내가 사망
> 의 음침한 골짜기로 다닐지라도 해를 두려워하지 않을 것은 주께서
> 나와 함께하심이라 주의 지팡이와 막대기가 나를 안위하시나이다 주
> 께서 내 원수의 목전에서 내게 상을 베푸시고 기름으로 내 머리에
> 바르셨으니 내 잔이 넘치나이다 나의 평생에 선하심과 인자하심이

정녕 나를 따르리니 내가 여호와의 집에 영원히 거하리로다
(시 23:1~6)

다윗은 이렇게 좋은 목자를 만나면 양의 새끼 하나 아무 탈 없다는 사실을 몸소 체험했습니다. 그러니 하나님께서 만일 내 목자가 되어 주신다면 무슨 걱정할 것이 있겠냐는 고백입니다. 하나님께서 우리를 이토록 지켜 주시고 인도해 주시는 줄 믿으시기를 바랍니다.

소자에 대한 애착과 생명에 대한 존엄성과 영혼에 대한 귀중함이 나타날 수 있기를 바랍니다.

소자와 아버지의 뜻

본문 14절을 다시 보겠습니다.

이와 같이 이 소자 중에 하나라도 잃어지는 것은 하늘에 계신 너희 아버지의 뜻이 아니니라 (마 18:14)

하나님의 뜻은 모든 사람이 구원을 얻는 데 이르는 것입니다.

하나님은 모든 사람이 구원을 받으며 진리를 아는 데 이르기를 원하시느니라 (딤전 2:4)

그렇습니다. 그러나 모든 사람들이 다 구원을 받는 것은 아닙니다. 우리가 여기서 깨달을 수 있는 것이 무엇입니까? 우리의 삶 모두

가 하나님의 뜻대로 이루어지고, 하나님의 뜻대로 살아가는 게 아니라는 것입니다.

미국의 테러로 10,000여 명이 죽게 된 것이 하나님의 뜻이겠습니까? 오늘날 숱하게 일어나는 교통사고가 하나님의 뜻이겠는가 말입니다. 숱하게 일어나는 이혼과 질병과 가출과 방탕과 도박과 살인과 이런 모든 부정적인 일들이 하나님의 뜻이겠습니까? 이 세상은 하나님의 뜻대로 안 되는 부분들도 있기에 예수님은 우리에게 기도를 이렇게 하라고 가르쳐 주셨습니다.

나라이 임하옵시며 뜻이 하늘에서 이룬 것같이 땅에서도 이루어지이다
(마 6:10)

무슨 뜻입니까? 하나님의 뜻이 하늘에서는 그대로 이루어졌지만, 이 땅에서는 잘 안 이루어지는 부분들이 있다는 것입니다. 하나님은 우리의 구원과 행복과 축복을 원하십니다. 그런데 우리 모두가 구원받으며 행복하며 축복을 받고 있습니까? 그렇지 않습니다. 하나님의 뜻이 내 건강을 통해서 이루어져야 합니다. 하나님의 축복이, 하나님의 뜻이 내 생활 속에서 축복으로 나타나야 합니다. 그렇게 되기 위해서는 하나님의 뜻이 내게도 이루어지도록 기도해야 합니다.

하늘에서는 하나님의 뜻이 이루어지는데 땅에서는 하나님의 뜻대로 이루어지지 못하는 것은 왜 그렇습니까? 이 땅에는 마귀가 있기 때문입니다. 이 땅의 임금이 바로 마귀이기 때문에 그렇습니다. 사람들이 하나님의 뜻이 아닌 마귀의 뜻에 순종하며 살기 때문에 그렇습니다.

놀라지 마십시오. 110층 쌍둥이 빌딩이 무너지는 폭염과 연기를

촬영한 사진 속에서 마귀의 형상이 잡혀서 나타났습니다. 저도 신문에 실린 사진을 보았습니다.

행복했던 에덴동산이 우연히 망한 것이 아니지 않습니까? 마귀의 유혹이 에덴의 행복을 파괴했습니다. 아무 문제 없던 단란한 욥의 가정에 재앙이 내리고 풍랑이 일어났습니다. 열 자녀가 다 죽고 재산이 사라졌습니다. 이것을 우연이라고는 말할 수 없지 않습니까? 성경은 분명히 사단의 역사라고 언급하고 있습니다.

베드로가 주님을 부인했던 배후에는 마귀의 시험이 있었고, 아나니아와 삽비라가 거짓말 했던 배후에 사단이 있었습니다. 가룟 유다가 은 30에 예수를 팔았던 행동 속에서도 마귀의 역사가 있었습니다. 모든 좋지 않은 일 배후에 마귀가 있다고 말할 수는 없을지라도, 전혀 상관이 없다고 말할 수도 없는 것입니다. 그래서 베드로전서 5장 8절은 이렇게 말씀합니다.

근신하라 깨어라 너희 대적 마귀가 우는 사자같이 두루 다니며 삼킬 자를 찾나니 너희는 믿음을 굳게 하여 저를 대적하라 (벧전 5:8, 9)

에베소서 6장 12절 이하에도 보십시오.

우리의 씨름은 혈과 육에 대한 것이 아니요 정사와 권세와 이 어두움의 세상 주관자들과 하늘에 있는 악의 영들에게 대함이라 그러므로 하나님의 전신갑주를 취하라 이는 악한 날에 너희가 능히 대적하고 모든 일을 행한 후에 서기 위함이라 (엡 6:12, 13)

그러므로 우리는 악한 날에 대비하여 하나님의 전신갑주를 취해야 합니다.

소자의 결과

네 번째, 소자가 중요한 것은 나중에 작은 것이 큰 것이 되기 때문입니다. 이것이 하나님의 원리입니다.

그 주인이 이르되 잘 하였도다 착하고 충성된 종아 네가 작은 일에 충성하였으매 내가 많은 것으로 네게 맡기리니 (마 25:21)

저 자신도 수십 년 전에는 어린아이였고, 아기였습니다. '오징어' 발음도 제대로 못 해서 '수리미' 라고 했다고 합니다. 저는 기억이 전혀 없습니다. 그런데도 우리 이모님은 저만 보면 그 이야기를 하시며 놀립니다. 이제 그만 할 때도 되었는데 자꾸 그 이야기를 꺼내십니다.

우리 어머니 언어가 정화가 좀 잘 안 된 편이어서 알사탕이라는 말을 '오다마' 라고 하셨습니다. 그래서 저도 그런 식으로 말을 배우며 자랐습니다. 게다가 제가 '오다마' 라는 발음을 잘 못해서 '오다말랑' 그랬다는 것입니다. 뭐, 어떻게 알겠습니까? 제가 못 들었으니까 인정합니다. 저는 어렸을 때 똥오줌도 제대로 못 가렸던 사람입니다. 그런 제가 지금은 이렇게 성인이 되었습니다. 소자가 자란 것입니다. 저의 어린 시절에는 먹을거리도 많지 않았습니다. 놀 거리도 많지 않았습니다. 라면이 얼마나 맛있던지 끓일 새도 없이 생라면을 그냥 과자처럼 먹었습니다. 그러니까 과자 공장에서 어린이들의 기호를 대번에 알아차리고서 '라면땅'이라는 과자를 만들어 팔았습니다.

환타가 얼마나 맛있던지, 저는 환타에 밥까지 말아 먹고, 숭늉 대신 그것만 마시려고 투정 부렸던 사람입니다. 그렇게 철없던 어린 이가 지금은 이렇게 자랐습니다.

저를 더 소급해 올라가 볼까요? 저는 이 땅에 생명을 갖고 태어나기 전에 우리 아버지 속에 있는 세미한 정충이었습니다. 우리 아버지 속에 있는 수억 개의 정충 중 한 개인 내가 우리 어머니 난자 속에 찾아들어가서 세포 하나로 출발했습니다. 그리고 수조 억 개의 세포를 이루는 건장한 사람이 되었습니다. 건장한 사람이 된 것만 아닙니다. 내가 벌써 장가를 가서 딸도 낳고, 아들도 낳았습니다. 그 자식이 또 자식을 낳아 온 인류는 생명의 연장으로 역사를 이어 갈 것입니다. 한 사람의 영향력은 좋은 쪽으로든 나쁜 쪽으로든 어마어마한 힘을 미치고 있는 것이 사실입니다.

저는 성도들을 뵐 때마다 잘 돌보지 못해서 항상 죄송함이 있습니다. 그것이 제 마음에 눌리는 무거운 짐입니다. 잘해 보려고 다짐하고, 몸부림치고, 발버둥 쳐 봅니다. 어떻게든 제가 성도들에게 힘이되고 격려가 되어 주고자 합니다. 그러나 너무나 부족하기에 한계를 느낍니다. 그렇게 부족한 소자이지만, 저 하나를 통해서 얼마나 많은 사람들이 힘을 얻고, 웃음을 찾고, 기쁨을 얻는지 참 감사할 수밖에 없습니다.

제가 처한 삶의 현장에서 많은 사람들에게 기쁨을 주듯, 여러분도 각자 처한 삶의 현장에서 많은 기쁨을 줄 수 있는 소자가 되시기를 바랍니다. 파괴하는 자보다 세우는 자가 되십시오. 무너뜨리는 자보다 건설하는 자가 되십시오. 낙심을 시키는 자보다 새 힘을 주는 자가 되십시오. 독가스 같은 사람보다 산소 같은 사람이 되십시오. 마귀의 사람보다 하나님의 사람으로 쓰임 받는 소자가 되시기를 바랍니다.

우리가 바로 소자입니다. 소자 중에서도 아주 미립자입니다. 무시해서도 안 되고, 무시당해서도 안 될 우리입니다. 왜냐하면 주님께서 함께하시고 우리를 돕는 천군 천사가 항상 하나님의 얼굴을 뵙기 때문입니다. 시작은 소자지만, 나중은 큰 자로 바뀌는 역사를 주님께서 이루시기 때문입니다. 소자를 통한 하나님의 뜻과 섭리가 있기 때문입니다. 바로 이 소자가 나가서 세계 복음화의 역사를 이루어 낼 것입니다. 삶에 처한 환경에서 항상 산소를 품어 내는 산소 같은 여자, 산소 같은 남자가 될 수 있기를 바랍니다.

2. 착각

다시 한 비유를 들으라 한 집주인이 포도원을 만들고 산울로 두르고 거기 즙 짜는 구유를 파고 망대를 짓고 농부들에게 세로 주고 타국에 갔더니 실과 때가 가까우매 그 실과를 받으려고 자기 종들을 농부들에게 보내니 농부들이 종들을 잡아 하나는 심히 때리고 하나는 죽이고 하나는 돌로 쳤거늘 다시 다른 종들을 처음보다 많이 보내니 저희에게도 그렇게 하였는지라 후에 자기 아들을 보내며 가로되 저희가 내 아들은 공경하리라 하였더니 농부들이 그 아들을 보고 서로 말하되 이는 상속자니 자 죽이고 그의 유업을 차지하자 하고 이에 잡아 포도원 밖에 내어 좇아 죽였느니라 그러면 포도원 주인이 올 때에 이 농부들을 어떻게 하겠느뇨 저희가 말하되 이 악한 자들을 진멸하고 포도원은 제때에 실과를 바칠 만한 다른 농부들에게 세로 줄지니이다 예수께서 가라사대 너희가 성경에 건축자들의 버린 돌이 모퉁이의 머릿돌이 되었나니 이것은 주로 말미암아 된 것이요 우리 눈에 기이하도다 함을 읽어 본 일이 없느냐 그러므로 내가 너희에게 이르노니 하나님의 나라를 너희는 빼앗기고 그 나라의 열매 맺는 백성이 받으리라 이 돌 위에 떨어지는 자는 깨어지겠고 이 돌이 사람 위에 떨어지면 저를 가루로 만들어 흩으리라 하시니 대제사장들과 바리새인들이 예수의 비유를 듣고 자기들을 가리켜 말씀하심인 줄 알고 잡고자 하나 무리를 무서워하니 이는 저희가 예수를 선지자로 앎이었더라

마 21:33~46

02

착각 마 21:33~46

우리는 귤 한 조각만 맛보아도 귤 전체의 맛을 알 수 있습니다. 이처럼 하나님의 말씀도 마찬가지입니다. 어느 한 말씀만 보아도 하나님의 뜻과 하나님의 의도를 잘 알 수 있습니다. 22장의 비유는 아주 중요한 내용을 담고 있습니다. 다른 어떤 비유보다도 성경 66권 전체의 내용을 잘 함축하고 있기 때문입니다.

어떤 집주인이 포도원을 만들었습니다. 산울로 두르고 즙 짜는 구유를 파고 망대를 지었습니다. 그리고는 농부들에게 세를 주고 멀리 타국에 갔습니다.

'너희가 이곳에 농사를 지어서 먹고 살되 실과만큼은 꼭 내게 달라.' 이것이 포도원을 관리할 수 있는 조건이었습니다. 수확할 때쯤 되자, 주인이 그 실과를 받으려고 종들을 농부들에게 보냈습니다.

그런데 농부들이 처음 시작할 땐 그러지 않았는데 농사를 지어 놓고 보니 삯을 주기가 아까웠는가 봅니다. 종들을 잡아 하나는 심히 때립니다. 하나는 죽이고 하나는 돌로 칩니다. 집주인이 다시 다른 종들을 처음보다 많이 보냅니다. 그런데도 이들에게도 똑같이 합니다. 때리고, 죽이고, 돌로 쳤습니다. 종을 보내니까 그런가 보다 하여 이제는 마지막으로 주인이 자기 아들을 보냅니다. 아들은 공경하리라고 생각한 것입니다. 그러나 농부들의 생각은 그게 아니었습니다. 그 아들을 보고 서로 말합니다. "이는 상속자니 죽이고 그의 유업을 차지하자" 하면서 집주인의 아들을 잡아 포도원 밖에 내좇고 죽입니다. 그러니 포도원 주인이 올 때에 이 농부들을 어떻게 하겠느냐? 그들을 심판하지 않겠느냐? 하는 것이 본문의 내용입니다.

이 본문에 나오는 등장인물은 두 가지로 생각해 볼 수 있습니다. 실제적인 등장인물이 있고, 비유 속에 나타난 등장인물이 있습니다. 실제적인 등장인물은 예수님과 대제사장들과 바리새인들입니다. 그리고 무리들입니다. 비유 속에 등장하는 인물은 한 집주인과 농부들과 종들입니다. 그리고 많은 종들과 집주인의 아들입니다.

이 비유는 누가 보더라도 지칭하는 인물이 누구를 의미하는가는 대번에 알 수 있습니다. 그렇게 비유가 확실하게 묘사되어 있습니다. 한 집주인은 하나님이십니다. 농부들은 마귀와 그의 사자들을 의미합니다. 종들은 하나님이 보내신 선지자들이고, 아들은 예수 그리스도이십니다. 그리고 포도원은 이 세상입니다.

이 비유를 예수님이 오늘 우리에게 들려주신다고 생각해 보십시오. 과연 우리는 이 말씀을 어떤 입장에서 듣게 될까요? 그 당시의 대제사장이나 바리새인들 입장일까요, 아니면 신실한 종들의 입장일까요? 즉 나는 불의한 종이냐, 아니면 신실한 종이냐 하는 것입니다. 이것은 매우 중요합니다.

사람은 누구나 이기적이어서 자기가 먼저 좋은 것을 취하고, 자기에게 이로운 쪽을 선택하는 경향이 있습니다. 주님의 의사에는 전혀 관심이 없습니다. 왜냐하면 남의 잘못은 크고 용서가 안 되지만, 내가 저지르는 잘못은 얼마든지 있을 수 있는 일이라고 생각하기 때문입니다. 자신에게는 관대합니다.

운전을 하다 보면 그런 현상이 더 두드러지게 나타납니다. 다른 운전자가 앞에서 자꾸 주춤하면 뒤에서 어떻게 합니까? 대뜸 뭐라고 한마디 합니다. 그러나 내가 운전을 하고 가는데 뒤에서 빨리 가라고 라이트를 껐다 켰다 하면서 빵빵거리면 뭐라고 합니까? "아따, 되게 싸 대네." 그럽니다.

'내가 자꾸 멈칫멈칫하니까 뒤에서 빨리 가라고 그러는구나!' 이렇게 생각이 안 됩니다. 항상 내 중심적입니다.

저도 그렇습니다. 성경을 보면서 이스라엘 백성들을 얼마나 욕했는지 모릅니다. 특히 출애굽기에 나오는 이스라엘 백성들을 보면 그들이 너무나 의심이 많고, 하나님께 순종하지 않고, 걸핏하면 원망합니다.

"나쁜 사람들 같으니라고! 아니, 하나님이 홍해도 갈라 주고, 만나도 내려 주고, 메추라기도 주고, 그 많은 기적을 베풀어 주셨는데도 어째 조금만 어려움이 있으면 그걸 못 참고 불평하지? 이 못된 사람들!"

출애굽기를 읽을 때는 이스라엘 백성들이 나쁜 사람들이고, 복음서를 읽을 때는 바리새인들이나 서기관들이 나쁜 사람들입니다.

"아니, 주님께 어찌 그럴 수 있어?" 하면서 막 열변을 토합니다. 한번은 그날도 역시 그런 식으로 성경을 보고 있었습니다. 그런데 제 마음속에서 주님께서 말씀하시는 것을 느꼈습니다. 제 마음속에 이런 음성이 들려옵니다.

"경동아!"

"예?"

"너 왜 바리새인들에게 못된 사람이라고 하느냐?"

"주님. 외식하는 서기관과 바리새인들은 당연히 나쁜 놈들 아닙니까?"

"왜 그 사람들을 나쁜 놈들이라고 그러느냐?"

"아, 주님이 그러셨잖아요?"

"그런데 왜 너도 나쁘다고 하느냐 말이다."

"아, 이놈들이 나쁜 놈들이니까 그러지요."

"그럼, 너는 어느 편에 있느냐?"

"아, 저야 주님 편에 있지요."

"내가 언제 너를 내 편에 두었느냐?"

"아, 그거야 제가 주님 편에 들어갔죠."

"네가 내 편이라고 누가 이야기했느냐? 내 옆에서 나와 같이 바리새인을 혼내자고 누가 너에게 이야기했더냐?"

"누가 이야기해요? 제가 그냥 했지요."

"그럼, 너는 바리새인보다 나은 자냐? 네가 바리새인을 혼낼 자격이 있느냐?"

가만히 보니까 나는 바리새인 발뒤꿈치도 못 따라가는 사람인 것입니다. 그래서 우리 속담에 '똥 묻은 개가 겨 묻은 개 나무란다' 라는 표현이 있지 않습니까?

자기는 제 얼굴에 똥 묻혀 놓고는, 겨 묻은 개를 흉봅니다. 나는 바리새인 발뒤꿈치도 못 따라가는 주제에 바리새인이 외식한다고 책망하는 어리석음을 내가 범하고 있더라 그 말입니다.

은혜를 잊은 농부들

본문 말씀을 보면 이 포도원의 농부들이 큰 착각 네 가지를 범하고 있습니다. 그 첫 번째 착각은 무엇입니까? 이 농부들은 첫 은혜를 잊어버렸습니다. 사람은 첫 은혜를 쉽게 잊습니다. 계시록 2장 1절에 보면 에베소 교회에 대한 칭찬이 계속 나옵니다. 다 칭찬 일색입니다.

> 에베소 교회의 사자에게 편지하기를 오른손에 일곱 별을 붙잡고 일곱 금 촛대 사이에 다니시는 이가 가라사대 내가 네 행위와 수고와 네 인내를 알고 또 악한 자들을 용납지 아니한 것과 자칭 사도라 하되 아닌 자들을 시험하여 그 거짓된 것을 네가 드러낸 것과 또 네가 참고 내 이름을 위하여 견디고 게으르지 아니한 것을 아노라 그러나 너를 책망할 것이 있나니 너의 처음 사랑을 버렸느니라 (계 2:1~4)

그러나 성령님은 말씀하십니다.
"너를 책망할 것이 있나니 너의 처음 사랑을 버렸느니라."
에베소 교회가 수고도 많이 했습니다. 인내도 했습니다. 악한 자들을 용납하지 않았습니다. 거짓 사도도 드러냈습니다. 또 예수 이름을 위하여 견디고 게으르지 아니했습니다. 그런데 그렇게 잘한 것이 많은 에베소 교회가 첫사랑을 버렸다는 것입니다. 그러므로 우리가 첫사랑을 간직해 나간다는 것이 얼마나 어려운지 알 수 있습니다.
한번 생각해 봅시다. 지금 이 포도원에서 쓰임 받은 농부들은 어디 일할 데도 없고, 먹고 살 수 있는 어떤 계책도 없는 사람들입니다.

그 사람들을 불쌍하게 여겨서 집주인이 포도밭을 만들고 농사짓고 먹고 살 수 있도록 해 주었습니다. 살 수 있는 터전을 만들어 준 것입니다. 그런데 조건은 소득의 일부를 반드시 세로 주어야 한다는 것입니다. 아마 종들은 처음에는 감사하기 그지없었을 것입니다.

'이렇게 좋은 분이 어디에 있을까?' 주인을 칭찬했을 것입니다.

"그럼요, 틀림없이 삯은 드려야지요. 공짜로 일할 수 있나요? 당연히 삯은 드려야지요." 이런 자세였습니다. 그런데 농사를 짓고 살면서 그만 착각이 생겼습니다. 생각에 변화가 온 것입니다.

김진홍 목사님 간증 가운데 그런 대목이 있습니다. 불쌍한 사람을 도우려고 목사님이 넝마주이를 했다고 합니다. 그래서 넝마통을 짊어지고 길거리를 다니면서 고철이고, 병이고 쓰레기를 다 주워다 팝니다. 겨우 돈을 만들어서 밀가루를 삽니다. 어려운 사람들에게 나누어 줍니다. 사랑을 실천하는 것입니다. 그러나 이렇게 계속 나누어 주다 보니 사람들이 집에서 계속 술만 마시고 화투만 치더라는 것입니다. 그런데 더 기가 막힌 사실은 다음 달에 어려움이 생겨서 주지 못했더니 왜 밀가루 안 주냐고 따지더라는 것입니다. 자기가 일해서 먹고 살려고 하지 않습니다. 자기는 계속 화투 치고 술 먹고 놀지언정 도움을 주지 않는다고 따지더라는 것입니다.

그래서 그때 '이게 복음이 아니구나. 뭐가 잘못되었구나!' 하고 깨달았다고 합니다.

이런 일은 저도 목회하면서 느끼는 것들입니다. 한 교인이 너무나 딱한 처지입니다. 목회자로서 돕고 싶은 마음이 생깁니다. 마음으로든 뭐로든 좀 도우려고 합니다. 그러면 처음에는 굉장히 감사하게 생각합니다.

"아, 저런 목사님 세상에 없다." 그럽니다. "내가 참 좋은 목사 만났다" 하면서 너무나 고마워합니다. 시간이 흘러갑니다. 교인이 늘 어납니다. 그렇게 되면 그 사람에게만 그렇게 할 수 없습니다. 다른 사람도 도움이 필요할 것 같아서 도와줍니다. 그러면 열이면 아홉은 반응이 어떻게 나옵니까?

"그간에 목사님, 저를 어려울 때 돌봐주셔서 참 고맙습니다" 이 렇게 말하지 않습니다.

"목사님이, 변했다"라고 대번에 서운하게 생각합니다.

참 묘합니다. 왜 도와준 것은 생각이 안 나고, 변한 것만 생각날 까요? 그러나 그것이 사람의 마음입니다.

직장 생활도 마찬가지입니다. 아마 여러분이 직장에 들어가기 위해서 기도를 많이 했을 것입니다.

"하나님, 이 직장에 꼭 붙게 해 주세요. 하나님 도와주세요. 이 직장에 꼭 들어가게 해 주세요. 믿습니다."

그렇게 기도한 덕분인지, 노력의 결과인지 직장에 입사합니다. 첫 번 월급봉투를 받는 날 감격해서 웁니다. 그것을 아내에게 갖다 줍 니다.

"여보, 월급 타 왔어." 꼭 대한민국 만세 하듯이 기뻐하며 아내에 게 줍니다. 다음 달 또 월급을 탑니다. 역시 기쁨으로 줍니다. 그다음 달 또 월급을 탑니다. 또 기쁨으로 줍니다. 그렇게 직장 생활을 몇 년 하다 보면 그 감격이 사라져 버립니다. 나중에는 어떻게 생각이 바뀝 니까? 내가 한 달 동안 이 회사를 위해서 얼마나 열심히 일을 했는데 겨우 요것 주냐 이겁니다.

그런데 참 묘한 것이 있습니다. 사업도 해 보고 월급도 받아 본 사람 이야기입니다. 어떤 의사 선생님이 자기가 병원을 차려서 직접 운영도 해 보고 또 의사로 고용도 되어 본 분입니다. 자기가 큰 병원에 근무를 하면서 직장 생활을 할 때는 마음이 그렇더라는 것입니다.

점심시간 딱 되면 밥 먹으로 나갑니다. 일하다가 힘들면 차 마시러 나갑니다. 그러면서도 항상 마음속에 불만이 있습니다.

'내가 여기에 힘을 얼마나 쏟는데 도대체가 이것밖에 대우를 안 해 주나?' 그러다가 병원을 개업했습니다. 의사도 고용합니다.

'그래. 저 사람이 여기서 얼마나 열심히 일하는가? 정말 잘해 주어야겠다' 하는 생각이 안 듭니다.

'내가 저 사람 월급을 얼마를 주는데 만날 차만 마시러 다니네?' 이렇게 생각이 바뀌더라는 것입니다.

이 간격을 줄이기란 보통 어려운 것이 아닙니다. 우리는 처음 직장에서 가졌던 감격을 잊으면 안 됩니다. 내가 처음 직장에 들어가기 위해 애썼던 만큼, 처음에 감사했던 것만큼, 그 감사함을 계속 가지고 갈 때 직장 생활이 내게 참행복을 줍니다.

건설적인 제안을 하는 것과 삐딱한 마음으로 따지는 것과는 다릅니다. 적어도 건설적인 제안을 하고 싶다면 삐딱한 시선을 가지면 안 됩니다.

결혼도 마찬가지입니다. 한눈에 반한 여자와 결혼하기 위해서 친구들까지 동원합니다. 그리고 장인 될 사람, 장모 될 사람을 찾아갑니다.

"딸을 저에게 주십시오. 반드시 행복하게 해 주겠습니다. 이 한 목숨 바쳐서 정말 아끼고 잘하겠습니다. 믿고 저에게 딸을 한번 맡겨 보십시오." 그렇게 막 매달립니다. 그의 구애가 너무 열정적입니다.

저렇게 좋아하는 사위한테 딸을 주어야지, 다른 남자에게 주어서 좋을 일이 뭐 있겠는가 싶습니다. 그래서 허락합니다. 그러면 그 마음을 계속 가지고 가야 하는데 1년도 지나기 전에 변합니다. 그토록 결혼시켜 달라고 애걸복걸할 때는 언제고, 첫 감격을 잃어버립니다. 그렇게 되면 가정은 행복할 수가 없습니다.

지금 여기 농부들의 결정적인 첫 번째 착각은 무엇입니까? 살수 없는 자신들을 주인이 살게 해 주었습니다. 바로 그 감격을 잃은데에 문제가 있습니다. 우리 삶 속에는 항상 첫 감격과 감사가 있습니다. 그것을 끝까지 가져가야 합니다. 변치 말아야 합니다.

주님의 은혜는 또 어떻습니까? 역시 첫 은혜 받았을 때의 감격이 있었을 것입니다. 생각해 보십시오. 내 마음에 감격이 있었습니다. 내 입술에는 감사가 있었습니다. 예수 그리스도를 위한 충성된 헌신도 있었습니다. 찬송의 고백이 있습니다.

> 늘 울어도 눈물로써 못 갚을 줄 알아
> 몸밖에 드릴 것 없어 이 몸 바칩니다.
>
> 늘 울어도 눈물로써 못 갚을 줄 알아
> 몸밖에 드릴 것 없어 이 몸 바칩니다.

정말 몸밖에 드릴 것이 없어서 이 몸을 주님 앞에 바친다고 감격의 찬송을 불렀습니다. 그러한 마음속에 하나님께서 은혜를 주시고, 축복을 주신 것입니다. 그러나 지금은 어떻습니까? 주님 앞에 드릴 것이 있는데도 불구하고 드리는 헌신을 그만둡니다. 몸을 드리기는 커녕 감격도 다 사라져 버렸습니다. 이것이 바로 농부들이 가지고 있는 첫 번째 착각입니다.

그렇다면 오늘 우리는 어떻습니까? 주님과의 관계 속에서 착각하고 있습니까, 아니면 그때 그 은혜를 지금도 간직하고 있습니까?

주인으로 착각한 농부들

이 농부들이 하고 있는 두 번째 착각은 무엇입니까? 분명히 처음에는 자기 것이 아니었습니다. 그런데 오래 쓰다 보니까 자기 것으로 착각해 버렸다는 것입니다. 처음에 포도원은 분명히 세로 준 것입니다. 그런데 거기서 오래 살다 보니 내 것처럼 생각이 바뀌어 버렸습니다.

마치 이와 같습니다. 집에 있는 그릇을 한번 보십시오. 내가 사지 않은 그릇을 내 것처럼 계속 쓰고 있는 그릇이 분명히 있을 것입니다. 그 그릇에 누가 떡이나 김치를 담아다 주었습니다.

'이걸 잘 씻어서 갖다 주어야지. 뭘 담아 줄까?' 그러고는 그냥 지나갔습니다.

'아, 이거 우리 것 아닌데' 하고 또 지나갑니다. 이렇게 몇 달 가다 보면 어떻게 됩니까?

'이걸 어디서 빌려왔더라? 누가 보냈더라?' 그러고는 또 지나갑니다. 그다음부터는 아예 내 것이 됩니다.

한번 보십시오. 분명히 내가 산 적이 없는 그릇이 하나쯤은 내 집 찬장에 버젓이 자리를 차지하고 있을 것입니다. 더 놀라운 사실은 그 그릇이 꼭 내 것 같은 착각 속에서 계속 쓰고 있다는 것입니다.

또 한 예를 들어 봅시다. 저에게 놀고 있는 큰 땅이 하나 있다고 가정하는 것입니다.

어떤 분이 와서 말합니다.

"목사님!"

"왜요?"

"알고 보니까 저 땅이 목사님 땅이던데 아무것도 안 하실 거면 제가 여기다가 배추 좀 갈았으면 좋겠어요. 콩도 심고, 형편이 되면 목사님도 좀 드릴게요."

그래서 어차피 농사도 안 짓는 땅이니까 그렇게 하라 그랬습니다. 이분이 어떻게 부지런한지 거기에 상추도 심고, 쑥갓도 심습니다. 배추도 심고, 마늘도 심습니다. 그러다가 어떻게 잘못되어서 이 사람이 자기 집에서 쫓겨나게 되었습니다. 저를 찾아와서 말합니다.

"목사님, 참 감사한데 제가 지금 집주인에게 쫓겨나서 막상 갈 곳이 없습니다. 목사님 땅이 넓으니 한쪽에다 움막이라도 짓고 살겠습니다."

그러니 목사가 어떻게 못 살게 합니까? 그래서 그렇게 하라고 했습니다. 그래서 텐트를 치고 텐트 밖에 담벼락을 쌓습니다. 담벼락 위에다 지붕을 씌우니까 집이 그럴듯하게 지어졌습니다. 거기 살면서 요즘 세상에 저런 목사 없다느니, 요즘처럼 인심이 각박한 때에 저렇게 훌륭한 목사 못 봤다느니 입이 닳도록 칭찬합니다. 그리고 해가 지날 때마다 배추 몇 포기, 쑥갓, 상추 등을 갖다 줍니다. 그래서 저도 내 땅에 농사지어서 갖다 주는 것이니까 잘 먹었습니다. 처음에는 좀 갖다 주는가 싶더니 몇 해 지나니까 귀찮은지, 바쁜지 그것도 없어졌습니다. 그러고는 세월이 한 20년 지납니다. 우리 교회가 좁아서 그 땅에 교회를 지어야 될 것 같아 찾아가서 이야기합니다.

"저, 죄송하지만 여기에 교회를 지어야 할 것 같습니다. 집을 좀 비워 주면 좋겠습니다." 그랬더니 그분 하신다는 말 보십시오.

"나보고 지금 어디를 나가라 그래요? 집 얻어 주지 않으면 절대 못 나갑니다. 법적으로도 20년 살면 함부로 못 쫓아내게 되어 있습니다. 법적으로 하려면 하십시오."

만약에 이런 일이 있었다고 해 봅시다. 그렇다면 그는 첫 은혜를 잊어버린 것입니다. 더군다나 소유권에 관한 재판을 저에게 걸어 왔다면 날벼락도 유분수입니다. 20년 동안 농사지으면 소유권 이전도 가능하다는 정보를 들먹이면서 말입니다. 그래서 제가 그에게 못된 사람이라 그런다면 그 사람은 저에게 뭐라고 하며 다닐까요? 목사가 법도 모른다며 저를 비난하고 다닐 것입니다. 갈 곳도 없는데 길에 나가 앉으라고 내쫓은 비정한 사람이라 하지 않겠습니까?

학개서 2장 8절을 보십시오.

은도 내 것이요 금도 내 것이니라 만군의 여호와의 말이니라
(학 2:8)

또 히브리서 3장 4절에서는 이렇게 말씀하고 있습니다.

집마다 지은 이가 있으니 만물을 지으신 이는 하나님이시라
(히 3:4)

이 우주 만물은 하나님이 창조하신 것이고, 이 우주 만물의 주인

은 하나님이십니다. 우리는 다만 하나님의 것을 맡아 관리하는 청지기입니다. 청지기라는 말은 관리인이요, 하나님의 하인이라는 뜻입니다. 관리인에게 관리를 맡겨 놓으셨습니다. 그런데 관리를 오래 하다 보니 어떤 착각에 빠집니까? 마치 자기가 주인인 양 착각하게 됩니다. 여러분! 우리 인생이 무엇입니까?

야고보서 4장 14절에 인생을 이렇게 설명하고 있습니다.

> 내일 일을 너희가 알지 못하는도다 너희 생명이 무엇이뇨 너희는 잠간 보이다가 없어지는 안개니라 (약 4:14)

우리 인생은 잠시 보이다가 없어지는 안개입니다. 베드로 전서 1장 24절에서도 이렇게 말씀합니다.

> 그러므로 모든 육체는 풀과 같고 그 모든 영광이 풀의 꽃과 같으니 풀은 마르고 꽃은 떨어지되 (벧전 1:24)

모든 육체는 풀과 같고 그 모든 영광이 풀의 꽃과 같다고 했습니다.

> 주 앞에서는 우리가 우리 열조와 다름이 없이 나그네와 우거한 자라 세상에 있는 날이 그림자 같아서 머무름이 없나이다 (대상 29:15)

모든 인생은 나그네입니다. 성경에서 나그네라 해석을 해서 그런지 세상의 가수들도 인생은 나그네길이라고 노래합디다. 그런 나그네가 영원히 거할 사람인 양 착각하고, 관리인이 주인인 양 착각합니다.

나그네 정신

우리의 삶을 주인 정신으로 살아가는지, 나그네 정신으로 살아가는지 알아보는 간단한 방법이 두 가지 있습니다. 시간 관리와 물질관리 하는 것을 보면 알 수 있습니다. 하나님은 우리에게 쓸 수 있는 시간을 주셨습니다. 그리고 관리할 수 있는 물질도 주셨습니다. 중요한 것은 무엇입니까? 그 시간과 물질을 내가 지금 관리하고 있는가, 아니면 내 것처럼 내 마음대로 쓰고 있는가 하는 것입니다. 하루 종일 놀고도 주인에 대한 죄송함이 전혀 없는 사람은 청지기가 아닙니다. 자기가 주인입니다. 사장은 하루 종일 놀아도 괜찮지만, 종업원은 그렇지 않습니다. 하루 종일 놀았다면 사장에게 죄송한 마음이 들어야 합니다. 사장이야 죄송할 게 없습니다. 내가 노는데 누가 뭐라고 하겠습니까? 그러나 종업원은 그렇게 하면 안 됩니다. 종업원은 내가 해야 할 의무를 다 마치고 놀아야 합니다. 하루 종일 시간을 허비해 놓고 하나님 앞에 전혀 죄송함이 없다면 그가 주인이지, 하나님의 시간에 대한 청지기가 아닙니다.

물질도 마찬가지입니다. 우리는 하나님을 잘 압니다. 우리 하나님이 어떤 분이십니까? 참 좋으신 분입니다. 열이면 열을 다 우리에게 주고 싶어 하십니다. 30배, 60배, 100배로 축복해 주기를 원하십니다.

그런 하나님께서 10의 1을 구분해서 드리라는 데에는 몇 가지 이유가 있습니다. 첫째, 열에 열을 다 주면 혹이라도 우리가 물질의 주인인 것처럼 착각하기 때문입니다. 하나님이 주인이시고, 우리는 관리인이요, 청지기라는 사실을 깨우쳐 주기 위해서입니다. 아홉은 우리가 쓰고 하나는 하나님께 내놓는 그것이 십일조입니다. 둘째, 십의 하나마저 우리가 다 가져 버리면 그다음에는 거둘 것이 없기 때문입니다. 그것을 심어야 그다음에 30배, 60배, 100배로 거둘 수 있습니다. 십의 하나는 씨앗입니다. 씨앗으로 남겨 놓기 위해서 하나님께 가져오라고 하신 것입니다. 하나님은 전능하셔도 심지 않고서는 거두지 못하십니다.

우리가 하나님의 물질의 청지기라면 십의 9를 받을 때 그렇게 감사할 수가 없을 것입니다. 십의 1을 드릴 때 그 감사가 커야 합니다. 그런데 이게 어떻게 된 일입니까? 십의 9를 받는다는 생각은 전혀 안 듭니다. 십의 1을 뗄 때 내 살점이 막 떨어져 나가는 것 같습니다. 차라리 돈 대신 살을 좀 떼어서 달라고 하면 좋겠습니다. 쉽게 말해서 아홉 받을 때의 감격보다 하나 드릴 때의 쓰라린 마음이 더 앞선다는 말입니다. 이때 중요한 차이는 무엇입니까? 아홉을 받을 때 감격스러운 사람은 물질의 주인이 하나님이라고 생각합니다. 그러나 하나 드리는데도 마음이 쓰라린 것은 물질의 주인이 자신이라고 생각하기 때문입니다. 그것이 다른 점입니다.

물질의 주인이 아버지시라면 아버지 것입니다. 그런데도 나에게 아홉이나 주시니 감사한 것뿐 아닙니까? 그런데 사람은 물질의 주인이 나라고 생각합니다. 하나를 내놓을 때 살이 떨어져 나가는 것처럼 아픕니다. 주인이 하나님이 아니라, 주인이 나라고 착각을 범한 것, 이것이 바로 본문에 나타난 농부들의 두 번째 착각이었습니다.

그렇다면 우리는 어떻습니까?

세례/침례 문답 때 여러 가지 질문 중 꼭 물어보는 두 가지가 있습니다. 그 첫 번째는 '구원의 확신이 있습니까?' 라는 질문입니다.

그러면 "예." 하고 대답합니다. 없다고 대답하는 사람은 지금까지 만나 본 적이 없습니다. 다 있다고 말합니다. 대답을 너무 빨리 하기 때문에 혹시나 해서 다시 묻습니다.

"지금 당장 죽어도 천국 갈 자신이 있습니까?"

"네, 있습니다. 지금 죽어도 천국 가지요."

"지금 인민군이 따발총으로 '이 갓나 동무! 예수 믿으면 죽이갔어!' 그래도 믿겠다고 이야기할 수 있습니까?"

"아, 그럼요. 제가 죽어도 믿습니다."

그러니 구원의 확신이 없겠습니까? 그렇게 목숨 걸고 예수를 믿는데 말입니다. 그래서 '이분은 구원의 확신이 분명하구나.' 메모를 합니다. '아무개 구원의 확신 분명함.'

그러면 그다음 질문이 있습니다.

"그럼, 십일조 생활은 하십니까?"

"아니요."

믿음이 좀 기형인 것입니다. 무슨 이야기입니까? 주님을 위해서 목숨은 내놓아도 돈은 못 내놓겠다는 것입니다.

강도가 와서 칼을 목에다 대고

"돈 내놔!!" 그럽니다. 이때 정상적인 사람은

"돈 저기 장롱에 있어요! 다 가져가고 목숨만은 살려 주세요!" 이게 정상적인 사람의 반응입니다.

그런데 "차라리 죽여! 돈은 못 줘! 그냥 죽여, 죽여!!" 이럽니다.

죽고 나서 돈 있으면 뭐 합니까? 구원의 확신이란 내가 생명을 주님을 위해서 드리겠다는 뜻입니다. 그런데 생명은 주님을 위해서 잘 드리면서 어떻게 십의 일을 안 드립니까? 왜 그렇습니까? 십의 십이 다 내 것이라고 생각하기 때문입니다. 그중에서 일을 떼려니까 막 살이 떨어져 나가는 것 같습니다. 내가 주인이기 때문입니다. 내가 관리인이라면 십일조 뗄 때 그렇게 감사할 수가 없습니다.

"하나님, 제가 뭐기에 이렇게 아홉이나 주시나이까?"

"저는 관리인에 지나지 않는데 어떻게 아홉이나 주십니까?" 원래는 내가 하나만 가져야 합니다. 그런데 이게 바뀌니까 어떻게 됩니까?

"왜 이 어려운 중에 십일조는 하라고 해서 저의 심기를 불편하게 만듭니까? 십일조는 율법 시대의 산물 아닙니까?" 이럽니다. 이 사람은 자신이 물질의 주인입니다.

우리는 성경을 다시 잘 보아야 합니다.

우리가 정녕 물질의 청지기라면 옷을 하나 사 입더라도 주님의 의도를 여쭈어 봐야 합니다. 내 마음속에 비싼 옷을 하나 사 입고 싶은 생각이 듭니다. 이때 내 것 같으면 내가 사 입지만 우리는 관리인입니다.

"주인님, 나 저 옷 하나 사 입고 싶어요. 어떻게 할까요?" 그때 주님이

"야, 네 형편이 그쯤 되면야 나도 사 입겠다. 하나 사 입어라." 그러면 사 입어야죠.

그런데 주님이

"네 형편에 비싸다. 사 입지 마라." 그러시면 아무리 사 입고 싶어도 내 돈이 아니니까 절제해야 합니다. 그 옷이 사 입어서 좋을지 안 좋을지는 대번에 알 수 있습니다. 새로 구입한 옷이 너무 감사하고 자랑스러워서 어디든지 입고 다닐 옷이면 그것은 잘 구입한 옷입니

다. 그런데 덜렁 사 놓기는 했는데 도저히 낯 뜨거워서 입고 못 다닙니다. 교회는 건축하기 위해 어렵다고 하는데 내가 비싼 옷 사서 입고 다니려니까 도저히 양심이 찔립니다. 그래서 입지도 못하고 옷장에서 한 철을 그냥 묵힙니다. 그렇게 되면 돈을 잘못 쓴 것입니다.

우리는 모든 매사에 청지기 정신으로 살아야 합니다. 그 정신을 벗어 버리면 안 됩니다.

"아니, 내가 돈 벌어서 내 맘대로 쓰는데 누가 뭐라 그래?"

이것이 바로 청지기라는 사실을 망각한 사람의 발언입니다. 여러분은 지금 주님의 것을 내 것이라고 생각하는 착각을 범하고 있지는 않습니까?

욕심이 생긴 농부들

이 농부들이 범한 세 번째 착각은 무엇입니까? 이들에게 욕심이 생겼습니다. 그래서 주인 것을 자기 것으로 만들려고 했습니다. 디모데 전서 6장 10절로 넘어가 봅시다. 이 뜻을 잘 음미해 보십시오.

> 돈을 사랑함이 일만 악의 뿌리가 되나니 이것을 사모하는 자들이 미혹을 받아 믿음에서 떠나 많은 근심으로써 자기를 찔렀도다
> (딤전 6:10)

무슨 뜻입니까? 돈을 많이 사랑하면 미혹을 받게 되고, 미혹을 받으면 돈이 되는 일이라면 못 할 일이 없이 다 하는 사람으로 바뀝니다. 그러다 보니 세상의 근심이 쌓이고, 그 근심이 나를 찔렀다는 것

입니다.

우리 믿음의 사람들은 돈이 된다고 해서 아무 일이나 하면 안 됩니다. 누가복음 12장 15절 보십시오.

저희에게 이르시되 삼가 모든 탐심을 물리치라 사람의 생명이 그 소유의 넉넉한 데 있지 아니하니라 하시고 (눅 12:15)

사람의 생명이 소유의 넉넉한 데 있지 않습니다. 돈이 많으면 생명이 많은 사람이고, 돈이 적으면 생명이 적은 사람입니까? 아닙니다. 세상은 돈이면 안 되는 것이 없다고 말합니다. 그러나 성경은 말합니다. 돈이 생명에 아무 영향을 끼치지 못한다는 것입니다. 우리는 세상 말을 좇지 말고, 하나님 말씀을 좇아가야 합니다.

그러므로 땅에 있는 지체를 죽이라 곧 음란과 부정과 사욕과 악한 정욕과 탐심이니 탐심은 우상 숭배니라 (골 3:5)

탐심이 우상숭배라고 했습니다. 그렇다면 지금 이 농부들은 세 번째 착각 속에서 우상 숭배를 하고 있는 것 아닙니까? 무슨 우상입니까? 돈의 우상입니다.

그리스도 예수의 사람들은 육체와 함께 그 정과 욕심을 십자가에 못 박았느니라 (갈 5:24)

그리스도 예수의 사람들은 육체와 함께 그 정과 욕심을 십자가에 못 박은 사람들입니다. 욕심을 십자가에 못 박은 사람이 예수 그리스도의 사람입니다. 그렇다면 욕심을 십자가에 아직 박지 못한 사람은 그리스도 예수의 사람이 온전히 안 된 사람입니다. 내가 그리스도의 사람이 되었다는 말은 내 마음에 육체적 욕심을 십자가에 못 박았다는 뜻입니다.

그렇다면 예수 믿는 사람은 욕심도 없습니까? 우리는 욕심도 없습니다. 비전이 있을 뿐입니다. 욕심과 비전은 다릅니다. 비전 뒤에는 하나님의 뜻이 있고, 욕심 뒤에는 마귀의 욕심이 있습니다. 우리 마음속에 비전과 꿈은 불탈지라도 욕심은 십자가에 못 박아야 합니다.

제가 인생을 살면서, 또 말씀을 깨달으면서 뼈에 저리게 느끼는 사실이 하나가 있습니다.

고스톱 쳐서 딴 돈은 절대 살림에 보탬이 안 됩니다. 종들 잡아 죽이고 아들까지 죽였다고 해서 그 포도밭이 자기 것 되는가? 천만의 말씀입니다. 될 수 없습니다. 할 수 있는 방법이 있기는 있습니다. 어떻게 하는가? 부지런히 일하고 벌은 돈으로 제대로 삯을 주어서 주인에게 정상적으로 사면 됩니다. 죽여서 될 문제가 아닙니다. 될 수도 없습니다. 농부가 아무리 욕심을 내서 주인의 종들을 때리고 죽인다 해도, 결국 주인의 아들까지 죽였다고 해도 자기 것이 되지 않습니다. 현대 사회에 저질러지는 모든 죄악들은 불의한 농부처럼 세 번째 착각을 범하기 때문에 일어납니다.

젊은 학생이 강도짓을 했습니다.

"왜 그랬느냐?"

"유흥비 마련하려고요."

붙잡히면 잘못했다고 스스로 괴로워해야 하는데, 재수 없어서 걸렸다고 투덜댑니다.

우리 착각에서 벗어납시다.

착각에서 깨어납시다. 오래 가지고 있으면 내 것 된다는 착각에서 우리는 벗어나야 합니다. 오래 가지고 있다고 해서 내 것이 아닙니다. 아무리 오래 관리를 했어도 주님의 것은 주님의 것입니다. 나는 관리인에 족합니다.

심판을 잊은 농부들

마지막 네 번째로 이들이 착각한 것은 주인의 심판이 있다는 사실을 몰랐습니다. 그것으로 그냥 끝나는 줄 알았습니다. 소유만 이전시켜 놓으면 끝나는 줄 알았던 착각이 네 번째 범한 착각입니다.

> 한 번 죽는 것은 사람에게 정하신 것이요 그 후에는 심판이 있으리니 (히 9:27)

한 번 죽는 것은 사람에게 정하신 것이고, 그 후에는 심판이 있다고 했습니다.

> 하나님은 모든 행위와 모든 은밀한 일을 선악 간에 심판하시리라 (전 12:14)

하나님은 또 모든 행위와 모든 은밀한 일을 선악 간에 심판하십니다.

> 이를 기이히 여기지 말라 무덤 속에 있는 자가 다 그의 음성을 들을 때가 오나니 선한 일을 행한 자는 생명의 부활로, 악한 일을 행한 자

는 심판의 부활로 나오리라 (요 5:28, 29)

선한 일을 행한 자는 생명의 부활로, 악한 일을 행한 자는 심판의 부활로 나오게 됩니다.

또 내가 보니 죽은 자들이 무론 대소하고 그 보좌 앞에 섰는데 책들이 펴 있고 또 다른 책이 펴졌으니 곧 생명책이라 죽은 자들이 자기 행위를 따라 책들에 기록된 대로 심판을 받으니 (계 20:12)

죽은 자들이 자기 행위를 따라 책들에 기록된 대로 심판을 받게 됩니다.

지금 말씀을 듣고 보니 어떻습니까? 착각된 삶이 없었습니까? 혹 착각했다면 지금 그 착각에서 빠져나오시기 바랍니다. 그리고 신실한 청지기가 됩시다.

마태복음 24장 45절 말씀을 좀 더 봅시다. 매우 귀한 말씀입니다. 마음으로 받으시길 바랍니다.

충성되고 지혜 있는 종이 되어 주인에게 그 집 사람들을 맡아 때를 따라 양식을 나눠 줄 자가 누구뇨 주인이 올 때에 그 종의 이렇게 하는 것을 보면 그 종이 복이 있으리로다 내가 진실로 너희에게 이르노니 주인이 그 모든 소유를 저에게 맡기리라 만일 그 악한 종이 마음에 생각하기를 주인이 더디 오리라 하여 동무들을 때리며 술친구들로 더불어 먹고 마시게 되면 생각지 않은 날 알지 못하는 시간에 그 종의 주인이 이르러 엄히 때리고 외식하는 자의 받는 율에 처하리니 거기서 슬피 울며 이를 갊이 있으리라 (마 24:45~51)

내가 가지려고 안 해도 신실하게 행하는 자에게는 주님께서 맡겨 주십니다. 그러나 악한 종은 다릅니다. 술친구들로 더불어 먹고 마시게 되면 어떻게 됩니까? 생각지 않은 날 알지 못하는 시간에 주인이 옵니다. 그리고 그 종을 엄히 때리고 외식하는 자의 받는 율에 처합니다. 거기서 그는 슬피 울며 이를 갊이 있게 된다고 했습니다.

착각을 벗어 버리고 하나님 보시기에 합당한 신실한 청지기가 되어 봅시다. '나는 신실한 청지기가 되리라.' 다짐해 봅시다. 우리 모두 주님께서 잘했다 칭찬하시는 성도들 되어 심판대 앞에 섰을 때 해와 같이 아름답게 빛나는 축복이 있기를 바랍니다.

3. 혼인잔치

예수께서 다시 비유로 대답하여 가라사대 천국은 마치 자기 아들을 위하여 혼인 잔치를 베푼 어떤 임금과 같으니 그 종들을 보내어 그 청한 사람들을 혼인 잔치에 오라 하였더니 오기를 싫어하거늘 다시 다른 종들을 보내며 가로되 청한 사람들에게 이르기를 내가 오찬을 준비하되 나의 소와 살진 짐승을 잡고 모든 것을 갖추었으니 혼인 잔치에 오소서 하라 하였더니 저희가 돌아보지도 않고 하나는 자기 밭으로, 하나는 자기 상업차로 가고 그 남은 자들은 종들을 잡아 능욕하고 죽이니 임금이 노하여 군대를 보내어 그 살인한 자들을 진멸하고 그 동네를 불사르고 이에 종들에게 이르되 혼인 잔치는 예비되었으나 청한 사람들은 합당치 아니하니 사거리 길에 가서 사람을 만나는 대로 혼인 잔치에 청하여 오너라 한대 종들이 길에 나가 악한 자나 선한 자나 만나는 대로 모두 데려오니 혼인 자리에 손이 가득한지라 임금이 손을 보러 들어올새 거기서 예복을 입지 않은 한 사람을 보고 가로되 친구여 어찌하여 예복을 입지 않고 여기 들어왔느냐 하니 저가 유구무언이어늘 임금이 사환들에게 말하되 그 수족을 결박하여 바깥 어두움에 내어 던지라 거기서 슬피 울며 이를 갊이 있으리라 하니라 청함을 받은 자는 많되 택함을 입은 자는 적으니라

마 22:1~14

03
혼인잔치 마 22:1~14

예수님께서 하신 말씀에는 신비한 뜻이 숨어 있습니다. 특히 비유나 행하신 이적을 보면 더욱 그러합니다. 물론 말씀 그 자체도 중요하지만, 그 이면에는 또 다른 중요한 교훈이 숨어 있기 때문입니다.

요한복음 2장 1절 이하에 보면 갈릴리 가나에서 혼인 잔치가 한창 벌어지고 있습니다. 그 당시 예수님과 제자들은 그렇게 환영받는 입장이 못 되었습니다. 그런데도 예수님과 제자들까지 초청한 것을 보면 혼인 잔치를 베푼 이 주인은 굉장히 좋은 사람인 것 같습니다. 아니면 구제를 많이 하는 사람인 것 같습니다. 그리고 마음의 폭이 상당히 넓은 겸손한 사람이었던 것 같습니다.

혹자는 예수의 어머니 마리아도 거기 있었기 때문에 마리아의 친척일 것이라고 말하기도 합니다. 아무튼 예수님과 제자들까지 참석할 정도가 되었으니 그날 잔치에는 손님들이 무척이나 북적대었을 것입니다. 그래서 그랬는지 포도주가 동이 나 버렸습니다. 잔치 집에 술이 떨어진다는 것은 아주 큰일입니다. 손님들에게 욕먹을 일입니다. 음식은 떨어질 수 있어도 술은 항상 대기 중이어야 합니다. 그러니 야단났습니다. 예수님의 어머니 마리아가 예수님에게 가서 말합니다.

"예수야! 여기 술이 떨어졌단다."

주님이 종들로 하여금 돌 항아리 6개에 물을 가득 담게 하십니다. 그리고 연회장에게 갖다 주라고 하십니다. 하인들이 그대로 순종하여 떠다 줘서 먹어 보니 그 사이에 물이 포도주로 변했습니다. 사람들마다 포도주 맛이 최상급이라고 칭찬을 연발합니다. 대개 다른 집은 처음에 좋은 포도주를 내놓고 나중에 취하게 되면 질이 좀 낮은 포도주를 내놓습니다. 그런데 어떻게 이 집은 갈수록 좋은 포도주가 나오느냐는 것입니다. 그래서 혼인 잔치를 잘 치렀다는 이야기인데 마지막에 이런 구절이 나옵니다.

> 예수께서 이 처음 표적을 갈릴리 가나에서 행하여 그 영광을 나타내시매 제자들이 그를 믿으니라 (요 2:11)

예수님의 3년 공생애 중 첫 번째 행하신 이적을 어디에서 베푸셨습니까? 바로 혼인 잔치였습니다. 물이 변하여 포도주 되게 하심으로 첫 번째 이적을 베풀어 주신 것입니다. 이만큼 예수님과 혼인 잔치는 연관이 많습니다. 성경에 나타난 비유 중 많은 부분이 혼인 잔치를 말하고 있습니다.

마태복음 25장 1절 이하에 나오는 열 처녀 비유도 혼인 잔치 이야기입니다. 신랑을 맞이하려고 준비하는 지혜로운 열 처녀와 어리석은 처녀가 같이 기다린다는 내용입니다.

에덴동산에서도 최초의 잔치는 혼인 잔치였습니다. 아담이 혼자일 때 하나님께서는 아담을 깊이 잠들게 하시고, 아담의 갈비뼈 하나를 취하여 하와를 만드셨습니다. 즉 아담과 하와가 결혼하는 사건인 것입니다.

제 3장 본문을 통해서 알 수 있는 사실이 하나 있습니다. 우리가 하나님 앞에 갔을 때 천국에서 열리는 첫 번째 잔치도 바로 혼인 잔치입니다. 예수 그리스도께서 신랑 되시고 우리 믿는 자들은 신부입니다. 인류의 시작도 혼인 잔치로 시작했고, 인류의 마지막도 혼인 잔치로 마치게 됩니다. 이렇게 혼인 잔치는 천국에서 가장 큰 행사입니다. 하나님의 아들이신 예수님과 그의 신부들인 우리를 위해서 예비해 두신 축제입니다. 하나님께서 이 아들의 혼인 잔치를 얼마나 기뻐하시겠습니까? 혼인 잔치는 구원받은 사람들이 천국에 들어가서 첫 번째 누리는 영광입니다. 영원토록 이 혼인 잔치와 같은 기쁨으로 보내는 곳이 바로 천국입니다.

예수님도 가시는 곳마다 잔치를 배설하셨던 것을 볼 수 있습니다. 교회들도 주님께서 부활하신 부활절에는 다 잔치를 베풉니다. 신기한 것이 있습니다. 어느 단체나 기관이든지 보면 잔치가 많이 열리는 곳은 부흥이 잘 됩니다. 그 모임이 잘됩니다.

본문의 비유를 보면 재미있는 사실들이 많습니다. 우리의 마음과 생각과 지식으로 하늘나라를 그대로 이해한다는 것은 사실 불가능한 일입니다. 어렵습니다. 왜냐하면 용량이 부족합니다. 하루살이가 파리의 일생을 이해 못하듯, 우리 인간이 어떻게 하나님 나라의 그 오묘한 이치를 다 이해할 수 있겠습니까? 그래서 주님께서는 지금 비유로 쉽게 천국 잔치를 설명하고 계십니다.

혼인 잔치를 베푼 임금

어떤 임금이 혼인 잔치를 베풀었습니다. 그런데 잔치에 오라고 미리 청한 사람들이 있었던 모양입니다. 종들을 보내어 오라고 하였더니 오기를 싫어합니다. 다시 다른 종들을 보냅니다. "오찬을 준비하되 나의 소와 살진 짐승을 잡고 모든 것을 갖추었으니 혼인 잔치에 오소서." 이 얼마나 풍성한 잔치입니까? 그런데도 사람들은 관심이 없습니다. 바쁘다는 핑계를 댑니다. 오지 못하는 그 사정들이 무엇입니까? 하나는 자기 밭으로 농사지으러 가야 한다는 것입니다. 주일날 교회 안 오고 농사지으러 간 사람이 바로 여기에 해당됩니다. 또 하나는 장사하러 갑니다. 주일날 예배 빠지고 장사하러 가는 사람입니다.

그래도 이 사람들은 좀 낫습니다. 남은 사람들은 종들을 잡아서 능욕하고 아예 죽여 버렸습니다. 가만히 생각해 보면 그렇게까지 할 필요는 없지 않습니까? 가기 싫으면 그냥 안 가면 되지, 왜 능욕합니까? 안 가면 되지, 왜 잡아죽입니까?

능욕했다는 말은 업신여겨 욕보였다는 뜻입니다. 여자를 강간하여 욕보이는 것을 능욕이라고 합니다. 그러니까 업신여기고 욕보이고 사람 취급도 안 했다는 것입니다. 그들 속에 악이 가득하기 때문 아니겠습니까?

악이 가득한 것은 오늘날도 마찬가지입니다. 그래서 참 묘한 것이 있습니다. 교회에서 예배드리는 모습이나 반응을 보면 다 다르게 나타납니다. 어떤 사람은 찬송을 크게 부릅니다.

그런데 어떤 사람은 "저 놈의 찬송 소리! 유리창을 다 깨 버리든지 해야지!!" 찬송 소리를 들으면 닭살 돋듯이 싫어합니다. 그나마 유리가 막고 있어서 적게 들리는 것이지, 유리창을 다 깨 버리면 어떻게 되겠습니까? 더 크게 들립니다.

전도할 때도 그렇습니다.

"예수 믿으세요."

"예. 나갈게요. 믿으면 좋죠." 이런 사람이 있는가 하면, 어떤 사람은 전도하는 사람에게 어려움을 주거나 뭐가 어땠어, 저땠어 하면서 마구 비비 꼽니다.

"아이구, 교회 웃기지도 않아. 목사가 권총으로 사람 쏴 죽였데."

안 좋은 이야기들만 듣고 와서는 반대하며 핍박합니다. 왜 그렇습니까? 그 속에 심상치 않은 영이 있기 때문입니다. 그래서 심기가 뒤틀리는 것입니다.

차라리 방관하는 일이 있더라도 잡아 죽이거나 능욕하거나 핍박하는 일은 절대 안 하는 것이 좋습니다. 그렇다고 언제까지나 방관하라는 것은 아닙니다. 방관이나 핍박이나 결국 구원받지 못한다는 차원에서는 똑같기 때문입니다.

이렇게 종들을 잡아서 능욕하고 죽여 버리니 결국 임금이 어떻게 합니까? 노하여 군대를 보냅니다. 그리고 살인한 자들을 진멸하고 그 동네를 불사릅니다. 여기서 임금님은 하나님이십니다. 잔치에 오라고 미리 청함을 받은 사람들은 유대인들을 말합니다. 예수 그리스도를 위하여 예비된 혼인 잔치에 초청한 사람이 오지 않으면 하나님은 이렇게 노를 발하십니다.

누가복음 15장에 보면 탕자 비유가 나옵니다. 탕자가 나갔다가 돌아왔으면 우리 상식으로는 어떻게 해야 합니까? 종아리를 맞아야 할 일인데, 아버지는 오히려 잔치를 배설해 주었습니다. 하나님께서 잔치하기를 얼마나 좋아하시는지 알게 하는 대목입니다. 옷을 입히고, 가락지를 끼우고, 신을 신기고, 송아지를 잡고 잔치를 열어 주었습니다.

그랬더니 그것을 보고 열 받는 사람이 있습니다. 바로 탕자의 형입니다. "이게 뭐야 창기와 놀다 재산을 다 날린 놈을 위해서 무슨 잔치를 열어 준다는 거야?"

탕자가 그 말을 가만히 듣고 있자니 그의 심정이 어떻겠습니까? "형. 왜 그래? 지금 형 것 잡았어? 아버지가 열어 주시는 건데 왜 이래?" 하면서 한번 붙을 만도 한데, 탕자는 가만히 있더라는 것입니다.

제가 지금까지 한 번도 안 해 본 이야기를 하려고 합니다. 저는 여기서 아주 중요한 사실을 하나 깨달았습니다. 무엇인가 하면 인간은 이 세상을 살아가는 가운데 하나님의 면전이 아닌 곳이 없다는 사실입니다. 믿음의 사람은 어떤 상황이든지, 어떤 형편이든지 절대 고개를 들면 안 됩니다. 잘했든, 잘못했든 그저 하나님 앞에서는 고개 숙여야 합니다.

세리와 바리새인의 기도 장면에서도 고개 처들은 바리새인은 주님께서 굉장히 싫어하셨습니다. 세리는 고개를 푹 처박고 이야기합니다. "주여, 저는 그저 죄인입니다." 여러분, 죄인이 무슨 말을 하겠습니까?

돌아온 탕자도 마찬가지입니다. "주여, 그저 죽일 죄인입니다." 죄인이 무슨 말을 하겠습니까?

무익한 종의 비유 가운데서도 그렇습니다. "주여, 그저 무익한 종입니다."

성경을 잘 보십시오. 제대로 된 믿음의 사람들은 고개를 치켜들지 않습니다. 왜 그렇습니까? 바로 그 위에 하나님이 계시기 때문입니다. 하나님 면전이기 때문입니다. 항상 고개를 숙이는 자세입니다.

예를 들어 봅니다.

총동원 전도 주일날은 차를 타고 교회 안까지 들어오지 말라는 광고를 했습니다. 새 신자가 많이 오게 되면 복잡하기 때문입니다.

다음 주일 주차위원이 호각을 불면서 "이쪽으로는 올라가지 마세요. 올라가지 마세요." 안내를 열심히 합니다. 그러면 어떻게 해야 합니까?

"알았어요. 여기다 댈까요, 아니면 저기다 댈까요?" 이렇게 말하고 다른 곳에 주차해 주면 얼마나 좋겠습니까?

"아, 비켜! 당신이 경찰이요, 내가 가겠다는데 왜 이려?" 그러면서 막무가내로 올라갑니다. 그러면 주차 위원이 옳고 그 사람이 잘못했습니다. 이때 '아, 이 사람 말을 잘 안 듣네.' 그러고 말면 될 것을 열 받아서 어떻게 말합니까?

"나 이거 주차 위원 못해 먹겠어. 당신이 해!"

이렇게 하면 안 된다는 것입니다. 내가 아무리 옳았어도 고개를 치켜들면 안 됩니다. 명심하시기 바랍니다. 굉장히 중요한 이야기입니다. 고개 들면 거기가 바로 하나님의 면전입니다. 이 세상을 사는 동안 우리가 고개 치켜들 곳이 없습니다.

또 다른 예를 들어 봅시다.

우리 집에 대통령을 초대했습니다. 호텔로 가시자니까 극구 우리 집에서 주무시겠다는 것입니다. 그래서 하는 수 없이 우리 집에 모셨습니다. 대통령이 오셨으니 어떻게 헛간 방을 내드리겠습니까? 제일 좋은 안방을 내드립니다. 이부자리도 어떻게 덮던 이불을 내드리겠습니까? 결혼해서 한 번도 안 덮었던 새 이불을 펴 드립니다. 그리고 나머지 식구들은 어떻게 합니까? 전부 발뒤꿈치를 들고 조심조심 걷습니다.

애기가 울 것 같으면 "쉿! 각하 주무신다. 쉿!" 하면서 그분이 떠나실 때까지 내내 조용히 살아야 합니다. 그게 예의입니다. 처음에는 이들이 잘했습니다. 그런데 그분이 하루 더 묵고 가시겠다고 합니다. 하루 더 계시는 사이에 속상한 일이 생겼습니다. 옆방에서 내외간이 싸움이 붙어 난리가 난 것입니다.

"몇 시인데 인제 들어오는 거예욧!!?" 하면서 부부가 싸움이 대판 벌어지면 안방에 계시는 대통령의 심기가 어떻겠습니까?

"아이쿠! 내가 어제 갔어야 하는데, 괜히 하루 더 머물다가 이런 민망한 꼴을 다 보는구나. 그냥 갈 걸." 대통령이 얼마나 불편하겠습니까?

그런 것처럼 우리 마음속에는 성령께서 내주하고 계십니다. 성령께서 내 몸을 성전 삼고 계십니다. 그렇다면 나의 잘못된 생활이 내 안에 계시는 성령님을 얼마나 불편하게 만들겠습니까? 어느 곳이든 하나님의 면전이 아닌 곳은 없습니다. 우리의 바른 자세는 고개 숙이는 것입니다. 머리 숙여야 합니다. '그저 나는 무익한 종입니다' 하는 자세가 옳은 자세입니다.

교회에서 잔치를 베풀면서 어떻게 100% 다 내 마음에 들겠습니까? 나의 행동도 내 마음에 안 들 때가 많은데, 하물며 기관과 단체는 어떻겠습니까? 내 마음에 안 들 수 있습니다. 그렇지만 이미 결정된 일은 따라가는 것이 성숙입니다. 잘 들으십시오. 아주 중요합니다. 싫지만 땅에서 결정한 일들은 하나님께서도 동의하신 일이니 따라가야 한다는 것입니다.

이처럼 임금이 베푼 잔치에 가기 싫더라도 각자의 이유야 어찌 되었든 참석했어야만 합니다. 내가 생각할 때에는 밭에 농사를 지으러 갔건, 장사를 하러 갔건 그 일이 아주 중요한 일입니다. 그런데 교회에 가서 앉아 있는 것보다 농사짓는 것이 훨씬 낫다고 생각됩니다.

'교회 가면 돈이 나오나, 밥이 나오나? 그 시간에 차라리 장사해서 돈을 더 버는 게 더 낫다.' 아주 합리적인 생각 같지만, 주인은 노하십니다. 이것이 좀 상식에 안 맞는 것 같지만, 중요한 말씀입니다. 왜 그렇습니까? 아니, 농사지으러 간 것이, 장사하러 간 것이, 청함에 응하지 않은 것이 뭐 그리 잘못한 일이라고 진멸까지 하시는가 말입니다. 여기서 청함 받은 사람들은 바로 유태인입니다. 원래 선택된 유태인들이었습니다. 그런데 이들이 말을 안 들었습니다. 그러자 하나님께서 폐해 버리십니다.

청함 받은 사람들

> 이에 종들에게 이르되 혼인 잔치는 예비되었으나 청한 사람들은 합당치 아니하니 사거리 길에 가서 사람을 만나는 대로 혼인 잔치에 청하여 오너라 한대 종들이 길에 나가 악한 자나 선한 자나 만나는 대로 모두 데려오니 혼인 자리에 손이 가득한지라 (마 22:8~10)

혼인 잔치는 예비되었지만 청한 사람들은 합당치가 않았습니다. 그래서 나중에는 어떻게 합니까? 사거리 길에 가서 사람을 만나는 대로 혼인 잔치에 청하여 오라고 합니다. 악한 자나 선한 자나 만나는 대로 모두 데려옵니다. 이 구원하심 때문에 구원받은 자들이 바로 우리입니다. 사거리 길은 사람들이 많이 왕래하는 곳입니다. 이 사거리 길은 십자가의 길입니다. 선택되어서 구원받은 것이 아닙니다. 예수 그리스도의 십자가를 통해서 받은 구원입니다.

이 사거리 길에서 구원받는 사람들이 누구입니까? 보십시오. 아무나 모두 데려왔습니다. 죄인도 좋습니다. 살인자도 좋습니다. 선한 자만 구원받는다면 우리는 구원받지 못했을 것입니다. 악한 자도 구원하신다는 말씀 때문에 우리가 구원을 받게 되었습니다. 우리는 이 사실을 잊지 말아야 합니다. 우리가 바로 악한 자였습니다. 그런데 하나님께서 우리를 구원해 주신 것입니다. 바로 이 사거리 길에서 말입니다. 바로 이 십자가 길에서 말입니다. 로마서 11장에 보면 이런 말씀이 나옵니다.

> 또한 가지 얼마가 꺾여졌는데 돌감람나무인 네가 그들 중에 접붙임이 되어 참감람나무 뿌리의 진액을 함께 받는 자 되었은즉 그 가지들을 향하여 자긍하지 말라 자긍할지라도 네가 뿌리를 보전하는 것이 아니요 뿌리가 너를 보전하는 것이니라 그러면 네 말이 가지들이 꺾이운 것은 나로 접붙임을 받게 하려 함이라 하리니 (롬 11:17~19)

돌감람나무와 참감람나무 이야기입니다. 돌감람나무는 이방인을 가리키고, 참감람나무는 유태인을 가리킵니다. 참감람나무가 말을 듣지 않으니까 잘라 버리고 거기에다 돌감람나무를 접붙여서 구원했다는 내용입니다. 이스라엘 백성이 그렇게 하나님 청함에 응하지 않자, 하나님께서는 먼저 청한 일을 폐하셨습니다. 그래서 나가서 악한 자나 선한 자나 만나는 대로 모두 데려오라고 하십니다. 모든 이 방인들을 악한 자에 포함시켜 구원하신다는 의미입니다.

이와 비슷한 비유가 또 있습니다.

> 주인이 종에게 이르되 길과 산울 가로 나가서 사람을 강권하여 데려
> 다가 내 집을 채우라 (마 14:23)

사람을 강권하여 데려다가 하나님 집을 채우라고 말씀하십니다. 권하라는 말은 그냥 한번 권유하는 것이 아닙니다. 아주 심하게 강권하는 것을 말합니다.

지난 주간에 대전시 연합 침례교회 연합 집회가 있었습니다. 아주 성대하게 잘 치러졌습니다. 그런데 한 분이 이런 이야기를 했습니다. 자기는 집회에 올 마음이 눈곱만큼도 없었다는 것입니다. 그런데 하~~도 오라고 하니까 왔답니다. 이것이 바로 강권입니다. 오려고 생각을 전혀 안 했는데 계속 오라고 하니까 어쩔 수 없이 왔다는 것입니다.

동기야 어찌 되었든 불신자가 한 번이라도 교회에 발을 들여 놓는다는 것은 매우 중요한 일입니다. 교회에 결혼 예식이 있어서 왔든, 예비군 훈련이 있어서 왔든 상관없습니다. 초청 잔치가 있어서 왔든, 경로잔치가 있어서 왔든 상관없습니다. 과자 타 먹기 위해서 왔든, 연극 보기 위해서 왔든 상관없습니다. 구원받은 사람들의 통계를 보면 교회에 무슨 이유로든지 한 번이라도 왔던 사람들이라고 합니다. 이들 중 구원받는 수는 90%가 넘습니다. 그래서 이유를 막론하고 교회에 한 번이라도 온다는 사실이 그렇게 중요합니다. 그래서 제가 깨달은 것이 있습니다. 결혼식은 필히 교회에서 하는 것이 좋겠다는 것입

니다. 왜 그렇습니까? 결혼식이라도 없으면 평생 가야 교회 못 올 사람이 있기 때문입니다.

교회 가려고 간 것이 아닙니다. 예식장 간 것입니다. 그래서 교회 예식장에 한 번 갔습니다. 어색하기 그지없지요. 그런데 또 예비군 훈련 고지서가 교회로 나왔습니다. 가기 싫지만 훈련을 받으려니 어쩔 수 없지 않습니까? 그런데 또 초청 잔치인가 뭔가 한 번만 꼭 오라 그래서 또 갔습니다. 나이가 들어 경로잔치 한다고 해서 또 경로잔치도 갔습니다.

그래서 교회 다니던 제직이 운명하면 발인예배를 반드시 교회에서 하는 것이 좋겠다는 생각을 해 봅니다. 왜냐하면 그런 일이 아니면 교회에 평생 안 올 사람들이 많기 때문입니다. 발인 예배 때 관을 교회에 모셔 놓고 불신자들 집안 식구들 다 모인 자리에서 설교하니 얼마나 그 메시지가 가슴에 절절이 와 닿겠습니까?

"보십시오. 인생이 얼마나 허무한가를! 예수 믿고 구원받으시기를 바랍니다."

그런데 중요한 것이 또 있습니다. 보십시오. 예수 잘 믿는 사람이 있습니다. 목사든, 집사든, 권사든, 장로든 누군가 하도 절에 한 번만 오라 그래서 절에 갔습니다.

"아니, 내가 절을 왜 가? 나 예수 믿는 사람이여. 나보고 오라 그러지 마."

"누가 너보고 절 다니라 그러냐? 그냥 딱 한 번만 와 보라니까!"

그래, 갔습니다. 불방에 들어서니 부처님이 내려다보고 있습니다. 향이 모락모락 피어오릅니다. 주변에는 모두 스님들과 신도들이 꽉 차서 절을 합니다. 거기 혼자 가운데 앉아 있으려니까 좌불안석입니다. 이거 뭐 어떻게 해야 할지, 아무것도 할 수가 없습니다. 그런데 갑자기 염불을 시작합니다.

'나하나라 바하밀타!'

만일 이런 일이 있다고 가정해 보십시오. 여기서 염불하지, 저기서 목탁 두드리지. 그러면 거기 앉아 있는 예수 믿는 사람이 '아이고, 주여, 주여! 아이구야!' 하면서 얼마나 불안하겠습니까?

그와 똑같습니다. 평생 종교는 불교만 있는 줄 알고 살았습니다. 그래서 어려움이 있을 때마다 절에 가서 불공드리고, 어려움이 있을 때마다 무당 불러서 굿 하던 사람입니다. 총동원인가 무엇인가를 한다 그래서 교회에 나와 앉아 있습니다. 조금 있더니 찬송을 부릅니다. 갑자기 통성으로 "아버지, 좌좌좌자좌!" 와자지껄 기도합니다. 그의 마음이 어떻겠습니까?

"보살님, 나무 관세음보살! 나무 관세음보살!" 그럴 거 아니겠는가 말입니다. 우리가 절에 가면 어색하듯, 그들도 교회 오면 똑같이 어색한 것입니다. 익숙하지 않은 것은 어색합니다.

제가 처음 교회 다닐 때 아주 민망한 일을 당한 적이 있습니다. 주일날 교회를 갔더니 헌금을 하더군요. 그래서 헌금을 했습니다. 그리고 저녁 예배를 갔는데, 그때는 또 헌금을 안 하는 것입니다.

'아, 저녁에는 안 하는구나.'

수요일 날 갔더니 역시 헌금이 없었습니다.

그래서 '아, 헌금은 주일날만 하는 거구나.'

헌금은 주일날에만 있다는 것을 알게 되었습니다. 그런데 어느 날 저녁 예배때인가는 헌금을 하는 것입니다. 제가 헌금을 준비해 왔어야 말이죠. 얼마나 창피하던지 빈주먹이라도 헌금 바구니 속에 넣었다 꺼내고 싶었습니다. 이런 일들이 이미 알고 있는 사람들에게는 아무 문제가 안 됩니다. 있으면 하고 없으면 안 하면 됩니다. 그러나 모르는 사람은 그게 아닙니다. 다 일어났는데 혼자 앉아 있기 어려운 일이고, 다 앉아 있는데 혼자 일어나기란 굉장히 어려운 일입니다. 다 앉아 있는데 누구 한 사람을 세워 보십시오. 요즘 아이들 말로 정말 뻘쭘한 일입니다. 다 헌금을 드리는데 혼자 안 드리는 것도 그렇습니다. 이렇게 믿는 사람도 어색한데 전혀 안 믿는 사람에게는 얼마나 더 어색하겠습니까? 물론 누가 뭐라고는 않지만 스스로가 그렇게 느끼는 것입니다.

더군다나 성경 봉독 시간에 마태복음 12장 1절을 찾으라고 하는데, 마태복음이 어디 있는지 알아야 말이죠. 그 사람은 틀림없이 창세기 첫 장부터 뒤적일 것입니다. 그러니 출애굽기, 레위기, 민수기, 신명기 해서 마태복음까지 찾아 나가려면 그 사이에 벌써 축도할 시간 됩니다. 그럴 때는 먼저 믿은 사람이 얼른 찾아서 "여기입니다"라고 가르쳐 줘야 예의입니다. 그리고 자기는 그 사람 성경으로 본 다음 다시 나중에 바꿔 주면 되지 않습니까?

나 자신도 모르게 하는 습관 하나하나가 상대방으로 하여금 얼마나 어색함과 무력함을 주는지 알아야 합니다. 그 고비를 이기고 한 번 나오고, 또 한 번 나오고, 그러다 보면 익숙해지기 시작합니다.

'교회가 좋구나.' 익숙해지면서 그것이 구원의 길로 가는 통로가 점점 열리는 것입니다. 숲 속 길을 처음 걷는 곳은 길이 없지만, 자꾸 걷다 보면 거기에 오솔길이 생깁니다. 이처럼 교회에 첫 번 내딛는 발걸음은 어렵지만, 계속 다니다 보면 거기에 구원의 길이 생깁니다. 그 첫 번째 구원의 길을 낼 수 있도록 해 주는 것이 무엇입니까? 그게 바로 총동원 주일입니다.

그렇게 교회 나오면 하나님께서 사진을 찍어 놓는 것 같습니다. 우리가 어떤 모임에 가면 기념 촬영을 남기듯이 말입니다. 그 사진을 나중에 보면서 '얘도 참석했었구나. 얘도 참석했었구나.' 이렇게 알 수 있지 않습니까? 하나님도 사진을 찍어 첫날 회의를 하십니다.

한 번 발걸음 들여놓는 것이 별것 아닌 것 같지만, 그렇지 않습니다. 잔치에 오지 않으면 하나님은 진노하신다는 사실을 깨달아야 합니다. 사거리 길에서 청한 사람들을 불러들여서 잔치를 배설합니다. 그 잔치는 너무나 흥겹고 너무나 귀합니다. 어찌 보면 오든 인류의 고생을 다 씻어 내는 천국 잔치인 것입니다. 우리의 삶은 그 잔치에 들어가기 위한 과정입니다. 우리가 겪고 있는 모든 고생의 수고는 그날 임금님의 아들, 예수 그리스도의 혼인 잔치 천국에서 수고를 다 덜게 됩니다.

택함을 입은 사람들

잔치가 무르익고 있습니다. 임금이 손님들을 보러 들어왔는데 보니까 예복을 입지 않은 한 사람이 눈에 띕니다.

> 임금이 손을 보러 들어올새 거기서 예복을 입지 않은 한 사람을 보고 가로되 친구여 어찌하여 예복을 입지 않고 여기 들어왔느냐 하니 저가 유구무언이어늘 임금이 사환들에게 말하되 그 수족을 결박하여 바깥 어두움에 내어 던지라 거기서 슬피 울며 이를 갊이 있으리라 하니라 (마 22:11~13)

"친구여, 어찌하여 예복을 입지 않고 여기 들어왔느냐?" 물으니 유구무언입니다. 임금님이 사환에게 말합니다.

"저를 바깥 어두움에 내어 던지라. 거기서 슬피 울며 이를 갊이 있으리라."

본문의 비유는 주님께서 바로 이 14절 말씀을 하시기 위한 것입니다.

청함을 받은 자는 많되 택함을 입은 자는 적으니라 (마 22:14)

청함을 받은 사람은 많되 택함을 입은 사람이 적다고 하십니다. 우리가 얼른 생각해 봐도 그렇습니다. 청한 사람은 단순히 초대받은 사람입니다. 그러나 택한 사람은 이 잔치의 즐거움에 같이 참여하는 사람입니다. 청함을 받는 사람 중에는 구원을 받을 사람도 있고, 구원받지 못하는 사람도 있습니다. 그러나 택함을 받은 사람들은 100% 구원받는 사람들입니다. 마태복음 24장 24절을 보십시오. 놀라운 말씀이 나옵니다.

거짓 그리스도들과 거짓 선지자들이 일어나 큰 표적과 기사를 보이어 할 수만 있으면 택하신 자들도 미혹하게 하리라 (마 24:24)

"택하신 자들도 미혹하게 하리라."

마귀란 놈이 할 수만 있으면 택한 자까지 공격을 한다는 것입니다. 마귀의 공격은 불신자만 공격하는 것이 아닙니다. 마귀의 공격은 청한 사람만 공격하는 것이 아닙니다. 마귀의 공격은 하나님의 택한 자까지라도 공격한다는 사실을 알아야 합니다. 우리는 이런 잔치가 교회에서 벌이는 단순한 행사로만 생각하면 안 됩니다. 이것은 하나님의 구원 전략이요, 구원의 역사입니다. 하나님의 구원의 잔치요, 구원의 특공작전입니다.

우리는 그냥 나와 앉아 있는 것 같아도 보이지 않는 전쟁입니다. 못 나가게 하려는 마귀의 역사와 구원하시려고 하는 하나님의 역사가 보이지 않게 많은 전쟁을 치릅니다. 이런 과정을 통해서 이겨야만 하나님 앞에 나올 수 있습니다. 그냥 나오고 싶으면 나오고, 안 나오고 싶으면 안 나오는 것이 아닙니다. 안 나온 사람이 그냥 안 나온 것이 아닙니다. 그의 마음을 어떻게든 미혹해서 주의 전에 나가지 못하게 하고, 믿음 잃게 해서 멸망으로 끌고 나가려고 하는 마귀의 유혹에 진 것입니다. 우리는 어떻게든지 구원하려고 하는 하나님의 종들, 즉 천사들의 수고와 많은 믿는 사람들의 애쓰는 기도의 협동 작전으로 여기 구원의 자리에 나와 앉아 있는 것입니다.

마귀란 놈은 택한 자라도 미혹하려고 합니다. 택함을 입지 않은 자들은 이미 자기의 밥이 되어 있기 때문에 건드리지 않습니다. 오히려 택한 자를 집중 공격합니다. 그러므로 우리는 미혹당하지 않도록 신앙생활을 정상적으로 해야 합니다. 미혹은 아무나 받는 것이 아닙니다. 꼭 이상하게 믿는 사람들이 미혹을 받습니다. 신앙생활을 정상적으로, 교회 중심으로, 말씀 중심으로, 목회자 중심으로 하는 사람들이 그래도 비교적 탈이 없습니다. 이상하게 신앙생활하게 하는 것, 바로 그것이 마귀의 유혹이라는 것을 알아야 합니다.

미혹된 사람들은 열매를 보면 알 수 있습니다. 나무가 잘못되면 반드시 열매도 잘못될 수밖에 없습니다. 그래서 예수님은 열매로 그 나무를 안다고 말씀하셨습니다. 주님이 요구하는 열매는 무엇입니까? 변화를 요구하십니다. 신앙생활은 한마디로 변화입니다. 마음의 변화, 말의 변화, 행동의 변화가 일어나야 합니다. 신앙생활이 무엇이냐고 물으신다면 변화되어 가는 생활이라고 말하겠습니다.

교회에 성경 찬송 들고 왔다 갔다 하는 그것도 물론 변화입니다. 그렇지 않던 사람이 그렇게라도 하니까 변화입니다. 형편없던 사람이 변화되고, 언어가 형편없던 사람이 언어가 순화되고, 성격이 형편없던 사람이 성격이 좋아집니다. 먹고 놀던 사람이 착실해지고, 공부를 어지간히 안 하던 학생이 열심히 공부하는 것, 이런 것도 다 변화입니다. 신앙생활은 가정에서, 교회에서, 사회에서 그 변화의 열매가 나타납니다. 크리스천의 생활은 한마디로 변화입니다.

악령에는 여러 가지 종류가 있습니다. 마귀가 있고, 미혹하는 영이 있고, 귀신이 있습니다. 왜 사람들이 잘못된 이단을 믿는가? 미혹 당하기 때문에 그렇습니다. 미혹의 영은 매우 다양하게 역사합니다.

그래서 어떤 사람은 혈기로 자꾸 미혹됩니다. 다른 부분은 그럭저럭 잘 이겨 내는데 혈기를 못 이깁니다. 어떤 사람은 도벽을 못 이깁니다. 그냥 자신도 모르게 어느 집에서 놀다 나오면 내 주머니에 그 집 물건이 들어가 있습니다. 자신은 집어넣은 기억도 안 납니다. 어떤 사람은 술에 미혹됩니다. 텔레비전에서 맥주 광고가 나옵니다. 잘 참다가도 바로 입맛을 다시면서 아내에게 한 잔 가져오라고 합니다. 이것이 바로 미혹되는 것입니다.

또 도박에 미혹되는 사람도 있습니다. 자다가도 벌떡 일어나서 정 할 게 없으면 혼자 패대기라도 칩니다. 별별 미혹의 영들이 다 우리를 미혹한다는 사실을 알아야 합니다. 믿음을 빼앗아 가는 모든 악한 습관들은 다 미혹입니다.

어떤 사람은 운동에 미혹되기도 합니다. 운동은 좋은 것입니다. 그러나 미혹되면 안 됩니다. 운동에 미혹되면 온통 관심이 거기에만 쏠립니다. 운동해야 하니까 아침에 문 열면 날씨가 좋은가 안 좋은가부터 살핍니다.

또 돌에 미혹된 사람도 있습니다. 그래서 어디를 가나 돌만 쳐다봅니다.

미혹의 영은 마치 암과 같습니다. 요즘의 암은 머리카락과 손톱만 빼고 사람의 육체라면 어느 곳이든 다 달라붙는다고 합니다. 그래서 발에 붙으면 발암, 머리에 붙으면 머리암, 배에 붙으면 배암, 위에 붙으면 위암, 장에 붙으면 장암이 됩니다. 이와 같이 미혹의 영도 안 달라붙는 곳이 없습니다.

미혹된 사람은 얼굴도 달라집니다. 미혹의 영이 살을 사로잡으면 얼굴 모양이 달라집니다. 확실히 은혜 받은 사람은 얼굴도 온화하고, 미소가 있습니다. 우리 모습에서는 정말 아름다운 향기가 배어 나와야 합니다. 겉모습도 그 사람을 지배하고 있는 영에 따라 변해 가기 때문입니다.

하나님의 초청

본문에는 우리가 얻어야 할 교훈이 세 가지가 나옵니다. 첫 번째, 하나님께서 초청하실 때는 지체 말고 응답하는 것이 복입니다. 하나님께서 부르시면 곧 나오십시오. 이유를 제기하지 말고 오십시오. 바쁘다는 것을 핑계 삼지 마십시오. 변명을 대지 말고 꼭 응하십시오.

하나님의 초청에 순종하는 자는 하나님께서도 실망시키지 않습니다. 그러나 하나님의 초청에 거부한 자는 하나님께서 절대로 좋게 두시지 않습니다. 하나님의 초청에 반응하시기를 바랍니다. 하나님께서 오라 하실 때 오십시오. 오는 자에게 주님은 옷을 입혀 주시고, 반지를 끼워 주십니다. 신을 신겨 주시고 잔치를 베풀어 주십니다. 최상의 영광으로 인도해 주시는 것입니다. 하나님의 부르심에 응답합시다. 꼭 잊지 마십시오. 바로 이것이 구원입니다.

우리에게 주시는 두 번째 교훈은 세상일만 열심히 하다가 잔치에 참석 못하면 안 된다는 것입니다. 못 나오는 사람들이 왜 못 나왔습니까? 농사짓다 못 나왔습니다. 장사 하다가 못 나왔습니다. 놀러 다니느라 못 나왔습니다. 계 모임에 나가느라 못 나왔습니다. 그러나 그것이 이유가 될 수 없음을 알아야 합니다. 세상일에 얽매여 세상일만 하는 중에 주님께서 나를 부르신다면 어떻게 주님을 만날 수 있겠습니까? 살아가는 데 꼭 필요한 세상일은 열심히 하면서도 주님께서 나를 초청하시면 언제든지 모든 것을 팽개치고 갈 수 있는 믿음! 우리는 그 믿음이 꼭 필요합니다.

세 번째, 잔치에 참여하는 자는 예복을 반드시 입어야 합니다. 그냥 가기만 하면 되는 것이 아닙니다. 이것을 성경에서는 다양하게 이야기합니다. 어떤 곳에서는 기름을 예비하라 그랬고, 어떤 곳에서는 달란트를 남기라고 했습니다. 여러 가지 이야기가 있습니다. 이 모든 이야기들이 사실은 비슷비슷합니다. 우리는 성령으로 거듭나서 예수 그리스도로 옷 입어야 합니다. 왜 그렇습니까? 우리가 죄인이기에 우리가 입고 있는 옷 또한 죄의 옷이기 때문입니다. 예수의 보혈로 씻긴 성령의 세마포를 입어야 합니다. 그 성령의 세마포가 무엇입니까?

바로 '성도의 옳은 행실' 입니다. 향기 나는 의로운 옷! 예수 그리
스도로 덧입고 주님 앞에 서야 합니다. 그냥 가면 안 됩니다. 꼭 성령
으로 변화되고 거듭나야 합니다. 주님 앞에 서는 날 우리는 예복을 입
고 가야 합니다.

육신적으로도 마찬가지 아닙니까? 어떤 신부는 바쁘다 보니까
자기 결혼식이 있는 날인데도 세상일에 마냥 바쁘기만 합니다.

김치 담고 된장 담다가 팔목 두어 번 걷어 붙였던 것 부리나케
편 다음에 신랑 옆에 딱 섭니다. 옆에서 냄새가 푹푹 풍긴다면 어느
신랑이 그녀를 신부로 데리고 들어가기를 기뻐하겠습니까? 그래서
신부는 지금부터 단장하며 연습을 해야 합니다. 여자의 일생 중에 가
장 예쁜 날이 어느 날입니까? 결혼식입니다. 그날 예쁘다는 소리 못
들으면 영원히 예쁘다는 소리 못 듣습니다. 아무리 못생겼어도 그날
만큼은 예쁘다는 말을 들을 수 있어야 합니다. 그것이 바로 육신적 결
혼식이고, 언젠가 우리가 주님 앞에 서는 날이 바로 진짜 결혼식을 올
리는 날입니다. 그날을 위해서 오늘 우리의 신랑이 필요한 것입니다.
그냥 사랑하는 남자 만나서 잘 먹고 잘살라고 이 땅의 신랑을 주시는
것이 아닙니다. 보이지 않는 영적 신랑을 깨닫도록 하기 위해 주신 것
입니다. 보이는 신랑을 통해 믿음의 훈련이 필요합니다.

네 번째, 청한 자는 많습니다. 그러나 택한 자는 많지 않습니다.
청한 자가 구원받는 것이 아니라, 택한 자가 구원받기 때문입니다. 주

님이 우리를 혼인 잔치로 청하실 때 순종하시기 바랍니다. 다시 말씀 드립니다. 오라 하시면 가십시오. 한 사람도 빠짐없이 모두 참석해서 택함 받은 귀한 하나님의 성도들 되십시오. 그리고 우리가 다시 나아가서 사람들을 청할 때 그들이 참석해서 택한 자들이 되도록 해야 합니다. 이것이 우리 남은 생애 동안 할 일입니다.

4. 익부와 익빈이

또 어떤 사람이 타국에 갈 제 그 종들을 불러 자기 소유를 맡김과 같으니 각각 그 재능대로 하나에게는 금 다섯 달란트를, 하나에게는 두 달란트를, 하나에게는 한 달란트를 주고 떠났더니 다섯 달란트 받은 자는 바로 가서 그것으로 장사하여 또 다섯 달란트를 남기고 두 달란트 받은 자도 그같이 하여 또 두 달란트를 남겼으되 한 달란트 받은 자는 가서 땅을 파고 그 주인의 돈을 감추어 두었더니 오랜 후에 그 종들의 주인이 돌아와 저희와 회계할새 다섯 달란트 받았던 자는 다섯 달란트를 더 가지고 와서 가로되 주여 내게 다섯 달란트를 주셨는데 보소서 내가 또 다섯 달란트를 남겼나이다 그 주인이 이르되 잘하였도다 착하고 충성된 종아 네가 작은 일에 충성하였으매 내가 많은 것으로 네게 맡기리니 네 주인의 즐거움에 참예할지어다 하고 두 달란트 받았던 자도 와서 가로되 주여 내게 두 달란트를 주셨는데 보소서 내가 또 두 달란트를 남겼나이다 그 주인이 이르되 잘하였도다 착하고 충성된 종아 네가 작은 일에 충성하였으매 내가 많은 것으로 네게 맡기리니 네 주인의 즐거움에 참예할지어다 하고 한 달란트 받았던 자도 와서 가로되 주여 당신은 굳은 사람이라 심지 않은 데서 거두고 헤치지 않은 데서 모으는 줄을 내가 알았으므로 두려워하여 나가서 당신의 달란트를 땅에 감추어 두었었나이다 보소서 당신의 것을 받으셨나이다 그 주인이 대답하여 가로되 악하고 게으른 종아 나는 심지 않은 데서 거두고 헤치지 않은 데서 모으는 줄로 네가 알았느냐 그러면 네가 마땅히 내 돈을 취리하는 자들에게나 두었다가 나로 돌아 와서 내 본전과 변리를 받게 할 것이니라 하고 그에게서 그 한 달란트를 빼앗아 열 달란트 가진 자에게 주어라 무릇 있는 자는 받아 풍족하게 되고 없는 자는 그 있는 것까지 빼앗기리라 이 무익한 종을 바깥 어두운 데로 내어 쫓으라 거기서 슬피 울며 이를 갊이 있으리라 하니라

마 25:14~30

04
익부와 익빈이 마 25:14~30

나는 나 자신을 형편없는 사람으로 생각할지라도 하나님은 나를 두고 보기에도 아까운 존재로 여기십니다. 이 사실을 마음 깊이 새롭게 인식하기 바랍니다. 사람의 행동은 자기 인식에 의해서 나타납니다. 자신을 형편없다고 생각하면 형편없는 행동을 하게 됩니다. 그러나 자기 자신을 고귀하게 생각하는 사람은 행동도 그렇게 나타납니다. 생각만 중요한 것이 아닙니다. 옷도 중요하고, 상황도 매우 중요합니다.

예비군 목사님을 향목이라고 하는데, 제가 그 향목을 맡고 있습니다. 1년에 한 번씩 향목 훈련을 갑니다. 이때 복장이 정장을 하지 않고 동원 때처럼 예비군복을 입고 훈련합니다. 훈련받으면서 막 뒹굴다 보면 소변도 아무 데서나 보게 됩니다. 희한한 것은 훈련이 끝나고 돌아올 때도 마찬가지입니다. 신호등도 무시한 채 횡단보도를 그냥 건너갑니다. 예비군 가는 길에 두려움이 없습니다. 옷만 바꿔 입었을 뿐인데 같은 사람이 그렇게 달라집니다.

그러므로 사람은 행동에 따라 평가되고, 행동을 보고 나를 아는 것이 아닙니다. 마음과 생각에 따라 내가 평가됩니다. 마음과 생각을 보고 나를 알게 됩니다. 이것은 무엇과 같습니까? 훌륭한 일을 해서 훌륭한 사람이 아니라는 것입니다. 훌륭한 사람이기에 훌륭한 일을 하는 것입니다. 그래서 행동을 바꾸기 전에 먼저 마음과 생각을 바꾸어야 합니다. 행동을 변화시킨 다음에 마음을 바꾸려면 물구나무서서 걸어가는 것만큼이나 어렵습니다. 그러나 마음과 생각이 먼저 변화되면 행동은 자동적으로 변화가 따라옵니다.

가을에 밤이 탐스럽게 영글면 속에서부터 저절로 껍질이 터집니다. 안 까진 밤을 억지로 까려면 겉에서부터 까 들어가야 합니다. 그러면 좀 힘듭니다. 밤을 돌 위에 올려놓고 구둣발로 밤 중간 부분을 쪼개면 밤 껍질이 겨우 벗겨집니다. 막대기로 찔러 가면서 장갑 낀 손으로 조심스럽게 까지만, 그렇게 까기 힘들수록 까 봐야 어떻습니까? 아직 안 익어서 밤 색깔이 푸르딩딩 합니다. 그러나 잘 익은 밤은 저절로 껍질이 떨어져 나갑니다.

무슨 이야기입니까? 변화는 안에서 밖으로 변화돼야 한다는 것입니다. 밖에서 안으로 변화되어 가는 것이 아닙니다. 그래서 하나님도 사람을 변화시킬 때 행동부터 변화시키는 것이 아닙니다. 은혜를 소낙비처럼 부어 주셔서 마음부터 변화시켜 가십니다. 아브라함이 변화될 때의 과정도 보십시오.

여호와께서 아브람에게 이르시되 너는 너의 본토 친척 아비 집을 떠나 내가 네게 지시할 땅으로 가라 내가 너로 큰 민족을 이루고 네게 복을 주어 네 이름을 창대케 하리니 너는 복의 근원이 될지라
(창 12:1, 2)

현실은 아브라함에게 하나도 해당되는 말씀이 아닙니다. 그러나 하나님은 먼저 아브라함의 마음과 생각을 변화부터 시켜 놓으십니다. 변화된 그의 마음과 생각대로 나중에 현실을 이루셨습니다.

두 종이 한 집에 살고 있었습니다. 한 종의 이름은 익빈이고, 다른 한 종의 이름은 익부입니다. 익빈이는 능력이 조금 부족합니다. 별로 잘하는 것이 없습니다. 게다가 성격까지 아주 소심합니다. 종이면서도 주인이 시키면 그냥 하는 법이 없습니다. '잘못되면 어쩌지? 실수하면 어쩌지?' 하는 두려움을 먼저 가지고 있었습니다. 어떤 결과에 대한 두려움입니다. 그래서 아무것도 제대로 하지 못합니다. '난 원래 잘하는 게 없어. 뭐든지 못해. 나는 자신이 없어.'

여러분, 이러한 생각은 항상 자신을 격하시킵니다.

뿐만 아니라 그는 주인을 오해했습니다. 주인이 달란트를 맡깁니다. 남기는 것은 고사하고 받은 만큼 잘 간직하는 것도 그에게는 큰일이고 잘하는 일이라고 생각합니다. 익빈이는 별다른 의욕도 없이 그저 무의미한 하루하루를 '내가 왜 사나?' 하면서 회의적인 삶을 살아갑니다.

그러나 익빈이의 친구, 익부는 좀 달랐습니다. 익부는 능력이 많습니다. 무슨 일을 맡기면 잘잘못을 떠나서 시도하고 봅니다. 어떻게든지 끝까지 억척같이 일을 해냅니다. 성격도 아주 적극적입니다. 그래서 주변 사람들이 말합니다. "저 사람은 무슨 일이든지 해낼 사람이야."

게다가 그는 주인이 자신을 인정해 준 사실도 믿었습니다. 자신을 그렇게 믿어 주고 있는 주인을 실망시키지 않도록 최선을 다합니다. 주인의 뜻을 바로 알고 그 주인을 기쁘게 합니다. 하루하루의 삶이 항상 즐겁습니다. 주인이 맡겨 놓은 것이 점점 불어나 결국 두 배로 남깁니다.

그런데 놀라운 사실은 무엇입니까? 자기가 그렇게 한 일이 주인으로부터 그렇게 칭찬들을 만큼 잘한 일이라는 사실을 자신도 미쳐 몰랐다는 것입니다. 제 4장 본문 말씀을 이름을 따로 지어서 이야기 형식으로 꾸며 본 내용입니다.

두 종의 이야기 중 여러분은 익빈입니까, 익부입니까?

'더할 익(益)' '가난 빈(貧)' 익빈(益貧)이입니다. '더할 익(益)' '부할 부(富)' 익부(益富)입니다. 이름이 얼마나 중요한가는 우리가 성경의 여러 사람을 통해서 쉽게 알 수 있습니다. 하나님은 본래 이름 가지고는 안 될 것 같으면 이름을 직접 바꾸어 주십니다. 성경에 여러 예들이 나와 있습니다.

그 가운데 아주 대표적인 사람으로는 아브라함이 있습니다. 원래 그는 '아브람' 이었습니다. '아브람' 이란 말은 '큰아버지' 라는 뜻입니다. 큰아버지 가지고는 안 될 것 같으니까 '아브라함' 이라고 하나님이 바꾸어 주셨습니다. '열국의 아버지' 라는 뜻입니다. '큰아버지' 일 때는 조카 롯밖에 없더니, '열국의 아버지' 로 이름을 바꾸어 주시자, 정말 이삭을 통하여 '열국의 아버지' 가 되었습니다. 영적으로도 믿음의 조상이 되었습니다. 이렇게 이름은 중요합니다.

사래는 사라로 바꾸어 주셨고, 사울은 바울로 바꾸어 주셨습니다. 야곱은 이스라엘로 바꾸어 주셨습니다. 야곱은 '발뒤꿈치를 잡았다. 순전히 거짓말쟁이다' 라는 뜻입니다. 이스라엘은 '하나님과 겨루어 이기었다' 라는 뜻입니다. 이스라엘로 바뀌기 위해서 얍복 강변에서 정말 목숨을 거는 기도를 드렸습니다. 그의 이름이 바뀌자, 그의 삶에 변화가 일어나는 원동력이 됩니다. 하나님 앞에 드린 한 번의 기도가 인생을 좌우했던 것입니다. 그러한 은혜가 우리 모두에게도 임하기를 바랍니다.

청지기 자세

본문에 나오는 익빈이와 익부도 이름처럼 어떠한 행동을 취했는지 살펴보겠습니다.

> 또 어떤 사람이 타국에 갈제 그 종들을 불러 자기 소유를 맡김과 같으니 (마 25:14)

이 말씀 앞부분에서는 열 처녀 비유가 먼저 나옵니다(마 25:1~13). 그리고 이 이야기가 곧 이어져 나온 것입니다.

'어떤 사람이' 이 사람은 주인을 의미하며, 주님을 의미합니다.

'타국에 갈 제' 타국은 천국을 의미합니다. 이 주인이 타국에 갈 때 종들을 불러서 자기 소유를 맡겼습니다. 여기서 우리가 깨달을 것은 무엇입니까? 내 것이 내 것인 줄 알지만, 그게 아닙니다. 주인이 맡겨 놓은 것입니다. 그러므로 주인의 것을 내 것 쓰듯이 함부로 쓰면 안 됩니다. 내 것처럼 마음대로 다루면 안 됩니다. 내게 맡겨 주신 것을 주님 뜻대로 쓰고, 주님 뜻대로 살아야 합니다. 우리는 주님 것을 관리하는 청지기임을 알아야 합니다. 바로 이 자세가 필요합니다.

내 것은 내 것이 아닙니다. 나 자신도 내 것이 아닙니다. 주님 것입니다. 우리 생각처럼 내 것이 내 거라면, 우리가 죽을 때 왜 다 놓고 가겠습니까? 내 것이라면 죽을 때 가져가야지요.

놀이방에는 놀이기구가 많습니다. 아이들이 이것도 타 보고 저것도 타 봅니다. 그러나 집으로 돌아갈 때는 "선생님, 잘 놀다 가요." 이렇게 말합니다. 만일 그것이 다 자기 거라면 갖고 가야 하지 않습니까? 실컷 가지고 놀다가도 내 것이 아니기에 철부지 어린아이들도 놓고 가는 것입니다.

인생도 마찬가지입니다. 우리가 이 땅에서 사용하다가 우리 영혼의 집, 본향으로 돌아갈 때는 다 놓고 갑니다. 가지고 갈 것 같지만, 다 놓고 가는 것은 왜 그렇습니까? 내 것이 아니고, 주인 것이기 때문입니다. 주인이 맡길 때는 아무렇게나 맡기지 않습니다. 그냥 맡기는 것 같아도 각자의 재능대로, 능력대로 맡깁니다. 고린도 전서 10장 13절을 보십시오.

> 사람이 감당할 시험밖에는 너희에게 당한 것이 없나니 오직 하나님은 미쁘사 너희가 감당치 못할 시험 당함을 허락지 아니하시고 시험 당할 즈음에 또한 피할 길을 내사 너희로 능히 감당하게 하시느니라 (고전 10:13)

여기서 우리가 깨달아야 할 두 가지 사실이 있습니다. 그것은 하나님께서 우리에게 감당할 시험만 주신다는 것입니다. 피할 길을 주셔서 감당케 하신다는 사실입니다. 그리고 감당할 길과 능력도 더불어 주십니다.

그래서 익부는 그것을 가지고 가서 장사하여 다섯 개를 또 남깁니다. 우리가 익부에게 배워야 하는 점은 순발력입니다. 무엇이든지 하나님의 말씀을 받으면 익부처럼 순발력이 좋아야 합니다. 그는 바로 이행했습니다.

제가 충청도에서 목회하면서 안타까운 것 가운데 하나가 있습니다. 충청도 분들이 다 좋은데 순발력이 늦다는 것입니다. 유행도 서울이 유행하고, 부산이 유행하고 다 시들어 갈 때쯤 대전은 그때서 유행하기 시작합니다. 한 박자가 항상 늦습니다. 그런데 안타까운 문제는 은혜 받는 것도 좀 늦다는 사실입니다.

서울에 있던 어느 목사님이 하루는 이런 말을 저에게 하는 것입니다.

"장 목사! 장 목사는 대전에서 참 잘하고 있는 거야. 나는 대전에 집회 갔다 오면 좀 그래."

"왜요, 목사님?"

서울이나 경상도나 전라도는 은혜 받으면 즉각 반응이 나타난다고 합니다.

"강사님, 오늘 은혜 많이 받았습니다."

그런데 대전 사람들은 아무리 은혜를 받아도 아무 말 않는다고 합니다. 그러다가 집회를 다 마치고 서울에 올라와 있으면 그때서야 전화가 오기 시작한다는 것입니다.

"강사님! 오늘 은혜 많이 받았시유."

재미있는 이야기를 하면 바로 '와아~!' 하고 웃어 줘야 하는데 잠잠합니다. 참 머쓱해집니다. 아무리 재미있는 이야기를 해도 멀뚱멀뚱 쳐다보기만 합니다. 여러분, 그러면 강사가 참 당혹스럽습니다. '왜 재미있는 이야기를 하는데도 사람들이 안 웃지?'

그런데 끝까지 안 웃어야 하는데 집에 가서 밤에 자려고 이불 덮을 때쯤 되어서야 "크하하하하하~!" 웃습니다. 그때서야 너무 재미있는 이야기였다는 생각이 드는 것입니다.

그래서 제가 유심히 보면 신호등도 그렇습니다. 서울 사람들은 녹색불이 탁 켜지면 벌써 반절 이상 다 건너가 버렸습니다. 녹색등이 깜빡깜빡 하기 전에 후다다닥 건너갑니다. 정말 빠릅니다.

그런데 대전은 깜빡깜빡해도 반절도 아직 못 갔습니다. 그저 가는 품새가 오늘 못 건너면 내일 건널 심산입니다.

그게 뭐 그리 대수겠습니까? 늦게 건넌다고 해서 사람 뻔히 건너고 있는 걸 알면서 차들이 움직이겠습니까? 답답하지만 차들이 기다려 줘야지요. 운전하는 분들도 거의가 다 충청도 분들이니 별로 문제가 안 됩니다. 같이 느긋합니다. 그러나 은혜 받는 면에서는 우리가 정말 순발력을 발휘해야 합니다. 익부처럼 '바로' 행해야 합니다. 이 '바로' 라는 말이 그렇게 중요합니다.

아브라함과 롯을 보십시오. 아브라함은 믿음이 좋으니 순발력도 좋습니다.

> 여호와께서 가라사대 네 아들 네 사랑하는 독자 이삭을 데리고 모리아 땅으로 가서 내가 네게 지시하는 한 산 거기서 그를 번제로 드리라 (창 22:2)

"네 아들 이삭을 바쳐라." 하나님의 말씀이 떨어지자 아브라함이 다음날 새벽에 바로 아들을 데리고 떠납니다. 그런데 롯은 그렇지 못합니다.

그러나 롯이 지체하매 (창 19:16)

"소돔과 고모라를 떠나라" 하셨으면 바로 떠나야 하는데, 이 도시에 미련이 남아 있는지 자꾸 뭉그적댑니다.

그러나 다섯 달란트 받은 사람은 순발력이 좋았습니다. 우리는 매사에 순발력이 좋아야 합니다. 직장이나 사업에서도 마찬가지입니다. 특히 믿음 면에서 순발력이 좋아야 합니다.

익부의 자세-자신감

두 번째, 익부는 자신감이 넘칩니다. 그러니까 바로 가서 장사해서 벌어들입니다. 우리도 자신감이 넘쳐야 합니다. 자신감은 매우 중요합니다.

제가 한번은 콘서트를 가진 적이 있습니다. 다 끝나고 나서 장동욱 집사님과 같이 식사하면서 그로부터 심사평을 들었습니다. 그는 전문가입니다. 그의 평을 요약하자면 이런 내용입니다. 음악 전문가 입장에서 봤을 때 노래는 사실 별로라는 것입니다. 그러나 자신감 하나는 세계적으로 으뜸이라는 것입니다. 제아무리 훌륭한 테너 가수라 할지라도 사람이 그렇게 많이 모이면 좀 떨리기 마련이랍니다. 그런데 제가 노래하는 자태를 보니까 떨리는 것이 뭡니까? 눈빛 하나로 그 많은 청중을 다 제압해 버리더라는 것입니다.

그렇습니다. 제가 비록 노래 실력은 좀 모자란다 치더라도 자신감은 가지고 해야 될 것 아닙니까? 노래는 아주 잘하는데 자신감이 없는 사람보다 차라리 노래는 좀 잘 못하더라도 자신감 있는 사람이 훨씬 더 나은 것입니다. 사실 잘하는데 왜 자신감이 없고, 못하는데 무슨 자신감이 있겠습니까? 그렇지만 자신감이라는 것이 그렇게 중요합니다.

이 다섯 달란트 받은 익부는 바로 '하면 된다' 라는 자신감을 가지고 장사했던 것입니다.

익부의 자세–적성

세 번째, 익부는 자신이 무엇을 해야 하는지를 잘 아는 사람이었습니다. 우리는 자신에게 무슨 일이 잘 맞는지 잘 구분해야 합니다. 주님께서 돈을 주셨다는 말은 직장을 주셨다는 것이 아닙니다. 일거리를 주신 것도 아닙니다. 돈을 주셨다는 말은 사업을 하라는 이야기입니다. 그래서 그는 사업을 시작했습니다.

한심이라는 사람이 있습니다. 한심이가 누구입니까? 자기가 무슨 일을 하면서도 지금 자신이 무엇을 해야 하는지 모르는 사람입니다.

직장생활을 잘하고 있으면서도 이런 말을 합니다.

"내가 지금 이 직장을 계속 다녀야 하나, 말아야 하나? 사업을 해야 되는 건 아닌지 모르겠어."

실컷 사업을 잘하고 있으면서도 "내가 이거 계속 해야 하는 건가, 아니면 때려치워야 하는 건가? 정말 모르겠어."

우리는 이렇게 한심이가 되면 안 됩니다. 다섯 살짜리가 모른다고 하면 이해가 됩니다. 그런데 충분히 알 수 있는 나이인데도 여전히 그러고 있다면 정말 곤란한 일 아닙니까?

그렇다면 우리가 무엇을 해야 할까요? 간단합니다. 첫째, 본인이 자신 있는 일을 하면 됩니다. 내가 어떤 일에 자신이 있는가를 잘 파악한 다음 그 자신 있는 일을 하는 것입니다.

둘째는 재미있고 신나는 일을 하십시오. 내가 어떤 일을 하면 너무나 재미있어서 날이 새는지도 모릅니다. 너무나 신납니다. 그렇다면 바로 그 일을 해야 합니다.

셋째는 자신의 형편에 맞는 일을 하십시오.

넷째는 아무리 오래 해도 지치지 않는 일을 하시기 바랍니다.

저는 다 죽어가다가도 설교를 하기 위해 강단에만 올라가면 신이 납니다. 그러니까 저는 이 일을 해야 합니다. 그런데 강단에 올라가는 일이 마치 사지로 끌려가는 양 같습니까? 십자가를 지고 골고다 언덕으로 올라가는 기분입니까? 그렇다면 그는 설교하면 안 됩니다. 하기 싫은 일은 오뉴월에도 손이 시리다고 했습니다. 그러므로 우리는 해도 해도 지치지 않는 그 일을 찾아서 해야 합니다.

익부의 자세-신뢰와 모험심

마지막으로 네 번째, 익부는 자신에게 맡겨 주신 그분을 믿었습니다. 주인이 줄 때에는 그를 믿고 준 것입니다. 바로 이 사실을 믿었습니다. 이 믿음이 그의 모험심을 유발시켰습니다.

인생을 살아가는 가운데 모험심은 굉장히 중요합니다. 그래서 저는 유원지에 가면 어린이처럼 모든 놀이기구를 다 타 봅니다. 다람쥐 통통도 타 보고, 바이킹도 타 봅니다. 보트고 뭐고 없습니다. 다 탑니다. 그래서 저에게는 별별 경험이 다 있습니다. 이렇게 여러 가지를 타다 보면 타는 순간 잘못 탔다 하는 느낌이 올 때도 있습니다. 갑자기 겁이 덜컥 나는 것입니다. 그래도 기왕에 탄 거 '물러나지 않으리라' 라는 각오를 갖습니다. 두려운 마음을 자신감 있는 모험심으로 빨리 바꿔 버립니다. 그래서 생각이 참 중요합니다.

'다람쥐 통통'을 탈 때 처음에는 정말 죽는 줄 알았습니다. 그 순간에 '설마 죽는 기구를 만들어 놓았겠는가?' 하면서 생각을 바꿉니다. 그러고는 신나게 즐깁니다.

저는 군대에서도 유격 훈련을 세 번 받았습니다. 굉장히 높은 절벽 위에 섭니다. 실제로 안 재 보았기 때문에 정확한 높이는 모르겠지만, 제 느낌으로는 수십 미터 되는 듯합니다. 거기서 거꾸로 매달린 자세를 취하고 밧줄 하나 잡고 곤두박질치듯이 내려와야 합니다. 밑에서는 조교가 애인 이름을 부르면서 빨리 뛰어내리라고 다그칩니다. 그러면 전우들이 "영숙아~!" 두두두둑 내려오고, "이쁜아~!" 하면서 내려옵니다.

그때 저도 무척 떨렸습니다. 그러나 곧 이런 생각으로 바꾸었습니다. '설마 군대에서 죽는 훈련을 시키겠는가?' 그래서 저도 "선숙아~!" 하면서 확 뛰어 버렸습니다. 그때 어찌나 세게 내려왔는지 밑에서 조교가 다 놀라 버렸습니다. 그러면서 하는 말이 "야, 너, 조교

해도 되겠다" 하던 말이 생각납니다. 기왕에 하는 것 이렇게 자신감 있게 해야 하지 않겠습니까?

무슨 일이든지 마찬가지입니다. 사업도 떨지 말고 느긋이 즐기십시오. 목회도 떨 것 없습니다. 즐겨야 합니다. 심방을 가도 즐기고, 기도를 해도 즐겨 보십시오. 무슨 일이든지 두려워 떨지 말고 자신감 있게 즐기시기 바랍니다. 모험은 이렇게 귀한 것입니다.

익빈이의 자세

두 달란트 받은 사람은 다섯 개 받은 사람과 똑같습니다. 특별히 따로 할 이야기가 없습니다. 그런데 문제는 한 달란트 받은 익빈이가 문제입니다. 그는 땅을 파고 주인이 맡긴 돈을 감추어 두었습니다. 첫째, 너무나 소극적입니다. 둘째, 자신의 능력을 과소평가했습니다. 주님이 보실 때에는 할 수 있으리라 보고 주셨지만, 본인은 못할 것이라고 단정해 버립니다. 셋째는 그 돈을 아끼다 결국은 못 쓰게 된 전형적인 사람입니다. 그래서 우리는 무엇이든지 아낄 것 없습니다. 누가 먹을 것을 주면 그냥 그 자리에서 먹는 것이 좋습니다. 그것을 냉장고에 넣어 두어 보십시오. 너무 아낀 나머지 결국 상해서 못 먹게 돼 버리는 경우가 많지 않습니까? 옷도 그렇습니다. 누가 사 주면 즐겨 입어야 합니다. 그거 아낀다고 장롱에 넣어 두면 어떻게 됩니까? 나중에 입으려니 이미 유행이 지나 버렸습니다. 결국 못 입게 됩니다.

넷째, 익빈이는 주인의 의도를 전혀 알지 못했습니다.

다섯째, 주인을 믿지 못한 사람이었습니다. 익빈이는 자신도 주인도 아무도 믿지 않았습니다. 할 수 있는 일이라고는 그저 숨겨 두는 것밖에 한 것이 없습니다. 장사로 말하자면 겨우 본전치기한 것입니다. 또 운동으로 말하자면 비기기 작전을 쓰는 수비형인 사람입니다. 운동은 수비형이 되면 안 됩니다. 공격을 해야 합니다.

권투를 보십시오. 피해서는 이길 수 없습니다. 때려야 이깁니다. 피하면서 권투를 어떻게 합니까? 계속 피하더라도 한 대 맞으면 지는 것입니다. 피할 것 없습니다. 때릴려면 때려라는 자신감으로 같이 쳐야 합니다. 권투는 때려야 이기지, 피해서는 절대 못 이깁니다.

축구도 마찬가지입니다. 잘하거나 못하거나 몰고 가서 골을 하나라도 넣어야 득점할 수 있습니다. 모든 선수들이 다 수비에 몰려만 있어 보십시오. 누가 골을 넣습니까? 한 명만 앞에 내놓으면 어떻게 됩니까? 넣다 넣다 지쳐서 이길 수가 없습니다. 열한 명이 다 올라가서 넣어야 합니다. 안 넣고는 못 이기는 것이 축구라는 경기입니다. 공격하면서 넣어야 이길 수 있습니다. 두려워할 것 없습니다. 하면 됩니다.

여섯째, 익빈이는 조심만 했지, 담대하지 못했습니다. 19절에 보면 오랜 후에 주님이 오십니다. 주님은 맡기시고 금방 오시는 것이 아닙니다. 오랜 후에 오십니다. 왜 오랜 후에 오실까요? 남기는 것을 보시려고 오래 두고 보십니다. 기회를 주시는 것입니다. 그리고 맡겨 주신 것으로 끝나는 것이 아닙니다. 주님께서 나중에 다 회계(會計)하십니다. 나가고 들어온 돈을 일일이 따져서 셈을 하신다는 것입니다. 많이 맡긴 만큼 많이 찾으십니다. 이것이 성경적인 원리이며, 주님께서 회계하시는 방법입니다. 고린도 후서 9장 6절도 보십시오.

이것이 곧 적게 심는 자는 적게 거두고 많이 심는 자는 많이 거둔다 하는 말이로다 각각 그 마음에 정한 대로 할 것이요 인색함으로나 억지로 하지 말지니 하나님은 즐겨 내는 자를 사랑하시느니라
(고후 9:6)

우리가 여기서 깨달아야 할 것이 있습니다. 성경을 보면 하나님은 무엇이든지 즐겁게 하는 것을 원하십니다. 우리가 예물을 드릴 때에도 즐겨 내는 자를 사랑하십니다. 하나님께 감사하는 마음으로 즐겁게 바쳐야 하는 것입니다.

'아이 그냥 만 원만 뺄까?'

'만 원 뺐다가 다음에 낼까?'

'너무 많이 냈나?'

'아니야, 좀 적은가?' 이런 식으로 하면 안 됩니다. 그러면 괜히 아까운 돈만 없어집니다. 그런 예물은 하나님께서 받으시지도 않습니다. 즐거운 마음으로 내는 것을 받으십니다. 기왕에 낼 거라면 즐겁게 내십시오.

예배에 참석할 때도 그렇습니다. "빨리 교회 가자, 할렐루야!" 이렇게 기쁜 마음으로 가야 합니다.

'3부 예배에 갈까? 오늘 하루만 빼먹을까?' 그러면 안 됩니다. 즐겁게 가시기 바랍니다.

설교할 때도 즐겁게 해야 합니다.

'이번 주에는 설교하기가 좀 귀찮은데 부목사님 시킬까?' 그러면 안 됩니다. 무슨 일이든지 하나님은 우리가 즐겁게 하는 것을 원하십니다.

말도 즐겁게 하고, 설거지도 즐겁게 하십시오.

하나님 앞에 기도할 때도 회개 기도 말고는 웃으면서 하시기 바랍니다.

우리 민족은 참 희한합니다. 새가 지저귀는 것을 운다고 표현합니다. 그러나 미국 사람들은 같은 새소리를 놓고 '새가 노래한다. Bird singing'이라고 표현합니다. 미국 새나 한국 새나 모든 새들은 똑같이 '지지배배, 지지배배' 할 것입니다. 그런데 표현이 그렇게 서로 다릅니다.

왜 우리는 그 소리가 우는 걸로 들려올까요? 내가 울고 있기 때문입니다. 서양 사람들은 마음에 즐거움이 있습니다. 새가 웁니까? 새가 웃습니까? 아닙니다. 우리 마음의 표현일 뿐입니다. 하나님은 즐겁게 하는 것을 좋아하시니 우리 기도도 즐겁게 합시다.

누가복음 12장 48절 보십시오.

> 무릇 많이 받은 자에게는 많이 찾을 것이요 많이 맡은 자에게는 많
> 이 달라 할 것이니라 (눅 12:48)

다섯 개를 받은 익부는 다섯 개를 남겼습니다. 이렇게 남기면 잘한 것이요, 착한 것이요, 충성된 것입니다. 아니요! 사실은 잘하고, 착하고, 충성되면 남게 되어 있습니다. 남았기 때문에 잘하고, 착하고, 충성된 것이 아닙니다. 착하고, 충성되고, 잘했기 때문에 남게 된 것입니다. 두 달란트 받은 익부도 마찬가지입니다.

익빈이의 오해

그런데 익빈이는 와서 뭐라고 변명합니까?

한 달란트 받았던 자도 와서 가로되 주여 당신은 굳은 사람이라
(마 25:24)

영어 성경을 보겠습니다.

'Master,' he said, I knew that you are a hard man, harvesting where you have not sown and gathering where you have not scattered seed (마 25:24)

'you are a hard man; 당신은 굳은 사람이라.'

주인의 마음이 굳고, 딴딴하고, 견고한 사람이라고 말합니다. 'hard man' 하면 언뜻 생각나는 표현이 무엇입니까? '당신은 찔러 봐야 피 한 방울 안 나는 사람이야.' 그런 의미가 떠오릅니다. 그래서 그는 두려워하여 달란트를 땅에 감추어 두었습니다. 이 사람은 정말 주님을 너무나 많이 오해했습니다. 익빈이가 가지고 있던 오해는 무엇입니까?

첫째, 주님은 절대로 심지 않은 데서 거두시지 않습니다. 그는 이 사실을 몰랐던 것입니다. 주님께서 헤치지 않고는 모으지 않는다는 사실도 몰랐습니다.

둘째, 주님이 보신 자기 능력을 정녕 자기 자신은 보지 못했습니다. 자신은 아무것도 할 수 없다고 생각했습니다. 자기를 비하시켰습니다.

셋째, 주님의 사랑에 초점을 두어야 하는데, 두려운 주님만 바라보았습니다. 참 답답하지 않습니까? 하나님의 것은 그냥 감사함으로 쓰면 됩니다. 우리는 무슨 일을 할 때 자꾸 잘하려고만 합니다. 그러나 잘하느냐, 못하느냐가 중요하지 않습니다. 하나님의 일은 하면 되는 것입니다.

익빈이가 큰 오해를 하고 엄청난 실수를 한 것이 또 하나 있습니다. 그것이 무엇입니까? 바로 자신이 한 일이 그토록 악하고, 게으른 일이었다는 사실을 몰랐다는 것입니다. 그 일은 영원히 지옥에서 고통당해야 할 일입니다. 그냥 자신 없어서 안 하고, 그냥 갖고 있다가 내놓으면 되는 줄 알았습니다. 주님께서 그렇게까지 심하게 책망하실 줄 차마 몰랐습니다.

그렇다면 오늘날 우리는 어떻습니까? 우리도 마찬가지입니다. 하나님께서 주신 달란트를 쓰지 않는다면 하나님 앞에 섰을 때 상상도 못하는 책망을 들을 수도 있지 않겠는가 말입니다. 익빈이는 주님이 자기를 책임져 주신다는 사실을 믿지 못했습니다. 자신이 저지른 일이 얼마나 크게 잘못된 일인지 깨닫지 못했습니다.

익빈이가 그렇게 악한 사람입니까? 세상 사람이 보면 사실 악한 사람은 아닙니다. 그런데 주님은 그를 악하다고 하셨습니다. 이 사람이 그렇게 게으릅니까? 게으르다고 책망하셨습니다. 다른 일은 열심히 했을 것입니다. 그러기에 세상 사람의 시각으로 보면 게으른 것이 아닙니다. 그는 평범하게 묻어두고는 안전하다 생각했습니다. 그러나 주님은 그를 게으른 종이라고 저주하셨습니다.

29절을 보십시오.

있는 자는 있는 데서 더 풍족하게 하여 열한 개가 되었고, 없는 자는 없는 데에서 그 있는 것까지 빼앗기게 됩니다. 우리는 여기서 놀라운 사실을 깨달아야 합니다. 이 세상은 철저하게 부익부 빈익빈(富益富 貧益貧)입니다. 그리고 철저하게 약육강식의 세상입니다. 이 사실을 성경은 몇 천 년 전에 말씀을 통해 이미 언급해 놓았습니다. 세상이 돌아가는 원리를 우리는 바로 알아야 합니다.

익부와 익빈이의 차이점

이 두 사람을 비교해 볼 때 익빈이와 익부는 첫째, 성격적 차이가 있었습니다. 한 사람은 매사에 못한다는 부정적인 사람이고, 한 사람은 매사에 할 수 있다는 긍정적인 사람입니다. 우리가 못할 일은 없습니다. 하면 다 되게 되어 있습니다. 긍정적인 마인드를 가져야 합니다.

인간의 능력이 얼마나 무궁무진한 줄 아십니까? 영리하고 멍청하고가 따로 없습니다. 계발(啓發)하면 그 힘은 굉장합니다. 보십시오.

여호와 하나님이 흙으로 각종 들짐승과 공중의 각종 새를 지으시고 아담이 어떻게 이름을 짓나 보시려고 그것들을 그에게로 이끌어 이르시니 아담이 각 생물을 일컫는 바가 곧 그 이름이라 아담이 모든 육축과 공중의 새와 들의 모든 짐승에게 이름을 주니라 (창 2:19, 20)

하나님께서 각종 들짐승과 공중의 각종 새를 지으시고는 아담이 어떻게 이름을 짓나 보셨습니다. 그러자 아담이 그 많은 모든 육축과 공중의 새와 들의 모든 짐승에게 이름을 다 지어 줍니다. 그게 말이 그렇지, 컴퓨터의 용량으로 따질 때 얼마나 대단한 것입니까? 중복되지 않게 지으려면 정말 어렵습니다. 아담의 잠재 능력이 그렇게 위대한 것입니다. 아담만 그런 것이 아닙니다. 우리도 그렇습니다. 과일 서리할 때 보십시오. 서리하다 들켜서 도망갈 때의 기록을 재어 본다면 아마 신기록일 것입니다.

그래서 그런 이야기도 있지 않습니까? 어느 집에서 피아노를 운반하는 중에 그만 잘못하여 피아노가 아기가 누워 있는 쪽으로 굴러가게 되었습니다. 그래서 그 엄마가 급히 들어가서 피아노를 옆으로 옮겨 놓았다고 합니다. 순간 상상치도 못하던 괴력이 나온 것입니다. 아기가 다행히 무사했습니다. 그러고 나서 다시 피아노를 제자리로 놓으려니까 그때는 꼼짝도 않더라는 것입니다. 바로 모성애의 힘이었던 것입니다. 인간의 잠재 능력은 이렇게 무궁무진합니다. 그러므로 우리는 하나님께서 그 능력을 우리에게 주셨다는 사실 하나만 명심하고 있으면 됩니다.

그다음 둘째, 익빈이와 익부는 자기 능력에 대한 신뢰에서 차이를 보입니다. 익부는 그냥 '믿습니다' 했고, 익빈이는 못한다고 처음부터 아예 포기하고 말았습니다. 시도조차 안 했습니다.

셋째, 이 두 사람은 주님에 대한 믿음에서도 차이가 있습니다. 익빈이는 주님을 믿지 못했습니다. 그러나 익부는 주님이 도와줄 것이라고 믿었습니다. 중요한 것은 그 결과가 그렇게 엄청나게 다를 줄을 서로가 몰랐다는 사실입니다. 익빈이는 착각했습니다. 하나라도 잘 지키면 주님께서 잘했다 칭찬하실 줄 알았습니다. 그러나 그것이 바로 악한 것이며, 그것이 게으른 것입니다. 그것이 바깥 어두운 데 쫓겨나 영원히 이를 갈며 슬피 울어야 하는 신세가 되도록 만들었습니다.

익부도 모르기는 마찬가지였습니다. 그는 그냥 순종하고 충성했을 뿐입니다. 그것이 그렇게 잘한 일이며, 그것이 그렇게 충성된 일인 줄 몰랐습니다. 더구나 그것이 그렇게 하나까지 더 받게 되어 열한 개가 되는 축복일 줄 몰랐습니다. 하늘나라에서 열 고을을 다스린다는 영광스러운 사실이 될 줄 몰랐다는 것입니다. 익빈이와 익부가 서로 몰랐던 것처럼, 지혜로운 다섯 처녀도 모르고 어리석은 다섯 처녀도 모릅니다. 양도 모르고 염소도 모릅니다. 누가복음 16장의 부자도 모르고 나사로도 모릅니다.

이와 같이 이 말씀을 읽고 있는 우리도 모르고 세상 사람도 모르고 있습니다. 그렇다면 어떻게 해야 할까요? 이제 깨달은 우리가 그들에게 가르쳐 주고 전해야 하지 않겠습니까? 이것은 그냥 지나칠 일이 아닙니다.

성경의 이 원리가 얼마나 귀중합니까? 이 세상의 원리는 이미 성경에서 다 말씀하고 있습니다. 원인도, 결과도, 문제도, 해답도, 다른 데에 있는 것이 아닙니다. 하나님 말씀 속에 다 해답이 들어 있습니다.

무릇 있는 자는 받아 풍족하게 되고 없는 자는 그 있는 것까지 빼앗기리라 (마 25:29)

세상은 약육강식이며, 부익부 빈익빈입니다. 이 법칙은 나라의 경제에도 그대로 적용됩니다. 우리는 기도 할 때마다 나라와 민족을 위해서 기도해야 합니다. 이 어려운 경제적 난관을 잘 극복할 수 있게 해 달라고 기도해야 합니다. 지금 이 나라의 경제와 안보가 보통 고비가 아닙니다. 정말 심각합니다.

그뿐 아닙니다. 이 땅 위에 동족상잔의 전쟁이 없도록 나라의 안보를 위한 기도도 해야 합니다. 물론 '잘 되겠지, 잘 되겠지' 하는 암시만으로도 잘 되면 좋겠지만, 하나님께서 지켜 주셔야만 합니다. 그리고 사람이 변화되어야 나라가 잘되는 것입니다. 구태의연한 방법을 그대로 따르면 잘못될 수밖에 없습니다. 이전 세대에 행했던 잘못이 변화되어야 합니다. 이전 세대에 잘못된 것이 지금도 그대로 반복되고 있다면 어떻게 발전을 기대할 수 있겠습니까?

IMF 정도만 되어도 괜찮습니다. 모라토리움이 선언되면 우리나라와 모든 경제가 끝나 버립니다. 달러 비율이 엄청나게 올라가게 되고, 물가는 천정부지로 올라가게 될 것입니다. 지금 우리가 돈 몇 푼 버는 것이 문제가 아닙니다. 은행도 거의 모두 부도가 나고, 공장은 문을 닫고, 실업자가 급증하게 될 것입니다. 이에 따라 사회의 혼란이 야기되며 치안부재 현상이 일어나게 되어 강도나 절도가 급증하게 됩니다. 따라서 모라토리움을 선언한다는 것은 국가 부도라는 의미와 같습니다. 우리 모두 이를 악물고 정신 차려서 근검절약해야 합니다. 지금은 나라를 위해서 기도해야 할 때입니다.

괜히 부정적 분위기를 조장하는 것 같아서 말씀드리기가 죄송합니다. 그러나 사실이기 때문에 답답합니다. 외채만 해도 얼마나 엄청납니까? 거기다 1년 예산도 만만치 않습니다. 세금은 안 걷힙니다. 그런데 나라가 돈이 있어야지요. 외국 빚을 얻어야 할 판인데 신용이 없으면 누가 돈을 주겠습니까? 그러니까 나 개인 하나가 편안하다고 해서 편안한 것이 절대 아닙니다. 나라가 편안해야 나도 편안할 수 있습니다. 우리 크리스천만이라도 그런 일들을 미리 내다볼 줄 아는 성숙함이 있어야 합니다.

모라토리움도 괜찮습니다. 그래도 전쟁만 안 나면 괜찮은 것입니다. 세계 경제 속에서 우리나라 경제가 얼마나 나약한지 모릅니다. 큰 경제 국가 사이에서 우리나라가 잡혀 먹는 일은 순간도 아니라고 합니다. 그러니 나라가 익부가 되어야 합니다. 교회도 마찬가지입니다. 가정도 마찬가지입니다. 우리는 모든 면에서 경제적 익부가 되어야 합니다. 우리가 지금은 익빈이로 살고 있다 하더라도 이제는 익부로 변화되어야 할 때입니다.

우리가 먼저 해야 할 일이 있습니다. 성경 속에 나오는 인물들의 이름이 바뀌자 인생이 변했듯, 우리의 이름도 바뀌어야 합니다. 우리 삶의 생각과 삶의 자세가 바뀌어야 합니다. 삶의 행동과 삶의 믿음과 삶의 능력을 바꾸어 살아야 합니다.

> 잘하였도다 착하고 충성된 종아 네가 작은 일에 충성하였으매 내가
> 많은 것으로 네게 맡기리니 네 주인의 즐거움에 참예할지어다
> (마 25: 21)

우리 모두 주님 앞에 서는 날, 이와 같은 칭찬을 들을 수 있어야 합니다. 물론 돈 벌고 삶이 형통했다고 해서 반드시 익부인 것은 아닙니다. 돈 잃고 삶에 어려움이 있다고 해서 꼭 익빈이가 되는 것도 아닙니다. 솔로몬은 부자였지만, 익빈이었습니다. 반대로 사도 바울은 가난했지만, 익부였습니다. 이처럼 꼭 그런 것은 아니지만, 그냥 일반적인 시각으로 하는 이야기입니다.

우리는 지금까지는 익빈이었습니다. 그러나 이제는 익부가 되어야 합니다. 이 민족이 익빈이 나라였습니다. 이제는 익부 나라가 되

어야겠습니다. 우리 교회가 익빈이 교회였습니다. 이제는 익부 교회가 되어야겠습니다. 우리 한국에 있는 모든 교회가 전부 익부 교회가 되어야겠습니다. 기업이 익부 기업이 되기를 바랍니다.

나는 익보임을 시인해 보시기 바랍니다. 그리고 익부처럼 생각하고, 익부처럼 말하고, 익부처럼 살아가시기 바랍니다. 우리의 모든 삶이 익부가 되기를 소망합니다. 그리하여 하나님의 사업이 번창하길 원합니다. 하늘나라를 확장하는 영적 사업이 번창하길 원합니다.

5. 달란트

또 어떤 사람이 타국에 갈 제 그 종들을 불러 자기 소유를 맡김과 같으니 각각 그 재능대로 하나에게는 금 다섯 달란트를, 하나에게는 두 달란트를, 하나에게는 한 달란트를 주고 떠났더니 다섯 달란트 받은 자는 바로 가서 그것으로 장사하여 또 다섯 달란트를 남기고 두 달란트 받은 자도 그같이 하여 또 두 달란트를 남겼으되 한 달란트 받은 자는 가서 땅을 파고 그 주인의 돈을 감추어 두었더니 오랜 후에 그 종들의 주인이 돌아와 저희와 회계할새 다섯 달란트 받았던 자는 다섯 달란트를 더 가지고 와서 가로되 주여 내게 다섯 달란트를 주셨는데 보소서 내가 또 다섯 달란트를 남겼나이다 그 주인이 이르되 잘하였도다 착하고 충성된 종아 네가 작은 일에 충성하였으매 내가 많은 것으로 네게 맡기리니 네 주인의 즐거움에 참예할지어다 하고 두 달란트 받았던 자도 와서 가로되 주여 내게 두 달란트를 주셨는데 보소서 내가 또 두 달란트를 남겼나이다 그 주인이 이르되 잘하였도다 착하고 충성된 종아 네가 작은 일에 충성하였으매 내가 많은 것으로 네게 맡기리니 네 주인의 즐거움에 참예할지어다 하고 한 달란트 받았던 자도 와서 가로되 주여 당신은 굳은 사람이라 심지 않은 데서 거두고 헤치지 않은 데서 모으는 줄을 내가 알았으므로 두려워하여 나가서 당신의 달란트를 땅에 감추어 두었었나이다 보소서 당신의 것을 받으셨나이다 그 주인이 대답하여 가로되 악하고 게으른 종아 나는 심지 않은 데서 거두고 헤치지 않은 데서 모으는 줄로 네가 알았느냐 그러면 네가 마땅히 내 돈을 취리하는 자들에게나 두었다가 나로 돌아 와서 내 본전과 변리를 받게 할 것이니라 하고 그에게서 그 한 달란트를 빼앗아 열 달란트 가진 자에게 주어라 무릇 있는 자는 받아 풍족하게 되고 없는 자는 그 있는 것까지 빼앗기리라 이 무익한 종을 바깥 어두운 데로 내어 쫓으라 거기서 슬피 울며 이를 갊이 있으리라 하니라

마 25:14~30

05

달란트 마 22:1~14

저는 병원에 심방 가서 환자들을 위해 기도할 때가 되면 참 괴롭습니다. 아무것도 해 줄 수 없는 저의 무능함 때문에 많이 괴롭습니다. 제가 해 줄 수 있는 것이라고는 위로와 기도밖에 없습니다. 그냥 기도만 해 주고 돌아서는 저의 발걸음이 무척 야속하고 마음 상합니다. 어떤 때는 정말 비참해지고 처절해집니다. 주님이 제 입장이시라면 저처럼 그렇게 그냥 돌아서시지는 않을 것입니다. 그 사람을 당장 고쳐서 그와 함께 나왔을 것입니다.

"주님, 주님께서 목회하셨다면 다 고치실 수 있는 사람인데, 부족한 종이 목회하기에 이 사람 지금 고생합니다. 그러니 저의 목사 자격증을 박탈하시고 주님께서 직접 목회를 하십시오. 아니면 저에게 그런 능력을 주십시오. 저로 하여금 주님처럼 사역을 할 수 있게 해 주십시오."

제가 그 답을 모르는 것이 아닙니다. 알면서도 그것이 쉽지 않더라는 것입니다. 제가 주님 같으면 됩니다. 그러나 주님처럼 되려면 제가 주님처럼 살아야 하는데, 그렇게 될 수도 없을 뿐더러 할 수도 없습니다. 예수님은 40일을 금식하면서 사역을 시작하셨는데, 저는 40일 굶으면 죽을 것 같습니다. 예수님은 결혼도 안 하시고 하나님의 일만 하셨는데, 저는 애들이 벌써 장가가게 생겼습니다. 그러니 이미 틀렸습니다. 그렇다고 제가 40일을 금식하고 결혼을 안 한다면 주님처럼 될까요? 아닙니다. 주님은 주님이시고, 저는 종입니다. 안 되는 것입니다. 그런데도 주님은 저에게 위임하셨고, 저에게 맡기시는 것을 봅니다. 다만 저의 안타까운 심정을 주님 앞에 그렇게 표현해 보는 것뿐이지요. 그러다 끝까지 그가 안 나으면 나중에는 그 원망이 누구에게 돌아갑니까? '왜 아파 가지고…' 하면서 아픈 사람에게 돌아갑니다. 그래서 아프지 말라는 것입니다.

주님의 위임

제 5장 본문을 통하여 제가 깨닫고 은혜 받는 사실이 몇 가지 있습니다.

또 어떤 사람이 타국에 갈제 그 종들을 불러 자기 소유를 맡김과 같으니 (마 25:14)

오랜 후에 그 종들의 주인이 돌아와 저희와 회계할새 (마 25:19)

이 '어떤 사람'은 누구입니까? 바로 주님이시고, 임금이십니다. '타국에 갈 제'이 말은 주님께서 승천하시는 것을 말합니다.

'오랜 후에 주인이 돌아와.'

주님께서 재림하시는 것을 의미합니다. 주님의 승천과 재림 사이에 종들의 재능에 따라 주님 소유의 위임이 있었습니다. 우리가 어떤 존재입니까? 우리는 주님께서 주님의 소유를 맡길 만한 존재이며, 주님께서 믿을 만한 존재인 것입니다. 우리는 항상 이 의식을 가져야 합니다.

첫째, 주님은 내가 주님의 일을 주님 대신 충분히 할 수 있다고 보십니다. 이것 참 답답할 노릇 아닙니까? 나는 도저히 주님의 일을 못할 것 같은데 주님은 내가 충분히 할 수 있다고 보고 계십니다. 그 생각의 차이를 한번 생각해 보십시오. 나는 아무것도 할 수 없다고 생각하는데, 주님은 너도 충분히 할 수 있다고 생각하십니다. 이것은 비단 저와 주님과의 관계뿐 아니라, 여러분과 주님과의 관계도 마찬가지입니다. 나는 내가 아무것도 아니라고 생각하는데, 주님은 내가 아무것도 아닌 것이 아니라고 생각하십니다.

둘째, 나에게 위임하시고 맡겨 놓으신 주님은 하늘에 가만히 계신 것이 아닙니다. 내 안에서 나와 함께 계십니다.

이런 말이 있지 않습니까?

'해 봐? 혼자 알아서 해 봐?' 이런 것이 있고,

'도와줄 테니까 한번 해 봐.' 이런 것이 있습니다. 똑같은 '해 봐'인데 다릅니다. 전자는 내가 다 알아서 해야 합니다. 그러나 후자는 하기는 하되 같이 하자는 것입니다. 주님이 우리에게 맡겨 주시는 것은 전적 위임에 던져 놓는 것이 아닙니다. 내게 맡겨 놓으시고 나와 함께하고 계십니다. 그 증거가 있습니다. 마태복음 28장 20절을 보십시오.

주님께서 위임하신 것은 그냥 떠넘기신 것이 아닙니다. 맡겨 놓으시고 같이 하기를 원하십니다.

셋째, 위임하고 맡겨서 하게 하시는 그것이 바로 주님의 방법입니다. 생각해 보십시오. 이 세상의 모든 일들이 맡김 없이, 위임 없이 자기 혼자서만 한다면 세상은 얼마나 힘들고 복잡할까요? 사장이 종업원 없이 혼자 일한다면 그 회사가 어떻게 돌아가겠습니까? 어떻게 커질 수가 있겠는가 말입니다.

교회가 직원, 부목사, 전도사 없이 담임 목사 혼자서 모든 일들을 다 한다면 얼마나 힘들겠습니까? 생각만 해도 끔찍한 일 아닙니까? 제가 불을 켜야 하고, 보일러를 틀어야 합니다. 성도들을 차로 다 태워 오고, 성가대 지휘를 합니다. 그리고 또 나와서 설교합니다. 설교가 끝나면 다시 주방에 나가서 일해야 합니다.

기독교는 생각할수록 참 좋습니다. 생각할수록 훌륭합니다. 제가 목사이기 때문에 이야기하는 것이 아니라, 옳기 때문에 이야기하는 것입니다. 설교를 해 볼수록 기가 막힙니다. 주님께서 하시면 제일 잘하실 것입니다. 그래도 무능하지만, 부족한 우리에게 위임하시는 것은 그것이 바로 주님의 방법이기 때문에 그렇습니다. 못해도 언젠가는 나아질 것이고, 잘 못한다 해도 주님께서 함께하시니 결국 된다는 것입니다.

이 세상은 주님의 위임 방법대로, 주님의 위임 원리대로 이루어지고 있습니다. 이것은 깨달을 수록 아주 기가 막힌 일입니다. 나는 아무것도 아닌 것 같은데, 주님은 나에게 달란트를 맡기셨습니다. 그래서 그 일을 주님과 더불어 이루어 갑니다. 이렇듯 하나님의 역사는 지금까지 그렇게 계속되어 오고 있습니다. 그러기에 우리는 절대 아무것도 아닌 것이 아닙니다. 우리는 절대로 아무것도 못하는 것이 아닙니다.

달리기를 할 때 확실히 죽어라고 뛰면 빠릅니다. 천천히 뛰면 느립니다. 그런데 꼭 그렇지도 않습니다. 죽어라고 뛰는데도 느린 사람이 있는가 하면, 천천히 뛰는데도 굉장히 빠른 사람이 있습니다. 그래서 항상 인생은 네 가지 면으로 생각을 해야 정확한 답이 나옵니다. 그 차이가 무엇입니까? 바로 능력의 차이입니다.

그림을 그려도 신경을 써서 그림을 그리면 확실히 잘 그려집니다. 아무렇게나 대충 그리면 역시 그림이 그저 그렇습니다. 그런데 어떤 사람은 아무렇게나 그려도 잘 그립니다. 그런가 하면 어떤 사람은 무척 신경을 써서 그리는데도 영 그림 같지가 않습니다. 그 차이가 바로 재능의 차이입니다.

우리 교회에 화백 집사님이 계십니다. 저는 웬만한 것은 '내가 하면 된다. 할 수 있다' 하는 자신감이 있습니다. 그런데 그분의 그림을 보면 왠지 자신감이 안 생깁니다.

롯데 백화점 식당에 가면 그분 그림이 걸려 있습니다. 참새 여덟 마리가 전깃줄에 죽 앉아 있습니다. 참 신기합니다. 그려 놓은 참새들이 다 똑같은 것 같은데도 자세히 보면 다 다릅니다. 참새가 얼마나 진짜 같은지 잡고 싶을 정도입니다.

제 방에도 그분이 선물로 그려 준 그림이 있습니다. 그 그림 속에는 벌들이 윙~! 날고 있습니다. 저도 그게 그림이라는 것을 압니다. 그런데 얼마나 실감 나게 잘 그렸는지, 그 벌이 꼭 나를 쏠 것 같만 같습니다. '어떻게 저렇게 그림을 잘 그릴까?' 저는 그렇게 그릴 수가 없습니다. 아무리 심혈을 기울을 기울인다 해도 그의 솜씨를 따라갈 수 없습니다. 그것이 바로 재능의 차이입니다.

공부도 그렇습니다. 확실히 열심히 공부하면 잘하는 것이고, 놀기만 하면 못합니다. 일반적으로는 옳은 이야기입니다. 그런데 그것도 꼭 그렇지 않은 것은 왜 그렇습니까? 어떤 학생은 만날 노는데도 공부를 잘하고, 어떤 학생은 죽어라고 하는데도 영 그렇습니다. 그 차이가 바로 공부 머리의 차이입니다.

재능대로 주신 달란트

성경이 항상 그렇듯이 본문의 내용도 양면과 대칭으로 균형을 이루고 있습니다. 좋은 면, 나쁜 면이 있습니다. 첫째, 다섯 달란트와 두 달란트 받은 사람은 좋은 면에 속하고, 한 달란트 받은 사람은 나쁜 면에 속합니다. 좋은 면에 속하는 다섯 개, 두 개 받은 사람은 바로 장사하여 남겼고, 나쁜 면에 속하는 사람은 불순종해서 달란트를 그냥 땅에 묻어 두었습니다.

둘째, 하나님께서 주신 달란트는 사용해야 하는 것이지, 절대로 묻어 두면 안 됩니다. 이 말씀을 보면서 이런 생각이 들었습니다. 마귀 역사가 무엇인가? 재능을 묻어 두게 하는 것이 바로 마귀 역사 아닐까요? 시험에 들게 하는 그런 것만 마귀 역사가 아닙니다. 하나님께서 주신 달란트를 묻어 두게 하는 것도 바로 마귀의 역사입니다.

생각해 보십시오. 우리가 이 세상을 살 때에도 재능을 묻어 둔다면 무엇으로 먹고 살며, 무슨 재미로 살겠습니까? 무엇으로 성공하겠습니까? 재능을 묻어 두면 안 됩니다. 재능을 묻어 두고 있다면 그는 지금 마귀의 시험에 빠져 있는 사람입니다. 재능을 묻어 두게 하는 것은 마귀의 교묘한 역사 가운데 하나입니다.

노래 잘하는 사람은 노래를 해야 합니다. 운동 잘하는 사람은 운동을 해야 합니다. 공부 잘하는 사람은 공부를 해야 합니다. 이처럼 달란트는 각 사람의 재능에 따라서 사용하라고 주셨지, 묻어 두라고 주신 것이 아닙니다.

셋째, 착하고 충성된 종이 있는가 하면, 악하고 게으른 종이 있습니다.

넷째, 칭찬 듣는 자가 있는가 하면, 책망 듣는 자가 있습니다.

다섯째, 주인의 즐거움에 참예하는 자가 있는가 하면, 바깥 어두운 데 쫓겨 슬피 울며 이를 가는 자가 있습니다.

본문을 통해서 깨달아야 할 첫 번째 말씀은 재능의 차이를 인정하고 살자는 것입니다. 재능의 차이는 있습니다. 사람이 실수하는 것 가운데 하나가 재능의 차이를 인정하지 않는 것입니다. 물론 노력하면 됩니다. 그가 노력 안 하고 나만 노력한다면 나의 적은 능력을 갖고도 그를 이길 수 있습니다. 그러나 둘 다 같이 노력할 때에는 분명히 재능의 차이가 있으니, 그것을 인정하고 살자는 것입니다. 우리가 꿈은 갖고 살아야 하지만, 재능의 차이도 있다는 것을 반드시 인정해야 합니다.

기업주들을 생각해 보십시오. 우리가 다 정주영씨겠습니까? 다 이건희씨겠습니까? 바로 그것을 인정해야 합니다.

목사님들도 마찬가지입니다. 목사님들이 다 조용기 목사님이겠습니까? 다 김삼환 목사님이겠습니까? 아닙니다. 분명 은사에는 각자의 차이가 있습니다. 노력은 하되 재능의 차이를 인정해야 합니다. 조용기 목사님은 그가 받은 달란트대로 일하고, 즐겁게 살고, 나는 내가 받은 달란트대로 일하고, 즐겁게 사는 것입니다.

그런데 참 감사한 것은 하나님은 맡기신 대로 심판하신다는 것입니다. 하나 주었는데 다섯 개 못 남겼다면 이것은 사태가 심각합니다. 만일 하나님께서 달란트를 하나 줘 놓고 왜 다섯 개 못 남겼느냐고 하신다면, 이것도 사태가 심각해집니다. 그런데 하나를 받은 사람은 하나만 남기면 되고, 둘은 둘 남기면 됩니다. 다섯은 다섯만 남기면 됩니다.

그런데 이때 문제가 생길 수 있습니다. 둘이나 다섯을 받았는데, 하나 남겨 놓고 만족하면 안 됩니다. 많이 받았으면 많이 남겨야 하고, 조금 받았으면 조금 남기면 됩니다. 조금 받아 놓고 많이 남기려고 하면 안 되듯, 많이 받아 놓고 조금 남겨도 안 되는 것입니다.

하나님은 재능대로 맡겨 주신 달란트로 판단하십니다.

두 번째, 맡겨진 달란트대로 충성을 다해야 합니다. 충성하는 사람들의 자세를 보십시오.

다섯 달란트 받은 자는 바로 가서 그것으로 장사하여 또 다섯 달란트를 남기고 (마 25:16)

다섯 달란트 받은 자는 바로 가서 그것으로 장사하여 또 다섯 달란트를 남겼습니다. 이렇게 어떤 일을 맡으면 바로 충성을 다해야 됩니다. 그런데 충성하지 못한 사람은 어떻게 합니까?

한 달란트 받은 자는 가서 땅을 파고 주인의 돈을 감추어 두었습
니다. 그런데 방향이 잘못된 것입니다. 바로 가서 장사를 해야지, 땅
에 왜 묻어 둡니까? 달란트는 장사하여 남기라고 주신 것이지, 땅에
묻어 두라고 주신 것이 아닙니다. 일하느라, 공부하느라, 연구하느라,
뭔가 만드느라 밤을 새운다는 것 훌륭한 일입니다. 밤 새울 가치가 있
습니다. 그런데 술 먹느라, 쓸데없는 이야기하느라, 고스톱 치느라,
밤을 새운다면 되겠습니까? 이런 일에 날을 새면 주님께서 악하고 게
으른 종이라고 책망하십니다. 헛힘만 쓴 것입니다.

가만히 보면 열심들은 있습니다. 그러나 열심도 방향을 바로 잡
아서 열심을 내야 합니다. 방향이 잘못되면 안 됩니다. 운전도 그렇습
니다. 얼마나 빨리 달렸는지 고무 타는 냄새가 나도록 10km를 갔는
데도 제자리입니다. 헛바퀴 돈 것입니다. 오늘 우리의 수고가 이렇게
헛바퀴 도는 수고는 아닙니까? 우리는 앞으로 전진하는 수고를 해야
합니다.

재능은 쓰라고 준 것이지, 썩히라고 주신 것이 아닙니다. 기술은
사용하라고 주신 것이지, 묵히라고 주신 것이 아닙니다. 이처럼 달란
트는 묻어 두는 것이 아니라, 활용하는 것입니다. 하나님께서 달란트
를 맡기실 때는 묻어 두라는 것이 아니라, 활용하라고 맡기신 것입니
다. 달란트를 묻어 둔 사람들은 빨리 캐내서 활용하십시오. 그리고 남
기십시오.

세 번째, 우리에게는 뭔가 한 가지 재능은 다 있습니다. 재능이

다를 뿐입니다. 다섯 개, 두 개, 한 개의 달란트를 주셨는데, 이 다섯 개, 두 개, 한 개에는 많은가, 적은가 그 차이만 있는 것이 아닙니다. 종류의 차이도 있고, 양의 차이도 있습니다. 즉 다섯 개, 두 개, 한 개는 다섯 가지, 두 가지, 한 가지도 됩니다. 그러므로 중요한 것은 누구나 양의 차이, 종류의 차이는 있을지라도 뭔가 있기는 다 있다는 것입니다.

"목사님, 저는 양도 없고요, 종류도 없어요. 가진 재주가 하나도 없어요."

아닙니다. 우리가 몰라서 그렇습니다. 아니면 계발을 안 해서 그런 것입니다. 찾아보면 다 있습니다.

굼벵이가 기어가다가 급하면 제 몸을 동그랗게 말아서 구릅니다. 그래서 나온 말이 '굼벵이도 뒹구는 재주는 있다' 입니다. 뭔가 찾아보면 누구나 다 재주가 있습니다.

재능의 발견

그러면 그 재주를 찾는 방법을 알아보겠습니다. 내가 가진 재능이 무엇인지 어떻게 찾을 수 있을까요? 간단합니다.

첫 번째, 내가 어떤 일을 하면 남들이 잘한다고 칭찬하는 것이 있습니다. 바로 이것이 재능입니다. 무엇이든지 어렸을 때서부터 잘한다고 칭찬 들은 것이 있을 것입니다.

저도 노래 잘하는 재능이 있었습니다. 우리 아버지가 계모임을 할 때 계원들이 다 모이면 거나하게 한잔을 합니다.

"경동아, 노래해 봐라."

그래서 노래 부르면 사람들이 제가 노래 잘한다고 다 칭찬을 해주었습니다.

노래가 저의 재능이라는 것을 확실히 알게 된 것은 학교 다닐 때였습니다. 현제명의 '그 집 앞'을 혼자 무심결에 불렀습니다. 지나가시던 음악 선생님이 다시 돌아오더니 저에게 다시 불러 보라 그래서 '초연히 쓸고 간 깊은 계곡…' 하면서 비목을 또 불렀습니다. 그랬더니 대뜸 저에게 진짜 목소리 좋으니까 성악을 하라는 것입니다.

그래서 그날 아버지에게 말씀드렸습니다.

"아버지, 성악해야 되겠습니다."

그러다 뒤지게 혼났습니다. 하라는 공부는 안 하고 쓸데없는 성악을 하려고 그러냐는 것입니다. 나는 우리 아버지가 얼마나 무지하신 분인가를 지금에 와서 깨달았습니다. 제가 이 이야기를 하는 것은 우리가 자식과의 관계 속에서 얼마나 무지한가를 지적해 주고 싶어서입니다. 우리는 자녀들에게 공부만 하기를 강요합니다. 그러나 아버지도 하기 싫어하고, 어머니도 싫어했던 공부를 자녀에게 어떻게 하라는 것입니까?

음식점에서 서빙하는 아가씨가 고기를 막 자르는 것 같아도 결 따라 자릅니다. 뚝심 결 따라서 'S' 자로 자릅니다. 뚝심 기름 빼 낸 다음, 입에 들어가기 좋게 인절미만한 크기로 지그재그로 잘라 줍니다. 고기도 결 따라 자르는데 어떻게 사람을 대나무마냥 공부로만 키우려고 합니까? 고기도 결이 있다면 왜 인생에 결이 없겠습니까?

제가 그때 노래를 정식으로 제대로 배웠다면 지금은 얼마나 더 잘할까? 하는 아쉬움이 있습니다.

두 번째, 어떤 일을 할 때 신나는 것이 재능입니다. 그 일만 했다 하면 다 죽어 가다가도 신나는 그것이 재능이니 그 일을 해야 합니다.

저는 부흥 강사가 확실히 제 체질에 맞습니다. 다 죽어 가다가도 마이크만 잡으면 신이 납니다. 만사가 다 귀찮다가도 설교하러 올라 갈 때는 완전히 살아납니다. 어떤 날은 '간단하게 하고 내려와야지.' 생각하고 올라갑니다. '한 시간만 해야지.' 하지만, 웬 걸요? 두 시간 이 후딱 지나갑니다. 그것도 말주변이 없기 때문에 절제해서 두 시간 입니다. 그렇지 않으면 세 시간이고, 네 시간이고 한이 없습니다.

그래서 "시간 가는 줄 모르고 은혜 받았다"라고 말씀해 주시는 훌륭한 분이 있는가 하면, 어떤 분은 "목사님 설교가 깁니다. 알고 계 세요." 하는 분도 있습니다.

어떤 분은 이럽니다.

"목사님, 저도 신나는 것이 하나 있습니다. 저는 고스톱만 쳤다 하면 아주 신납니다."

그런 것을 사단이 준 재능이라고 하는 것입니다.

신은 나는데 그 신은 사단의 신입니다. 우리는 하나님께서 주시 는 재능으로 신이 나야 합니다.

"목사님, 저도 신나는 것 있습니다. 술만 먹으면 신납니다." 정신 차리시기 바랍니다. 사단이 주는 재능으로 신이 나면 인생 버립니다.

세 번째, 어떤 일만 하면 누구든지 이길 자신이 있다면 그것이 곧 재능입니다. 제가 아무리 노래에 재능이 있다고 해도 저는 노래 안 하길 참 잘했습니다. 제가 노래를 정식으로 시작했더라면 잘했겠지 요. 그러나 아무리 잘해도 유명한 가수만큼은 못합니다. 안 되는 것은 안 되는 것입니다. 그렇지만 설교는 자신 있습니다. 설교는 아무리 잘하는 사람이 있어도 제가 몇 번 들어 보면 더 잘할 수 있습니다. 왜 자신 있는 것도 많은데, 왜 자신 없는 일을 그렇게 하려고 합니까?

어떤 일을 했다 하면 시간 가는 줄 모르는 것이 있습니까? 그것이 재능입니다. 우리는 하나님이 주신 재능을 찾아서 그것을 다시 계발해야 합니다. 더 중요한 것은 그것을 어릴 때부터 찾아 계발시켜 주어야 한다는 것입니다. 재능은 어려서부터 키워야 큰 거목이 됩니다. 중간에 찾게 된 나무를 분재라고 합니다.

내가 가진 재능이 본질이라면, 그 재능 따라 남기는 것은 현상입니다. 우리가 참으로 실수하는 것이 바로 이 부분입니다. 재능을 계발하려 하지 않고, 남기는 것만 계발하려고 합니다. 공부는 하지 않고, 높은 점수만 받아 내려고 합니다. 기초 운동은 하지 않고, 좋은 결과만 얻으려고 합니다. 그러니 타락합니다. 탈선합니다. 약물 복용 합니다. 게다가 심판을 돈으로 매수하여 휴대폰 가지고 들어가서 시험 보는 일이 발생하는 것입니다.

심지어 교회 복음까지도 그런 방법을 사용합니다. 그것은 불법 부흥이며, 불법 성장입니다. 적극적인 사고방식의 오해가 무엇입니까? 합법 속에서 적극적이어야지, 불법 속에서 적극적으로 하면 안 됩니다.

두 달란트 받아서 다섯 달란트 남긴다면 사실 안 됩니다. 왜 그렇습니까? 그 사람은 다섯 달란트 받은 사람이었어야 하고, 두 달란트 남겼다면 두 달란트 받은 사람이었어야 합니다. 두 달란트 받아서 다섯 개 남겼다면 그것은 불법적인 요소가 들어간 것입니다. 그런 것을 사기 장사라고 말합니다.

교회든, 세상이든 간에 왜 우리가 잘못을 범하는가? 그것은 본질 위주로 살지 않고 현상 위주로 살기 때문입니다. 생각해 보십시오. 돌아가도 서울만 가면 되는 것이 아닙니다. 가는 것도 중요합니다. 그러나 어떻게 왔는가도 반드시 중요합니다. KTX 타고 서울만 가면 되는 것이 아닙니다. 표를 끊고 가야지 무임승차로 와서는 안 됩니다.

능력과 최선의 차이

마지막, 재능 따라 살고 달란트를 남기면 칭찬을 받습니다. 다섯 개는 최선을 다하면 다섯 개가 남습니다. 두 개도 최선을 다하면 두 개가 남습니다. 한 개가 남는 것도 그냥 남는 것이 아닙니다. 한 개도 최선을 다해야 한 개가 남습니다. 즉 무슨 말입니까? 누구나 최선을 다해야 된다는 말입니다. 왜냐하면 능력의 차이는 있어도 최선의 차이는 없기 때문입니다.

다섯 개냐, 두 개냐, 한 개냐의 차이는 있지만 최선을 다해야 된다는 것은 다 마찬가지입니다. 왜 한 개도 최선을 다해야 합니까? 능력이 안 되니까 더욱더 최선을 다해야 하는 것입니다. 그렇다면 다섯 개는 왜 최선을 다해야 합니까? 다섯 개가 하나만 남겨도 된다면 설렁설렁 일해도 되지만, 다섯 개를 남겨야 하기 때문에 최선을 다해야 하는 것입니다. 그래서 우리는 무슨 일을 하든지 잘하면 잘하는 대로 최선을 다해야 하고, 못하면 못하는 대로 최선을 다해야 합니다. 최선을 다하는 삶이 아름답습니다. 양에 의해서 불평해도 안 되고 만족해도 안 됩니다. 기쁨으로 최선을 다하면서 만족을 누려야 합니다. 단 묻어 두는 일, 그것만은 안 되는 일입니다.

주님의 형벌은 내가 생각하는 것과 엄청나게 다릅니다. 그것이 바로 주님의 일입니다. 그것이 바로 생명에 관한 일이 되며, 그것이 바로 내게 축복의 길이 됩니다. 그것이 바로 나의 행복에 관한 문제가 됩니다. 다섯 개, 두 개, 한 개 받은 자들의 삶을 비교해 보면 엄청난 차이가 있습니다. 유한한 현세의 삶뿐 아니라 영원한 내세에도 차이가 납니다. 그러니 다섯 개, 두 개 받은 사람은 현실도 얼마나 기쁠까요? 자꾸 남겨 가니까 얼마나 보람될까요? 천국에서는 또 얼마나 더 큰 칭찬이 있겠습니까?

그러나 하나 받은 사람은 묻어 두고 얼마나 괴롭겠습니까? 얼마나 후회되겠습니까? 그러다 나중에 지옥 가면 그 고통을 얼마나 더 크게 받겠는가 말입니다. 기독교가 좋은 것은 절대 하늘에서만 좋은 것이 아니기 때문입니다. 이 땅에서의 삶도 좋고, 하늘에서도 좋습니다. 하늘이 나쁜 사람은 두 말 할 것도 없이 땅의 삶도 안 좋습니다. 주님은 하늘만 좋으라는 말씀을 하는 것이 아닙니다. 이 땅에서도 좋은 삶을 살기를 바라십니다.

우리가 무엇을 많이 받았기보다도, 많이 남겨서라기보다도 있는 대로 최선을 다한다면 행복한 것 아닙니까?

'초가삼간도 나는 만족하네 값진 재물도 내겐 없지만…'

안 줘서 없다면 그것은 어떻게 하겠습니까? 그러나 다 주셨는데도 날린다면 문제입니다. 없어서 없는 것이 아닙니다. 원래 물려받은 것은 없지만, 내게 주어진 작은 달란트로 풍족하게 살아가시기 바랍니다.

그래도 묻어 두시렵니까? 우리는 묻었던 재능을 캐내야 합니다. 그래서 사용해야 합니다. 하나님께서 우리의 재능대로 주신 달란트를 신나게 사용합시다. 그 자체 속에서 천국을 맛봅시다. 그러면 반드시 남게 되어 있습니다. 주님은 칭찬하실 것입니다.

주신 말씀을 생각하면서 자신을 돌아보시기 바랍니다. 하나님이 내게 주신 달란트가 누구에게나 다 있습니다. 그 달란트를 묻어 두고 있습니까, 아니면 캐내서 잘 활용하고 있습니까? 우리가 그것을 잘 활용하고 있다면 이 땅에서의 축복은 물론이요, 하늘에서도 영광스럽게 하실 것입니다.

6. 새부대

또 비유하여 이르시되 새 옷에서 한 조각을 찢어 낡은 옷에 붙이는 자가 없나니 만일 그렇게 하면 새 옷을 찢을 뿐이요 또 새 옷에서 찢은 조각이 낡은 것에 합하지 아니하리라 새 포도주를 낡은 가죽 부대에 넣는 자가 없나니 만일 그렇게 하면 새 포도주가 부대를 터뜨려 포도주가 쏟아지고 부대도 버리게 되리라 새 포도주는 새 부대에 넣어야 할 것이니라 묵은 포도주를 마시고 새 것을 원하는 자가 없나니 이는 묵은 것이 좋다 함이니라

눅 5:36~39

06
새부대 _{누 5:36~39}

우리는 인간의 가치를 육신적인 면에서만 생각합니다. 그리고 물질적으로, 세상적 관점으로 생각하고 비교합니다. 그 비교 의식을 통해서 자신의 존재 가치를 형편없는 존재로 실패한 인생으로 평가 절하를 시킵니다. 그러나 하나님께서 말씀하시길 살리는 것은 영이니 육은 무익하다고 하십니다.

> 살리는 것은 영이니 육은 무익하니라 내가 너희에게 이른 말이 영이
> 요 생명이라 (요 6:63)

영적으로, 독창적으로 나를 바라보면 나는 이 우주에 하나밖에 없는 독보적 존재입니다. 그리고 하나님의 형상을 입은 영원한 존재이며, 주님을 모신 성령의 전입니다.

시대를 초월하는 하나님의 말씀

성경을 보면서 정말 깜짝깜짝 놀라는 것이 있습니다. 그것은 바로 성경은 천의 얼굴을 가지고 있다는 사실입니다. 하나님의 말씀을 어느 시대에 보든지 해당 안 되는 시대가 없습니다. 어느 장소에서 보든지 해당 안 되는 장소가 없습니다. 그리고 누구에게든지 적용이 됩니다. 창세기 시대에는 그때 필요해서 기록된 말씀이겠건만, 지금 읽어도 똑같이 해당되는 필요한 말씀입니다. 열왕기, 역대 상, 하 시대에도 그때에 필요해서 기록된 말씀이겠건만, 지금 읽어도 똑같이 해당되는 필요한 말씀입니다.

역대 하 6장 28절을 보십시오. 어쩌면 이런 구절이 다 있을까요? 참 이렇게 신기할 수가 없습니다.

> 만일 이 땅에 기근이나 온역이 있거나 곡식이 시들거나 깜부기가 나거나 메뚜기나 황충이 나거나 적국이 와서 성읍을 에워싸거나 무슨 재앙이나 무슨 질병이 있든지 무론하고 한 사람이나 혹 주의 온 백성 이스라엘이 다 각각 자기의 마음에 재앙과 고통을 깨닫고 이 전을 향하여 손을 펴고 무슨 기도나 무슨 간구를 하거든 주는 계신 곳 하늘에서 들으시며 사유하시되 각 사람의 마음을 아시오니 그 모든 행위대로 갚으시옵소서 주만 홀로 인생의 마음을 아심이니이다
> (대하 6:28~30)

무슨 이야기입니까? 솔로몬 왕이 하나님의 성전을 봉헌했습니다. 삶을 통해서 어떤 일이 생기면, 그때마다 주의 성전에 와서 손을 들고 기도할 테니 그 기도를 다 들어 달라는 것입니다. 그런데 그 기도 내용을 보십시오. 논에 깜부기만 생겨도 기도하면 들어 달라는 것

입니다. 솔로몬이 한 기도이지만, 지금도 우리에게 이 기도가 얼마나 귀중합니까?

지난 주간에 안양 집회가 있었는데 비가 엄청나게 쏟아졌습니다. 그래도 감사한 것은 그렇게 비가 오는데도 사람들이 구름떼같이 몰려오는 것입니다. 서울 사람들은 돈도 잘 벌지만, 은혜도 어쩌면 그렇게 잘 받는지 말입니다. 돈 버는 것은 솔직히 안 부러운데, 은혜 받는 것은 그렇게 부러울 수가 없었습니다. 그렇게 비가 내리는데도 자리가 없어서 돌아간 사람들이 수두룩할 정도로 많이 몰려왔습니다. 안으로 다 들어오지를 못해서 질퍽거리는 길바닥에 앉아서 그냥 예배드렸습니다. 그렇게 쏟아지더니 결국 물난리가 나 버렸습니다.

그런데 그 와중에 태풍까지 올라온다는 것입니다. 그래서 어떻게 합니까? 거기 모인 수천 명이 손을 들고 하나님께 집중적으로 기도했습니다.

"하나님, 태풍을 좀 막아 주세요, 막아 주세요!"

우리만 기도했겠습니까? 전국에 있는 크리스천들이 얼마나 기도했겠습니까? 그런데 놀라지 마십시오. 그 속에 Z 바람이 불어서 태풍이 올라오다가 그만 어디로 사라져 버렸다는 것입니다. 너무너무 감사했습니다. 그런데 지난 금요일 폴이라는 이름의 태풍이 또 올라온다는 것입니다.

"주여~~! 폴을 어떻게 역사하여 주시옵소서." 그랬더니 또 사라져 버렸습니다. 이렇게 예수 이름으로 하는 기도의 위력은 태풍의 세력보다 더 큽니다.

"아휴, 목사님! 우연히 그랬겠지요." 물론 그 말도 맞을지도 모릅니다. 그러나 기도해서 그랬다는 말이 더 맞을지도 모르지 않습니까?

하나님은 예수 이름으로 기도하면 다 들어줄 테니 우리보고 기도하라고 하십니다. 안 하면 나만 손해입니다.

제가 정읍에 부흥회를 간 적이 있는데, 그때 괴짜 집사님을 한 분 만난 적이 있습니다. 이분은 농사를 어떻게 짓는 줄 아십니까? 남들처럼 하지 않고, 농약을 전혀 안 씁니다. 농약 칠 시기가 되면 논두렁을 다니면서 찬송만 합니다.

찬송 농약을 뿌리면서 한 바퀴 돌고, 또 한 바퀴 돕니다. 옆에 있는 다른 논들을 보면 깜부기가 생깁니다. 벼들이 다 널브러져 있습니다. 그러나 그의 논은 깨끗하다고 합니다. 그리고 더 신기한 것이 있습니다. 그 사실을 어떻게 다 알고 수확이 아직 안 되었는데도 벌써 서울에서 연락이 온다고 합니다. 농약 안 친 벼라서 인기가 그렇게 좋습니다. 서로 사겠다고 합니다. 이렇게 그가 믿은 대로 역사하는 것입니다.

그러니 장사가 안 되면 앉아서 한숨만 쉬지 말고 찬송해 보십시오. 장사가 잘되고 안 되고에 초점을 두기보다는 위대하신 하나님 자체에 초점을 두십시오. 기도할 길을 열어 주신 하나님을 찬양해 보십시오. 하나님은 논에 깜부기만 생겨도 기도하라고 하십니다. 기도하면 하나님께서 다 들어주시겠다는 것입니다.

솔로몬 왕 때 기록되었던 말씀인데, 지금 보아도 김이 모락모락 나는 따뜻한 밥 같지 않습니까? 수천 년 전에 썼으니까 지금은 다 식은 찬밥 같아야 할 것입니다. 그런데 지금까지도 말씀에서 김이 모락모락 납니다. 하나님의 말씀은 항상 갓 지어 놓은 것 같은 따뜻한 말씀입니다.

예언서를 읽어 보십시오. 그 시대에 필요해서 기록한 말씀이겠건만 지금 읽어도 똑같이 해당되는 필요한 말씀입니다. 복음서도 마찬가지입니다. 모든 성경이 다 마찬가지입니다. 그래서 하나님의 말씀은 살아 있는 말씀이요, 영원히 불변하는 진리입니다. 어느 시대에나 똑같이 필요한 생명의 양식입니다.

주의 말씀은 내 발에 등이요 내 길에 빛이니이다 (시 119:105)

하나님의 말씀은 내 발에 등이요, 내 길에 빛입니다.

주의 말씀의 맛이 내게 어찌 그리 단지요 내 입에 꿀보다 더하니이다 (시 119:103)

하나님의 말씀은 내 입에 꿀보다 더 달콤합니다. 그렇습니다. 이러한 말씀의 맛을 체험하며 사시기를 바랍니다.

말씀의 맛이 살아나서 들어도 맛있고, 보아도 맛있고, 읽어도 맛있기를 바랍니다. 그런 말씀의 맛을 찾을 때 신앙도 살아서 역사하게 됩니다.

새 포도주

다시 본문으로 돌아와서 누가복음 5장 36절 이하를 보겠습니다.

또 비유하여 이르시되 새 옷에서 한 조각을 찢어 낡은 옷에 붙이는 자가 없나니 만일 그렇게 하면 새 옷을 찢을 뿐이요 또 새 옷에서

찢은 조각이 낡은 것에 합하지 아니하리라 (눅 5:36)

비유로 말씀하고 계십니다. 무슨 말씀입니까? 새 옷을 찢어서 낡은 옷에 붙이면 낡은 옷도 버리고, 새 옷도 같이 버린다는 것입니다. 본문 말씀의 요지는 두 가지로 요약됩니다. 첫 번째는 새 포도주는 새 부대에 넣어야 한다는 것입니다.

새 포도주를 낡은 가죽 부대에 넣는 자가 없나니 만일 그렇게 하면 새 포도주가 부대를 터뜨려 포도주가 쏟아지고 부대도 버리게 되리라 (눅 5:37)

새 포도주를 낡은 가죽 부대에 넣으면 새 포도주가 부대를 터뜨리게 됩니다. 그렇게 되면 포도주가 쏟아지고 부대도 버립니다.

새 포도주는 새 부대에 넣어야 할 것이니라 (눅 5:38)

그래서 예수님 말씀처럼 새 포도주는 새 부대에 넣어야 합니다.

제가 군대 가기 전에 화장품 샘플을 모으는 취미가 있었습니다. 바르지도 않으면서 그렇게 재미있어했습니다. 큰 것보다는 작은 것이 그렇게 예뻐 보였습니다.

그리고 취미가 또 하나 있었습니다. 포도를 설탕에 재웁니다. 빈 조니 워커 병에 넣고 밀폐시킵니다. 그것을 박스에 쌓아 놓고는 까맣게 잊어버리고 군대를 갔습니다. 휴가 때 집에 와서 밥을 먹는데 갑자기 박스에서 펑~! 하고 폭음이 들리는 것입니다. 마치 폭탄이 터지는 줄 알았지 뭡니까? 그 조니 워커 유리 파편이 시멘트벽에 꽂혔습니다. 만약에 사람이 맞았다면 살 속에 파편들이 그대로 박혔을 것입니다. 그 술이 발화되고, 발화되자, 더 이상 공기가 빠져 나갈 데가 없으니까 병 자체가 폭탄처럼 터져 버린 것입니다. 그래서 저는 새 포도주는 새 부대에 담아야 한다는 사실을 그때 직접 체험했습니다.

제가 심방을 다니면서 보면 술을 죽 진열해 놓은 집이 있습니다. 제가 뭐냐고 물어보면 그냥 놓아둔 것이라고 말합니다. 악은 모양이라도 버리라고 하셨으니 치우시기 바랍니다. 손님 접대용으로 냉장고에 맥주 두 병씩 넣어 놓으신 분들도 치우시기 바랍니다. 그거 그렇게 넣어두면 속상할 때 마시는 수가 있습니다. 버리기 아까우면 예수 안 믿고 술 좋아하는 사람에게 주십시오. 그 술 줄 테니까 마시고 이제 끊고 교회 나오라고 하십시오. 그렇게 전도용으로 쓰시기 바랍니다. 마시지도 않을 거면서 그렇게 오래 놓아두면 언젠가는 터져 버릴지도 모릅니다.

묵은 포도주

두 번째는 그래도 포도주 맛은 묵은 포도주가 더 좋다는 것입니다. 이 단순한 말씀이 우리에게 주는 교훈은 실로 엄청납니다. 천의 얼굴을 가진 교훈이 됩니다. 예를 들어 보겠습니다.

솔로몬의 아들 르호보암이 이 말씀의 의미를 올바로 깨달았다면 이스라엘 역사가 어떻게 되었을까요?

열왕기 상 12장으로 한번 가 봅시다. 솔로몬이 왕으로 즉위할 때는 이스라엘의 위세가 굉장했습니다. 다윗 왕 때가 최고로 전성기였기 때문에 어마어마한 부와 영예를 아들 솔로몬에게 위임해 주었습니다. 다윗이 죽은 후 솔로몬이 이어받으면서 시작은 꽤 좋았습니다. 그러나 마지막 때에 가서는 솔로몬이 장가를 1,000번이나 들게 됩니다. 그 부귀영화를 끝까지 누리지 못합니다. 그러다가 솔로몬의 아들 르호보암에게 정권이 넘어갈 때는 이스라엘이 완전히 몰락해 버립니다. 초췌해진 국민들의 민심이 다 떠나 버리고 경제가 극도로 어려워 집니다.

왕의 부친이 우리의 멍에를 무겁게 하였으나 왕은 이제 왕의 부친이 우리에게 시킨 고역과 메운 무거운 멍에를 가볍게 하소서 그리하시 면 우리가 왕을 섬기겠나이다 (왕상 12:4)

백성들이 르호보암 왕에게 이렇게 이야기합니다.

르호보암이 대답하되 갔다가 삼 일 후에 다시 내게로 오라 하매 백 성이 가니라 (왕상 12:5)

르호보암이 삼 일 후에 다시 오라 하고 백성들을 보내 놓고는 누 구와 상의합니까?

르호보암 왕이 그 부친 솔로몬의 생전에 그 앞에 모셨던 노인들과 의논하여 가로되 너희는 어떻게 교도하여 이 백성에게 대답하게 하 겠느뇨 대답하여 가로되 왕이 만일 오늘날 이 백성의 종이 되어 저 희를 섬기고 좋은 말로 대답하여 이르시면 저희가 영영히 왕의 종이 되리이다 하나 (왕상 12:6, 7)

부친 솔로몬 생전에 그 앞에 모셨던 노인들과 의논합니다. 왕이 백성들을 좀 섬기고 온건 정책을 쓴다면 노인들이 왕의 종이 될 것이라고 말합니다. 그러면 "옳습니다. 그렇게 합시다" 이랬어야 합니다. 그런데 르호보암이 어떻게 합니까?

> 왕이 노인의 교도하는 것을 버리고 그 앞에 모셔 있는 자기와 함께 자라난 소년들과 의논하여 가로되 너희는 어떻게 교도하여 이 백성에게 대답하게 하겠느뇨 백성이 내게 말하기를 왕의 부친이 우리에게 메운 멍에를 가볍게 하라 하였느니라 (왕상 12:9, 10)

왕이 노인의 교도하는 것을 버리고 자기와 함께 자라난 소년들과 의논합니다. 그러니까 이 소년들이 충고합니다.

> 함께 자라난 소년들이 왕께 고하여 가로되 이 백성들이 왕께 고하기를 왕의 부친이 우리의 멍에를 무겁게 하였으나 왕은 우리를 위하여 가볍게 하라 하였은즉 왕은 대답하기를 나의 새끼손가락이 내 부친의 허리보다 굵으니 내 부친이 너희로 무거운 멍에를 메게 하였으나 이제 나는 너희의 멍에를 더욱 무겁게 할지라 내 부친은 채찍으로 너희를 징치하였으나 나는 전갈로 너희를 징치하리라 하소서 (왕상 12:10, 11)

솔로몬의 허리가 르호보암의 새끼손가락보다 얇으니 백성의 멍에를 더욱 무겁게 하고 전갈로 징치하라고 권합니다. 그 말 한마디에 남과 북이 그대로 갈라져 버립니다. 여로보암 장관이 10지파를 데리고 나가서 새로운 나라를 이룹니다.

새 포도주는 새 부대에 넣어야 합니다. 그러나 포도주의 맛은 묵은 맛이 더 좋습니다. 무슨 의미입니까? 젊은 사람들의 아이디어가 참으로 번뜩이고 좋은 면도 있습니다. 그러나 노인들의 지혜로운 말도 귀담아 들어야 합니다.

새 부대

세상이 참으로 급변하고 있습니다. 옛말에 10년이면 강산이 변한다고 했지만, 지금은 그렇지 않습니다. 강과 산이 변하는 데에는 채 1년도 걸리지 않는 것 같습니다. 몇 년 전에 대전을 떠났던 사람들이 한 번씩 대전을 찾아오면 하는 말이 있습니다. 너무 많이 변해서 어디가 어딘지 도무지 모르겠다는 것입니다. 좋은 쪽이든 나쁜 쪽이든, 좋은 의미든 나쁜 의미든 강산이 너무 빨리 변해 갑니다. 강산만이 아닙니다. 모든 것들이 급속히 변하고 있습니다. 그렇게 변해 가는 세상에서 우리는 어떻습니까? 세상에 대한 대처 능력이 너무나 떨어지고 있습니다. 바로 이것이 문제입니다.

결혼 하나만 생각해 봐도 그렇습니다. 우리 아버님 시대에는 장가를 들면 아버지 혼자 일해서 여덟 식구가 다 먹고 살 수 있었습니다. 제가 결혼할 때만 해도 여자들이 결혼하면 둘로 딱 나눕니다. 결혼 후 직장 생활을 계속 하는 사람과 직장을 그만두는 사람이 있습니다. 그런데 여자가 결혼 후에도 직장을 계속 다니게 되면 어떻게 생각합니까? '신랑 직장이 조금 시원찮나?' 하는 느낌을 주었습니다. 그런데 지금은 어떻습니까?

아예 대놓고 묻습니다. "그 아가씨 직장 어디 다녀요?" 한 세대가 변하면서 이렇게 변해 버렸습니다. 지금 우리 시대에는 부부가 같이 벌어야 겨우 살 수 있습니다. 이렇게 세상이 변해 가는데, 지금도 사고방식이 예전 방식으로 살아간다면 그 집안이 되겠습니까?

제가 시골 교회에 다닐 때였습니다. 그러니까 30년 전의 일입니다. 그런데 그때 벌써 일본에서 사시다가 오신 장로님이 계셨습니다.

그분이 이런 이야기를 하는 것입니다. 일본은 여자가 고등학교를 졸업하면 직장 생활을 해서 결혼할 준비를 자기가 직접 다 해 가지고 시집을 간다고 합니다. 그런데 우리는 어떻습니까? 그때 우리는 상상도 못할 일이었습니다. 지금도 부모님 눈치만 바라보고 있습니다. 우리나라는 부모가 잘해 주네, 못해 주네 하면서 모녀가 싸우고 있을 때 일본은 벌써 시집갈 준비를 자신이 다 해서 갔다는 것입니다. 그들의 사고방식이 우리보다 한 세대 앞선 것입니다. 우리도 이제는 살아가는 삶의 사고방식이 좀 바뀌어야 합니다.

직업관도 그렇습니다. 제가 지금까지도 의아하게 생각하는 부분이 있습니다. 미국은 철저하게 세일 잘하는 사람이 대접받는 사회입니다. 그런데 우리나라는 불과 몇 년 전만 해도 어떻습니까? 자동차 회사에 취직하게 되면 반응이 어떻게 나옵니까? 사무실에 앉아서 근무한다 그러면 그 사람이 능력 있는 사람이라고 생각합니다. 그런데 자동차 팔러 다닌다 그러면 능력이 없는 사람이라고 치부했습니다.

그러다가 갑자기 세상이 변했습니다. IMF가 터지니까 회사에서는 책상을 없애기 시작했습니다. 드디어 세일 잘하는 사람이 대접받게 된 것입니다. 책상에 계속 앉아 있는 사람의 책상이 자꾸 사라집니다. 이제는 앉아서 근무하는 사람이 더 이상 능력 있는 사람이 아닙니다. 발로 잘 뛰는 사람이 능력 있는 사람입니다. 이렇게 세상이 바뀌어 가고 있습니다.

또 의사는 어떻습니까? 불과 몇 년 전만 해도 의사 구하기가 얼마나 힘들었습니까? 의사들 월급이 비싸서 병원이 어렵다 그랬습니다. 그런데 불과 몇 년 사이에 지금은 어떠합니까? 의사 실업자가 나오고 있는 지경입니다. 문 닫는 병원이 생겼습니다. 의사들이 이제는 낮은 임금이라도 좋으니 어떻게든지 취직하려고 애쓰는 그런 세상이 되어 버렸습니다.

의사가 그러니 약사는 어떻겠습니까? 의사보다 더 하면 더했지, 덜하지는 않습니다. 약대 들어가기가 얼마나 힘듭니까? 그런데 약대를 나왔다고 해서 끝나는 것이 아닙니다. 약사 면허를 따야 합니다. 그것도 쉬운 일은 아니지 않습니까? 그런데도 몇 십만 원짜리 월급쟁이 약사가 요즘 많다고 합니다.

우리 교회에도 약사 집사님이 한 분 계십니다. 종합 검진을 안 했는데도 딱 보고 희한한 병을 발견해 냅니다. 그 정도로 실력이 있는 분입니다. 전국에서 그 약국의 약을 지어 먹는다고 합니다. 그러니 약국이 잘 안 되는 것도 아닙니다. 아주 잘됩니다. 그런데도 이분은 미래를 딱 내다보더니 약사가 전망이 없다는 것을 알았습니다. 그래서 공부를 다시 해서 대전 대학교 한방과를 시험 보려고 준비 중입니다. 그런데 제가 말렸습니다. 왜 말린 줄 아십니까? 힘 드는 것은 한의사도 마찬가지이기 때문입니다. 한의사들도 지금 힘들어서 그만두려고 합니다.

제가 여러 교인들을 만나 보면서 재미있는 현상을 보게 됩니다. 심방 가게 되면 기도 제목이 뭐냐고 물어봅니다. 어떤 분은 고급 레스토랑을 좀 운영하고 싶다는 것입니다. 그래서 기도합니다.

"아버지, 이 집사님이 고급 레스토랑이 그렇게 하고 싶답니다. 축복해 주셔서 꼭 고급 레스토랑을 오픈하게 해 주시옵소서."

그런데 그다음 심방 장소가 고급 레스토랑 집인 것입니다. 그분에게도 기도 제목이 뭐냐고 물었습니다. 그런데 거기는 또 가게를 정리하게 해 달라고 합니다.

"주여! 이 집은 또 정리를 해야 된답니다. 역사하여 주시옵소서."

이렇게 한 사람은 한방대 들어가려 하고, 또 한 사람은 그만 두려고 합니다. 한 사람은 레스토랑을 차리고 싶어 하고, 한 사람은 그만두고 싶어 합니다. 그것도 모르고 우리는 거기 가면 되는 줄 알고 방황하고 있습니다. 세상이 너무 변화가 무쌍하기 때문입니다.

IMF가 터지면서 생긴 변화가 또 무엇입니까? 사람들이 하나같이 하는 말이 있습니다. 이제는 좋은 세월이 다 갔다는 것입니다. 죽도록 공부해서 대학을 진학합니다. 그리고 졸업합니다. 그런데 어디 취직 시험을 볼 곳이 있어야 말이죠! 취직이 되고 안 되고, 떨어지고 붙고는 둘째 문제입니다. 시험이라도 볼 수 있었으면 좋겠다는 것입니다. 경쟁률은 그만두고라도 취직 시험이 있어야 시험을 볼 텐데 그것마저 궁한 실정입니다. 이러한 시대적 변화에 과연 우리는 어떻게 대처해야 합니까?

패러다임 쉬프트

한때 많이 쓰던 용어 중에 패러다임 쉬프트(paradigm shift)라는 말이 있었습니다. 이 말을 문자 그대로 보면 어떤 모본이나 패턴이 자꾸 바뀐다는 뜻입니다. 이 패러다임 쉬프트를 아주 잘 묘사해 주는 이야기가 하나 있습니다.

해군에 아주 높은 사람이 배를 타고 항해를 하는데 안개가 약간 낀 어느 날이었습니다. 앞이 잘 보이지를 않습니다. 항구에 가까이 온

듯한데 저쪽에서 불빛이 하나 어렴풋이 보입니다. 그래서 이 사람이 그쪽에다 타전을 합니다. 배가 부딪히게 생겼으니 당장 비키라고 했습니다. 그랬더니 계급이 낮은 그쪽에서 오히려 이쪽 배에게 방향을 바꿀 것을 요구합니다.

"죄송합니다. 저는 지금 비킬 수가 없습니다"라는 연락이 왔습니다. 이 높은 사람이 화를 벌컥 냅니다.

"나 해군 참모총장인데 당장 비켜!!"

그렇게 큰소리치며 계속 나갑니다. 이 사람 생각은 그렇게 하면 저쪽 배가 비킬 줄 알았습니다. 그런데 다시 타전이 왔습니다.

"참모총장님, 여기는 배가 아니고 등대입니다."

결과는 어떻게 되었을까요? 참모총장이 타고 있던 그 배가 등대를 들이받고 말았습니다. 왜 패러다임 쉬프트를 해야 합니까? 나의 고정 관념만 가지고는 곤란한 시대입니다. 명령만 하면 되는 시대가 아닙니다. 뭔가 적응하는 대처 능력을 키워야 하는 때입니다. 이젠 옛날 케케묵은 사고방식으로는 안 됩니다.

정치도 패러다임 쉬프트 해야 합니다. 정치 풍토는 옛날이나 지금이나 구태의연하면 안 됩니다. 바뀌어야 합니다.

모세가 아말렉과 전쟁할 때 어떻게 했습니까? 젊은 여호수아를 앞에서 싸우게 하고, 모세 자신은 뒤에서 기도만 합니다. 그리고 아말렉을 이겼습니다. 그때 만일 여호수아로 하여금 기도하게 하고, 모세가 앞에 나갔더라면 나라가 어떻게 되었을까요? 젊은 사람 기도 시키면 졸려서 기도가 됩니까? 우리는 이 장면에서 정치를 배워야 합니다. 정말 시대를 읽고 내다볼 줄 아는 젊고 유능한 인재들이 나오면, 경험이 많은 분들은 뒤에서 후원해 주어야 합니다.

교육도 바뀌어야 합니다. 지금은 무조건 대학만 보낼 일이 아닙니다. 대학건물만 자꾸 지을 일이 아닙니다. 이 대학들이 과연 문을 닫지 않고 언제까지 계속 버틸 수 있을 것인가? 대학마다 위기의식을 느끼고 있습니다.

문화도, 종교도 바뀌어야 합니다. 교회가 무조건 잘되던 시절은 지났다는 말입니다. 지금은 십자가만 세워 놓으면 사람들이 몰려오는 시대가 아닙니다.

기업도 패러다임 쉬프트 해야 합니다. 모든 분야에서 고정관념이 깨어져야 하고, 의식의 변화가 일어나야 합니다. 대처 능력이 개발되어야 합니다. 하나님의 말씀은 불변하는 진리입니다. 그러나 전달하는 방법은 얼마든지 바뀔 수 있습니다.

유행하는 노래를 보면 그 시대의 흐름을 알 수 있습니다. 제가 어렸을 때의 히트송은 최희준의 '하숙생'이었습니다. 그 노래가 얼마나 느립니까?

'인생은 나그네길 어데서 왔다가…'

얼마나 템포가 느린지 아무 소리가 안 나서 노래가 끝난 줄 알면 부르고, 끝난 줄 알면 또 부르고 그랬습니다.

한 십 년 지나니까 남진의 '님과 함께'가 나왔고, 한참 후에는 서태지나 HOT 등 아이돌 그룹이 나왔습니다. 우리 딸에게 물어보니, 지금은 소녀 시대, 원더걸스, 빅뱅이라는 그룹들이 대세라고 하더군요! 템포가 점점 빨라져서 정신없습니다.

교회에서 찬양 곡 선정하는 것만 봐도 그 교회가 젊은 교회인지 늙은 교회인지 대번에 알 수 있습니다. 옛날에는 대예배 때 찬양하면서 박수치면 경건하지 못하다고 했습니다. 경건이 무엇입니까? 패러다임 쉬프트하시기 바랍니다. 지금 시대를 알아야 합니다.

순복음 교회에서 드럼을 처음 들여놓기 시작했습니다. 저도 순복음 교회에 처음 참석했을 때 드럼 소리가 막 나는데 마치 느낌이 밤무대에 온 것 같았습니다. 그러나 성장하는 교회마다 지금은 드럼 안 치는 교회가 거의 없습니다. 이렇게 교회도 변해 갑니다. 우리가 거기에 대해 빨리 대처하지 않으면 한없이 낙오되어 나중에는 도저히 따라갈 수 없게 됩니다.

급성장하는 교회는 찬양이 다릅니다. 템포가 빠르고, 힘차고, 즐겁고, 흥겹습니다. 옛날에 가지고 있던 고정 관념으로는 안 됩니다. 물론 안 좋은 것까지 받아들이면 안 되겠기에 묵은 포도주가 좋다고 말씀드립니다. 그러나 새 포도주는 역시 새 부대에 넣어야 한다고 성경은 이미 수천 년 전에 패러다임 쉬프트를 우리에게 이야기해 주고 있습니다.

의식이 자꾸 바뀌어 갑니다. 오늘 좋은 것이 내일도 좋은 것은 아닙니다. 항상 더 나은 것을 개발할 준비를 하고 대처할 능력을 지니고 살아야 합니다. 그런데 바뀜 속에서도 지켜야 할 것들이 있습니다. 묵은 것이 좋습니다. 어른을 공경한다든지, 효도한다든지 이런 점은 좋습니다. 그러나 바뀌어야 할 것들은 빨리 바뀌어서 시행착오를 일으키면 안 됩니다. 옛날에는 칠전팔기였지만, 지금은 한 번 넘어지면 일어나기가 쉽지 않습니다.

대안

그렇다면 우리가 어떻게 해야 할까요? 그 대안을 나누어 보겠습니다.

첫 번째, 대처 능력을 키웁시다. 어떤 상황이 내게 펼쳐지든지 나를 바꾸어서 대처할 수 있는 능력을 빨리빨리 키워 나가야 합니다. 그것이 늦어지면 안 됩니다. 우리에게는 노력밖에 없습니다.

원래 이승엽 선수는 공 던지는 사람이었습니다. 그런데 팔이 잘 못되어서 수술을 하게 됩니다. 더 이상 볼을 던질 수 없는 사람이 되었습니다. 인생에서 낙오할 수밖에 없었습니다. 그런데 타자를 해 보라는 권유를 받게 됩니다. 그래서 타자로 바뀌었습니다. 그때까지만 해도 타자로 유명하기가 굉장히 어려울 때였습니다. 왜냐하면 타자는 아무리 잘 치더라도 돈을 그렇게 많이 못 벌기 때문입니다. 그래서 정말 힘들었지만, 그래도 그는 타자로 바꾸었습니다. 첫해에 홈런왕이 될 듯했지만, 체력이 딸려서 포기해야만 했습니다. 그는 다시 이를 악물고 체력을 길렀습니다. 얼마 후 그는 유능한 타자가 되어 모든 지역을 초월하는 선수가 되었습니다. 이승엽이 던진 공을 줍기 위해 사람들이 수백 명씩 몰려옵니다. 이것이 바로 대처 능력입니다. 내가 가는 길만 고집해서 가려고 하지 마십시오. 그게 아니라면 빨리 나를 바꾸어서 대처해야 합니다. 그렇게 하지 않으면 이 세상은 내가 설 자리가 점점 사라질 것입니다. 대처 능력을 키웁시다.

두 번째, 끝까지 검소하고 겸손하게 삽시다. 지금 우리나라가 빨리바뀌어야 할 것이 있습니다. 우선 음식 문화부터 바꾸어야 합니다. 손님이 오면 간단하게 해서 드시기 바랍니다. 우리가 무슨 재벌입니까? 반찬 서너 가지만 해서 드십시오. 그래서 그냥 맛있게 먹으면 됩니다. 20가지, 30가지 해 봐야 그거 다 먹지도 못합니다. 설령 다 먹는다 해도 살만 찝니다. 지금은 그럴 때가 아닙니다.

우리나라가 1년 동안에 버리는 음식 찌꺼기가 7조나 된다고 합니다. 그것 처리하는 데에는 1조 4천억이 소비된다고 합니다. 그래서 음식물 때문에 버려지는 돈만 해도 총 8조 4천억 원입니다. 그 돈은 북한 사람 2,000만 명을 먹여 살릴 수 있는 금액입니다. 이것이 패러 다임 쉬프트의 자세입니다. 뻑적지근하게 차려서 대접해야 된다는 의식을 빨리 벗어 버려야 합니다.

미국 사람들도 보십시오. 그들은 어쩌다 한번 잘 먹습니다. 보통 때는 햄버거 하나와 콜라 하나로 그냥 서서 점심을 간단히 때웁니다. 그들이 가난해서 그렇게 하겠습니까? 빌 게이츠가 돈이 없어서 청바지를 입겠습니까? 꼭 필요한 것 있으면 사 입어야 합니다. 그러나 쓸데없이 비싼 옷 사 입지 마시고, 생각과 의식을 바꾸시기 바랍니다. 아무리 많아도 검소는 제2의 생산입니다. 안 좋은 옷 입어서 창피하다는 시절은 지났습니다. 오히려 남에게 아쉬운 소리 하고 사는 것이 더 창피한 일입니다. 무엇이 정말 창피한 일인지 잘 알아야 합니다. 겉치레를 벗어야 합니다.

그다음 세 번째, 우리는 하나님의 도움을 받고 살아야 합니다. 이 이야기 하려고 여기까지 왔습니다. 세상이 어렵고 급변하는 요지경 속이어도 걱정하지 마시기 바랍니다. 하나님께서 함께하시면 반드시 우리를 도와주십니다.

모세가 이스라엘 백성을 출애굽시켜서 가나안 성까지 입성하는 데에는 어떤 어마어마한 장비가 필요했던 것이 아닙니다. 그냥 지팡이 하나 필요했습니다. 하나님께서 함께해 주시니까 지팡이 하나만 있어도 이스라엘 백성을 출애굽시킬 수 있었던 것입니다.

다윗이 골리앗을 쳐서 죽이는 데에도 무슨 기관단총이나 미사일이 필요했던 것이 아닙니다. 시냇가에 흔한 물맷돌 다섯 개로 이겼습니다. 하나님께서 역사하시니 그 물맷돌이 로켓탄이 돼 버리지 않습니까?

삼손이 블레셋을 죽이는 데에도 어마어마한 미그 29기가 필요한 게 아니었습니다. 그냥 나귀 턱뼈 하나 가지고 이겼습니다. 하나님께서 함께하시면 가능한 일입니다. 그러므로 우리는 기도해야 합니다. 하나님의 지혜를 구하시기 바랍니다. 하나님의 도우심을 구하시기 바랍니다.

저는 어제 너무너무 기뻤습니다. 며칠 전에 어느 집사님 집에 심방을 갔습니다. 그냥 우연히 들르고 싶어서 갔는데, 그 집사님 남편이 어떤 사업을 위해 꼭 사야 할 땅이 있다는 것입니다. 마침 그 땅이 경매가 나왔는데, 몇 번 유찰되었답니다. 원래 몇 억씩 하는 땅인데 두세 번 유찰되다 보니 땅 값이 많이 내렸습니다. 그래서 그것을 꼭 사려고 기도한다는 것입니다. 그 땅을 꼭 사야 한다면, 많이 써서 내라고 제가 조언해 주었습니다. 그냥 사도 2, 3억 줘야 하지 않습니까? 1억을 주고 사도 싼 것입니다. 경매 물권이라고 해서 그렇게 싸게 하면 안 되니까 좀 더 준다 생각하고 8천을 쓰라고 했습니다. 그러고는 잊어버렸습니다. 집사람이 그 소식을 전해 주는 것입니다. 경매에 14명이 들어왔는데 "8천 15만원 아무개. 낙찰!" 해서 딱 여는데 2등은 8천만 원을 써 냈더랍니다. 마치 드라마처럼 15만원 차이로 된 것입니다.

그 말에 책임을 져 준다는 것이 얼마나 감사한지 몰랐습니다. 제가 무슨 경매 업자입니까? 저는 전혀 모릅니다. 제가 아는 것은 그저 하나님 말씀 하나 아는 것입니다. 우리가 세상을 보면 절망이지만, 하나님을 바라보면 힘이 솟습니다. 주만 바라보시기 바랍니다. 우리는 세상이 어떻게 변할지 모릅니다.

그러나 주님은 아십니다. 모든 것을 아시는 하나님께서 인도하십니다. 하나님의 도우심으로 이 어려운 난관을 극복해 가시기 바랍니다. 새 술은 새 부대에 넣으시기 바랍니다. 아무리 세상이 변해 가더라도 하나님을 향한 마음은 변치 말아야 합니다. 그러면서 동시에 새 부대가 되어 변해 가는 세상에 빨리빨리 대처할 줄 알아야 합니다. 하나님은 예수 이름으로 기도하면 우리를 선한 길로 인도하여 주시고 축복하여 주십니다. 마음속에 항상 하나님께서 인도해 주고 계신다는 확신을 잃지 마십시오.

7. 양

모든 세리와 죄인들이 말씀을 들으러 가까이 나아오니 바리새인과 서기관들이 원망하여 가로되 이 사람이 죄인을 영접하고 음식을 같이 먹는다 하더라 예수께서 저희에게 이 비유로 이르시되 너희 중에 어느 사람이 양 일백 마리가 있는데 그 중에 하나를 잃으면 아흔 아홉 마리를 들에 두고 그 잃은 것을 찾도록 찾아다니지 아니하느냐 또 찾은즉 즐거워 어깨에 메고 집에 와서 그 벗과 이웃을 불러 모으고 말하되 나와 함께 즐기자 나의 잃은 양을 찾았노라 하리라 내가 너희에게 이르노니 이와 같이 죄인 하나가 회개하면 하늘에서는 회개할 것 없는 의인 아흔 아홉을 인하여 기뻐하는 것보다 더하리라

눅 15:1~7

07

양  눅 15:1~7

낚시를 해 보셨습니까? 아무리 물고기를 많이 잡았다 해도 어떻습니까? 잡은 것에 대한 기쁨보다는 잡았다가 놓친 한 마리의 아쉬움이 얼마나 더 큰지요!? 제 7장 본문 비유 속에서도 이러한 하나님의 마음을 엿볼 수 있습니다. 양 우리에 남아 있는 아흔아홉 마리의 기쁨보다 잃어버린 한 마리의 슬픔이 더 큰 것이 하나님의 마음입니다.

제가 이 설교를 준비하면서 묘한 것을 하나 깨달았습니다.

아무리 새 신자가 많이 왔어도 새신자의 기쁨보다 안 보이는 사람의 괴로움이 더 큽니다.

'왜 오늘은 그 사람이 안 보이지?' 설교하면서도 자꾸 생각납니다.

어떤 분은 그럽니다.

'나 하나 빠졌다고 목사님이 뭘 알겠어?'

대중 속에 파묻혀서 잘 안 보일 것 같지만, 한눈에 딱 들어옵니다.

'누가 앞에 앉았다, 뒤에 앉았다.'

'누가 졸고 있네? 어제 밤을 새웠나? 뭐 했나?'

'다 웃는데 저이는 왜 안 웃을까? 무슨 고민이 있나?'

이렇게 그 복잡한 생각들을 다 가슴에 품고 설교해야 하는 목사의 심정을 아십니까? 그토록 신경을 쓰니까 목사님들 머리칼이 자꾸 빠지는 것입니다.

이와 같이 아흔아홉 마리의 기쁨이 커야지, 왜 잃어버린 한 마리의 슬픔이 크겠습니까? 그래서 '우리도 부정적인 것처럼 하나님께서도 그런 면이 있구나' 라고 아주 못된 마음이 잠시 있었습니다. 하나님이 나 같았을 때 오는 그 쾌감을 좀 느껴 본 것입니다. 아주 조심스러운 말입니다. 그랬더니 하나님께서 그러십니다. 내 느낌입니다.

'내가 아흔아홉 마리보다 한 마리를 슬퍼하는 것은 너를 위해서 잃어버린 한 마리 때문에 더 슬퍼하는 것이다' 라는 것입니다.

우리가 부정적인 것은 나를 위해 부정적인데, 하나님이 부정적이신 것은 우리를 위해서 부정적이시라는 것입니다. 내가 괴로워하는 것은 나 때문에 괴로워하지만, 하나님이 괴로워하시는 것은 하나님을 위해서가 아닙니다. 잃어버린 나를 위해서 괴로워하십니다. 이 아름다운 수준의 차이가 깨달아 집니까?

사람은 양을 한 마리 잃어버린 손해 때문에 슬퍼합니다. 양 때문이 아니라, 자기 손해의 부정적인 마음으로 괴로워하고 슬퍼합니다. 그러나 우리 하나님은 잃어버린 그 양을 사랑하고, 그 양을 위해서 슬퍼하는 슬픔인 것입니다. 즉, 인간의 슬픔은 나의 슬픔이지만, 하나님의 슬픔은 하나님의 슬픔이 아닙니다. 바로 나로 인해 슬퍼하십니다. 그런 하나님의 사랑의 마음으로 보실 때 우리는 비록 잃어버린 양일지라도, 비록 우리가 죄인일지라도 하나님 보시기에 두고 보기에도 아까운 존재인 것입니다.

본문의 비유는 잃어버린 양의 비유입니다. 성경은 예수님과 우리의 관계를 한 가지로만 표현하지 않습니다. 한 가지로 다 표현이 안되기 때문에 다양하게 표현하고 있습니다. '주님은 주인이시고 우리는 그의 종이다.' 주종 관계로 표현하셨습니다. '그분은 신랑이시고 우리는 신부다.' 부부로 표현하셨습니다. '나는 포도나무요, 너희는 가지다.' 나무와 가지로 표현하셨습니다. '나는 아버지요, 너희는 자녀다.' 아버지와 자녀로 표현하셨습니다. '나는 창조주요, 너희는 피조물이다.' 조물주와 피조물로 표현하셨습니다. 본문은 '나는 목자요, 너희는 양이다.' 목자와 양으로 표현하셨습니다. 관계가 한두 가지로 맺어진 것이 아닙니다. 주님과 우리의 관계는 다양한 표현으로 맺어 있습니다.

그래서 어떤 때는 '주여!' 라고 하다가 어떤 때는 '아버지!' 할 때도 있습니다. 관계가 간단하지 않습니다. 이중에서 양의 비유를 통해 주님과 우리의 관계를 알아보겠습니다.

바리새인과 서기관들의 원망

세리, 창기, 이런 사람들은 모든 사람들의 생각에 당연히 죄인이고, 지옥 갈 사람들입니다. 그 당시 사람들은 이러한 생각을 보편적으로 다 가지고 있었습니다. 그러나 그 죄인들도 예수님을 사모하고, 예수님의 말씀을 사모합니다. 주님의 표현을 빌리자면 오히려 이런 사람들이야말로 더욱 주님이 필요한 사람들이라는 것입니다.

예수께서 대답하여 가라사대 건강한 자에게는 의원이 쓸데없고 병든 자에게라야 쓸데 있나니 내가 의인을 부르러 온 것이 아니요 죄인을 불러 회개시키러 왔노라 (눅 5:31, 32)

이렇게 주님은 죄인을 부르러 오셨습니다. 죄인은 또한 죄를 용서해 주시는 주님이 필요합니다. 그에 반하여 바리새인과 서기관들, 이 사람들은 자타가 공인하는 착한 사람들입니다. 좋은 사람들입니다. 천국에 갈 사람들입니다. 그 당시 사람들은 이러한 개념을 통속적으로 가지고 있었습니다. 그런데 이들이 저들을 원망합니다.

여기서 우리는 한 가지 생각하고 넘어가야 하는 게 있습니다. 진짜 좋은 사람은 원망하지 않는다는 것입니다. 원망할 수밖에 없는 상황에서도 원망하지 않기에 그가 진짜 좋은 사람인지도 모릅니다. 어떤 사람이 원망한다면, 그는 벌써 좋은 사람이 아닙니다. 원망하는 것 자체가 이미 좋은 사람이 아닌 것입니다.

부부도 마찬가지입니다.

"여보, 당신은 진짜 좋은 남자 만났더라면 지금보다 더 행복하게 살 텐데. 나 만나서 당신이 좀 덜 행복한 것 같아. 그렇지, 여보?" 이렇게 말하면 좋은 여자입니다.

"내가 미쳤지. 다른 사람 다 놔두고 왜 내가 저이를 만나서 이 고생을 할까?" 그러면 아주 못된 것입니다.

반대로도 생각해 봅시다.

"미안해, 여보. 당신이 좋은 남자 만났더라면 지금보다 더 예쁘고 행복하게 살 텐데. 내가 너무 욕심 부렸지? 미안해." 이러면 그는 참 좋은 남자입니다.

"나 좋다고 따라다니는 여자들 다 버리고 저것 만나서 내가 이러고 살지. 내 신세야" 이러면 나쁜 사람입니다.

좋은 부부는 원망하지 않습니다. 원망하는 부부는 좋은 부부가 아닙니다. 신앙생활에서도 좋은 크리스천은 원망하지 않습니다. 좋은 크리스천이 어떻게 원망을 합니까?

바리새인과 서기관들이 원망했다는 것은 이들이 나쁜 사람들이라는 뜻입니다. 이들은 겉만 좋은 사람입니다. 인심만 좋은 사람이지, 진짜 좋은 사람이 아닙니다. 좋은 사람은 절대 원망하지 않습니다.

모든 세리와 죄인들이 말씀을 들으려 가까이 나아오니 바리새인과 서기관들이 원망하여 가로되 이 사람이 죄인을 영접하고 음식을 같이 먹는다 하더라 (눅 15:1, 2)

예수님이 모든 세리들과 죄인들이 말씀을 들으려 가까이 나오니 바리새인과 서기관들이 원망하면서 말합니다. 예수님이 죄인을 영접하고 음식을 같이 먹는다고 불평입니다. 이것이 바리새인과 서기관들의 생각입니다. '저들은 죄인이다' 라고 생각했다면 자기들은 뭐라는 것입니까? 의인이라는 것입니다. 그러니 이런 편견이 어디 있으며, 이런 잘못된 판단이 또 어디 있습니까? 마태복음 7장 3절에 주님께서 말씀하십니다.

어찌하여 형제의 눈 속에 있는 티는 보고 네 눈 속에 있는 들보는 깨닫지 못하느냐 (마 7:3)

제가 인생을 살면서 깨달은 것은, 사람은 다 그게 그거라는 것입니다. 형제의 눈 속에 있는 티는 보고 자기 눈 속에 있는 들보는 깨달지 못하는 사람들을 보십시오.

자기가 잘나면 얼마나 잘났고, 못나면 얼마나 못났겠습니까? 자기가 배우면 얼마나 배웠고, 못 배웠으면 얼마나 못 배웠겠습니까? 자기가 날씬하면 얼마나 날씬하고 뚱뚱하면 얼마나 뚱뚱하겠습니까? 자기가 크면 얼마나 크며, 작으면 얼마나 작은가? 보십시오. 옆에서 보니까 크고 작은 것이지, 위에서 보면 다 똑같습니다.

측면 시각으로 보니 잘난 사람 못난 사람, 큰 사람 작은 사람이 있는 것입니다. 하면(下面) 시각으로 보면, 머리통이 큰 놈도 그놈이고 높낮이가 없습니다. 하나님은 위에서 보시니 우리가 다 똑같습니다. 다 도토리 키 재기이며, 부질없는 일입니다. 조금 낫다고 의인이 아니며, 조금 못하다고 죄인이 아닙니다. 우리는 그저 다 같은 죄인입니다.

주님의 사랑

양 비유를 보면 첫 번째, 주님께서 양을 잃어버렸다는 것을 알 수 있습니다. 이것은 사실 잃어버린 것이 아닙니다. 엄밀하게 말하자면 양 스스로 나간 것입니다. 아흔아홉 마리가 다 들에 있는데 왜 혼자만 엉뚱한 데로 갑니까? 그것이 어떻게 해서 주인 잘못입니까? 분명 양의 잘못입니다.

양은 목자의 음성을 듣고 순종한다고 했습니다.

또 이 우리에 들지 아니한 다른 양들이 내게 있어 내가 인도하여야 할 터이니 저희도 내 음성을 듣고 한 무리가 되어 한 목자에게 있으

목자가 부를 때 아흔아홉 마리는 다 왔는데 그 한 마리만 나간 것은 무엇입니까? 그가 미혹되어서 그렇습니다. 아담이 뱀에게 미혹되어 선악과를 따 먹었습니다. 가인이 마귀에게 미혹되어 동생 아벨을 쳐 죽였습니다. 가룟 유다가 돈에 미혹되어 스승을 팔았습니다. 오늘날 수많은 사람들도 그렇게 미혹되어서 살아갑니다. 우리는 영적으로 깨어 있어야 합니다. 에덴동산부터 지금까지 마귀가 사용하고 있는 방법은 변하지도 않았습니다. 똑같습니다. 육신의 정욕, 안목의 정욕, 이생의 자랑, 이 세 가지로 우리를 미혹합니다.

분명히 양이 나간 것인데, 주님은 잃어버렸다고 말씀하십니다. 나간 것은 자기 잘못이고, 자기 책임입니다. 그러나 잃어버린 것은 목자 잘못이며, 목자 책임입니다. 우리는 여기서 양의 잘못도 자신의 잘못으로 돌리시는 주님의 사랑을 깨달아야 합니다.

남의 잘못을 자기의 잘못으로 돌리는 것, 이것은 하늘에서는 주님이시요, 땅에서는 어머니밖에 없습니다. 남이 잘못했어도 그것을 내 잘못으로 가져가는 분은 찾아보고, 또 찾아보아도 땅에서는 어머니밖에 없습니다. 그래서 어머니가 참 귀중합니다.

딸을 시집보냈는데 밥도 제대로 못해 먹고, 살림도 못합니다. 그러면 친정어머니는 그럽니다.

"그게 다 내 잘못이다. 이 어미가 안 가르쳐서 그렇다."

그러나 시어머니는 다릅니다.

"너는 도대체 시집오기 전에 뭘 배워서 온 거냐? 응? 도대체 밥이나 해 먹다 온 거냐?"

말은 다 옳은 말입니다. 친정어머니 말도 맞고, 시어머니 말도 맞습니다. 그러나 시어머니 말에는 사랑이 없습니다. 마치 독사의 이빨 같습니다. 그런데 시어머니 자신은 그 사실을 전혀 모릅니다. 왜 그렇습니까? 바리새인처럼 자기 말이 다 옳다고 생각하기 때문입니다.

> 사랑하지 아니하는 자는 하나님을 알지 못하나니 이는 하나님은 사랑이심이라 (요일 4:8)

하나님은 사랑이십니다. 그렇다면 교회는 사랑의 기관이어야 합니다. 교인은 사랑의 공동체여야 합니다. 교회 어디에서 그 사랑을 찾아볼 수 있을까요? 이것은 저 자신부터 설교하기가 정말 어려운 부분입니다. '그래. 나는 말만 맞지. 그 말 속에 사랑이 과연 있는가?' 하고 돌아보니 설교에서 할 말이 없습니다. 그런데 할 말이 없다고 해서 가만히 있으면 됩니까? 그래도 뭐라고 말은 전해야 하지 않습니까? 그래서 지금부터 하는 이야기는 다 저 자신에게 하는 이야기입니다. 거북하게 듣지 말고 그저 목사님 자신에게 하는 이야기란다 하고 들으시기 바랍니다. 또 여러분에게도 해당되는 부분이 있다면 들으셔도 됩니다.

제가 목회를 하다 보면 이 목회라는 것이 쉽지가 않습니다. 이것은 한두 가지만 잘하면 되는 것이 아닙니다. 음악 전공하는 사람은 음악만 잘하면 됩니다. 의사는 병만 잘 고치면 됩니다. 의사가 병을 잘 고치는데 술 한잔 했다고 해서 그것이 무슨 대수입니까? 병만 잘 고치면 됩니다.

그런데 목사는 그렇지가 않습니다. 목사는 설교만 잘하면 되는 것이 아닙니다. 다 잘해야 합니다. 그래서 힘듭니다. 거기다가 출퇴근도 없습니다. 다 잠든 12시에 애기가 아프니 어쩌면 좋으냐고 전화가 옵니다. 애기 아픈 것을 왜 나한테 전화로 물어보는가 말입니다. 그렇다고 제가 이렇게 말합니까?

"일과 끝났습니다. 지금 몇 시인데 전화하세요? 내일 출근하면 전화해 주세요."

그것이 목회입니까?

그래도 아파서 찾는 것은 그나마 괜찮습니다. 부부 싸움 해 놓고 저를 찾습니다.

"목사님, 빨리 와 봐요. 나 죽어요."

자기 죽는 걸 왜 나를 찾습니까? 가서 수습해 주고 오면 3시도 되고 그럽니다. 새벽 3시에 자고 4시에 또 일어나서 새벽 예배에 나가야 합니다. 제가 무슨 기계입니까? 어떤 때는 눈을 떴는데 몸이 도저히 말을 안 들어서 못 나갈 때가 있습니다. 그러면 교인들의 반응이 반으로 딱 나뉩니다. 한쪽 교인이 말합니다.

"목사님이 힘드신가 봐. 우리가 더 기도해 드려야 돼." 그렇게 말하면 훌륭한 교인입니다.

"목사님은 뭐 하시느라고 새벽에도 못 나오신다냐?" 그 말이 틀린 말은 아닙니다. 그러나 그 말의 속에는 독사의 이빨이 들어 있습니다. 도대체 자비라고는 조금도 찾아볼 수 없습니다. 같은 말을 해도 시어머니처럼 합니다.

그래서 하루라도 안 빠지려고 저 나름대로 몸부림칩니다. 같은 말을 하더라도 사랑으로 하시기 바랍니다. 아무리 옳은 말을 하더라도 사랑이 없으면 아무 소용이 없습니다. 힘을 발하지 못합니다.

옛날에는 우리 집사람이 옆에서 끙끙 앓으면 애들 방에 가서 자라고 했습니다. 새벽 예배 나가려면 나는 빨리 자야 하니까 말입니다. 그런데 요즘에는 아내가 끙끙 앓으면 "그냥 여기서 자! 새벽 예배 빠지면 되지 뭐." 지금은 이럴 정도로 여유가 좀 생겼습니다.

우리는 삶 속에서 주님의 심정을 느낄 수 있어야 합니다. 왜 어머니가 좋습니까? 잘나고 똑똑하고 날씬해서입니까? 아닙니다. 그것은 어머니의 바보 같은 사랑 때문입니다. 내가 잘못해서 나갔는데, 내가 잘못해서 죄를 지었는데도 우리 주님은 자신이 나를 잃어버렸다고 말씀하십니다. 이것이 바로 주님의 사랑입니다.

"내가 잃어버렸다"라고 말씀하시는 주님의 마음이 우리에게 느껴지기를 바랍니다.

찾도록 찾아다니시는 주님

두 번째, 양은 찾도록 찾아다녀야 합니다. 하나님은 잃어버린 자를 반드시 찾으십니다. 4절을 보십시오.

> 너희 중에 어느 사람이 양 일백 마리가 있는데 그중에 하나를 잃으면 아흔아홉 마리를 들에 두고 그 잃은 것을 찾도록 찾아다니지 아니하느냐 (눅 15:4)

이렇게 잃은 것을 찾도록 찾는다는 것입니다.

"찾도록 찾아다니지 아니하느냐?"

여기에 보면 '찾'이라는 글자가 두 번 나옵니다. "go after the lost sheep until he finds it?"

'찾을 때까지' 찾는 것입니다. 이 말의 의미는 무엇입니까? 바로 '내가 못 찾으면 안 돌아가겠다' 라는 뜻입니다. 찾을 데까지 찾겠다는 결단입니다. 이렇게 양은 찾아야 찾아집니다. 전도는 이렇게 해야 하는 것입니다. 그런데 우리는 어떻게 찾습니까?

"가서 좀 찾아봐라."

"없어요."

대충 찾다가 없으면 찾는 일을 그만둡니다. 어머니와 형의 다른 점이 바로 이것입니다. 형은 대충 찾다 말지만, 엄마는 가면 어디서라도 다 찾아옵니다.

이처럼 주님은 찾도록 찾으십니다. 우리에게 더욱 안타까운 것은 무엇입니까? 못 찾는 것에 대한 미련도, 안타까운 심정도 없다는 것입니다. 제가 목회를 하면서 이 심정이 매우 중요하다는 것을 알았습니다. 바로 주님의 심정이 있어야 주님의 사역이 제대로 이루어집니다.

드라크마 비유에서도 보십시오.

어느 여자가 열 드라크마가 있는데 하나를 잃으면 등불을 켜고 집을 쓸며 찾도록 부지런히 찾지 아니하겠느냐 (눅 15:8)

찾도록 부지런히 찾는다는 것입니다. 여기에는 '부지런히' 를 더 첨가시켰습니다. 그냥 찾도록 찾아서 안 되면 또 어떻게 찾아야 합니까? '부지런히' 찾아야 합니다. 우리는 이것을 깨달아야 합니다.

'그래, 그렇게 찾아야 내가 찾아진 존재라면 주님이 바로 나를 그렇게 찾으셨던 것이구나.'

주님께서 나를 찾도록 찾으신 것입니다. 이렇게 하나님은 반드시 찾으십니다. 찾으면 즐거워하시고 잔치를 베푸십니다.

우리 교회에 새로운 사람들이 많이 들어왔습니다. 교회 등록하는 그 순간 하늘나라에서는 회식이 벌어진다는 것입니다. 우리 한 사람 한 사람이 회개하고 돌아올 때마다 하나님은 회식을 열어 주십니다.

전도가 단순한 것 같지만, 그렇지 않습니다. 지옥 가려는 사람이 구원받는 것입니다. 하늘에서는 잔치가 열리는 것입니다. 그렇습니다. 주님과 더불어 기뻐하는 것입니다. 그것이 바로 구원입니다.

또 있습니다. 그것은 찾고 전도해서만 되는 문제가 아닙니다. 나 스스로 회개하고 하나님께로 돌아와야 합니다. 돌아만 오면 하나님은 아무런 잘못도 추궁하지 않으십니다. 왜냐하면 다 아시기 때문이요, 사랑이시기 때문입니다. 잘 보십시오.

하나님이 양을 찾게 되니 뭐라고 하십니까?

탕자가 회개하고 돌아오자 어떻게 하십니까?

드라크마도 마찬가지입니다.

회개하고 돌아왔을 때 뭐라고 안 하십니다. 하나님도 아무 말씀 안 하시는데 왜 사람들이 더 뭐라고 합니까?

오히려 어떻게 하십니까? 잔치를 열어 주십니다. 잔치도 어떻게 하는가 보십시오. 아주 성대합니다.

아버지는 종들에게 이르되 제일 좋은 옷을 내어다가 입히고 손에 가락지를 끼우고 발에 신을 신기라 그리고 살진 송아지를 끌어다가 잡으라 우리가 먹고 즐기자 (눅 15:22)

우리가 주님 앞에 돌아오는 날 그렇게 하늘나라에서는 잔치가 열리는 날입니다. 감사하지 않습니까? 돌아오십시오. 돌아왔다면 이제는 찾으러 나갑시다.

두 손을 번쩍 치켜들고 큰소리로 이렇게 외쳐 봅시다.

"하나님! 내가 돌아왔습니다!"

"하나님, 내가 돌아왔습니다. 이제는 찾으러 나가겠습니다."

그렇다면 지금도 구원받지 못한 사람은 아직 찾도록 찾은 것이 아닙니다. 그냥 둘러보고 없다고 말아 버린 것입니다.

하나님은 사람을 어떻게 구원하며 어떻게 찾으실까요?

> 하나님의 지혜에 있어서는 이 세상이 자기 지혜로 하나님을 알지 못하는 고로 하나님께서 전도의 미련한 것으로 믿는 자들을 구원하시기를 기뻐하셨도다 (고전 1:21)

"하나님께서는 전도의 미련한 것으로 믿는 자들을 구원하십니다.

> 이르시되 우리가 다른 가까운 마을들로 가자 거기서도 전도하리니 내가 이를 위하여 왔노라 하시고 (막 1:38)

예수님은 전도하시기 위해 이 땅에 오셨다는 것입니다. 그렇습니다. 예수님이 바로 잃어버린 양을 찾으러 오신 것입니다. 그런데 그 잃은 양 찾는 사역을 이제는 우리에게 위임하셨습니다. 이제는 우리가 찾아야 찾을 수 있습니다. 지금 안 찾으면 찾지 못합니다.

우리는 주님이 보실 때 그렇게 찾아야 하는 중요한 존재들이었습니다. 이 사실을 깨닫고 주님이 위임하신 잃어버린 양을 찾아 나서야 합니다. 찾도록 찾읍시다. 그것이 바로 전도입니다.

양은 주님의 기쁨

세 번째, 양은 큰 기쁨을 줍니다.

또 찾은즉 즐거워 어깨에 메고 (눅 15:5)

만일 형에게 동생을 찾아오라면 어떻게 합니까?

"빨리 안 나와, 이 자식?! 빨리 나와. 내가 너 찾느라고 얼마나 고생한 줄 아냐?!" 우리는 꼭 이런 식으로 혼냅니다. 그런데 주님은 찾으면 그 양을 즐거워서 어깨에 메십니다. 그러니까 우리를 찾으셨을 때에도 주님은 우리를 어깨에 메셨을 것입니다.

우리에게도 그런 즐거움을 주는 존재가 있습니다. 바로 자식입니다. 부모의 기쁨이 자식이듯, 하나님의 기쁨은 우리입니다. 자식이 부모의 기쁨이듯, 우리가 하나님의 기쁨입니다. 우리는 주님이 우리 기쁨이요, 소망입니다. 그러나 주님은 우리가 주님의 기쁨이요, 소망입니다. 그래서 찬송가 95장에서도 이렇게 찬양합니다.

나의 기쁨 나의 소망되시며
나의 생명이 되신 주
밤낮 불러서 찬송을 드려도 늘 아쉬운 마음뿐일세

우리가 밤낮 불러서 찬송을 드려도 아쉬운 마음뿐입니다. 우리는 주님의 기쁨입니다. 서로의 기쁨은 사랑의 관계로서만이 가능합니다. 우리가 기쁨이 될 만큼 주님은 우리를 사랑하십니다. 그러면 문제는 주님의 기쁨이 될 만큼 우리가 주님을 사랑하는가 하는 것입니다. 나는 주님의 기쁨인데, 주님이 내 기쁨인가 말입니다. 성경 전체의 흐름에서 아주 중요한 사상과 맥이 있다면, 그것은 바로 사랑과 기쁨입니다. 양은 기쁨입니다. 우리는 주님의 기쁨입니다. 왜 그렇습니까? 주님이 우리를 사랑하기 때문입니다.

제가 음식 먹을 때마다 어떤 한 가지의 음식을 맛있게 먹으면, 그것을 자꾸 내 앞으로 끌어다 주는 분이 있었습니다. 그분이 바로 어머니였습니다. 나는 의식도 없이 계속 주는 대로 먹기만 했습니다. 먹다 보면 앞에 와 있고, 또 어떤 반찬을 먹다 보면 제 앞에 자꾸 와 있습니다. 그것이 바로 사랑이더라는 것입니다. 내 앞에 음식을 한없이 갖다 놓고 자신이 먹는 것보다 내가 먹는 것을 기뻐하는 분! 그분이 바로 어머니입니다. 그리고 또 한 분이 계신다면 주님이십니다.

우리가 주님의 기쁨이라는 이 사실을 꼭 잊지 마시기 바랍니다.

잔치의 조건

네 번째, 잃은 양을 찾는 것은 잔치의 조건이 됩니다. 6절을 보십시오.

집에 와서 그 벗과 이웃을 불러 모으고 말하되 나와 함께 즐기자 나의 잃은 양을 찾았노라 하리라 (눅 15:6)

벗과 이웃을 불러 모으고 함께 즐기며 잔치합니다. 양 한 마리 해 봐야 그까짓 것 얼마입니까? 한 20만 원 합니까? 100마리 중에 그까짓 한 마리 신경이나 쓸 일입니까? 그런데 그 하나를 찾았다고 벗과 이웃을 불러 모아 잔치한다면 양 값보다 잔치 비용이 더 들 것입니다. 양은 20만 원인데 한 턱 쏜 것이 더 듭니다. 우리가 여기서 깨달아야 하는 점이 무엇입니까? 바로 주님은 돈으로 계산하지 않는다는 것입니다. 사랑의 본질은 돈으로 계산할 수 없습니다.

그렇습니다. 이 세상은 온통 돈독이 올라 모든 것을 돈으로 보고, 돈으로 판단합니다. 그러나 세상을 자세히 들여다보면 돈 가지고도 살 수 없는 것이 많습니다. 돈 가지고도 할 수 없는 중요한 것들이 너무나 많습니다. 행복이 돈으로 됩니까? 안 됩니다.

어느 사람을 지칭하는 것은 별로 좋지 않지만, '돈' 하면 삼성 그룹이 많지 않습니까? 그리고 이건희 회장도 돈이 많습니다. 그런데 나는 그분의 얼굴을 볼 때마다 너무 안타깝습니다. 얼굴이 저만큼 못한 것 같습니다. 저는 돈은 없어도 웃고 있지 않습니까? 기쁨이 있지 않습니까? 사람들은 저만 보면 웃습니다. 안 웃겨도 웃습니다. 하도 웃겨 놓아서 그런지, 그냥 저만 보면 웃음이 나온다고 합니다.

그런데 그분 얼굴을 보십시오. 모르겠습니다. 그럴 때만 텔레비전에 내보내서 그런지 웃음이 없습니다. 기쁨이 없습니다. 저번에도 오랜만에 고국에 돌아오는 장면이 방영되었습니다. 이번에는 아예 걷지도 않고 휠체어를 탄 채 말했습니다. "세계 경쟁이 하도 심해서 1등만 해야 되는 줄로만 알고 1등을 하다 보니 이런 잘못이 생겼습니다. 다 제 잘못입니다."

'아, 웃음은 돈으로 살 수 없구나! 행복은 돈으로 살 수 없구나!' 그것을 보고 깨달은 것입니다.

자식이 돈으로 됩니까? 내 영혼이 돈으로 됩니까? 사랑이 돈으로 됩니까? 언뜻 우리는 돈이 있으면 다 되는 것 같지만, 그건 착각입니다. 이 세상에는 돈으로 할 수 없는 것들이 너무나 많습니다.

적어도 하나님은 우리에게 돈으로, 현상으로 접근해 오신 것이 아닙니다. 사랑과 본질로 접근해 오셨습니다. 그렇다면 우리도 하나님께 현상으로 나아가면 안 됩니다. 본질과 사랑으로 나아가야 합니다. 오늘날 많은 사람들이 전도하면 이렇게 말합니다.

"교회 나오세요."

"교회 못 가요."

"왜요?"

"돈 없어서 못 가요."

"돈과 교회가 무슨 상관입니까?"

"교회 나가려면 돈 있어야 되잖아요? 목사님도 헌금해야 좋아하지, 헌금 안 해도 좋아합니까?"

그렇다면 그것은 기독교의 타락입니다. 그것은 미신입니다. 우리가 하나님 앞에 예물을 드리는 것은 주님께 대한 사랑이 감사하여 있는 것 중에서 감사함을 표현하는 것입니다. 꼭 물질을 드려야 하나님이 좋아하는 것은 아닙니다.

마가복음 5장 1절을 보십시오. 거라사 인의 지방에 귀신 들린 한 영혼을 구원하시기 위해 돼지 2,000마리를 다 몰살시키는 주님이십니다. 돼지 한 마리가 얼마입니까? 20만 원만 친다 해도 2,000마리면 4억입니다. 미친 사람 한 영혼 구원하겠다고 4억을 물속에 버리시는 주님이십니다. 바로 그런 사랑이 있었기에 오늘 우리도 구원받은 것입니다. 바로 그것입니다.

사람은 평가하고 판단할 때 현상으로 합니다. 그러나 우리 주님은 그렇지 않습니다. 만약에 주님이 그 현상을 보고 우리를 구원하셨다면, 이 세상에서 구원받을 사람이 몇이나 되겠습니까? 장관, 국회의원, 부자들만 구원하시지, 뭐 하러 우리 같은 촌놈을 구원하시겠습니까?

지난 금요일에 우리 집사람 동창들이 다 모였습니다. 열댓 명 모였는데, 보면서 너무 신기한 것을 발견했습니다. 예수 잘 믿을수록 예쁘더라는 사실입니다. 정말 신앙생활을 잘할수록 멋있게 늙어 갑니다. 그래서 믿음으로 산다는 것, 그것이 참 중요합니다.

저의 생활신조에 이런 것이 하나 있습니다. '나는 변하면 죽는다' 라는 것입니다. 제가 잘 쓰는 말 중 '패러다임 쉬프트' 라는 말은 시대의 흐름 속에 빨리 변해 가야 한다는 뜻입니다. 이렇게 변하는 것과 제가 변하면 죽는다는 말에는 차이가 있습니다. 우리가 올챙이 적 시절을 잊어버리면 안 된다는 것입니다.

좀 어려웠다가 벌게 되면 금방 삶의 중심을 흐트러뜨리고 교만해지는 사람들이 얼마나 많습니까? 그러면 금방 망합니다. 제가 이야기하는 것은 바로 그 이야기입니다. 초심을 잃지 말자는 것입니다. 교회가 조금 부흥했다고 해서 개척 교회할 때의 심정을 잃어버린다면, 그 교회는 쇠퇴하기 시작합니다. 우리 삶에도 변질이 오면 안 됩니다. 특히 하나님의 사랑과 하나님의 은혜를 쉽게 잊으면 안 됩니다.

부모님의 사랑을 통해서 주님의 사랑을 깨달으시기 바랍니다. 본문을 통해서 주님의 심정을 깨달으시기 바랍니다. 주님이 우리를 향한 가치를 깨달으시기 바랍니다. 이제 우리가 그 은혜를 갚을 수 있는 길은 주님을 사랑하는 것입니다. 아직 못 찾은 양들을 찾아 주님께 드리는 것입니다. 주님과 더불어 기뻐할 일이 바로 우리가 해야 할 일입니다. 이것이 신앙생활입니다. 그것이 바로 전도하는 생활입니다.

주님과 같이 찾아서 주님과 같이 기뻐할 수 있는 그런 아름다운 열매들이 있기를 바랍니다.

　조용히 주님의 마음을 느껴 보십시오. 우리는 주님의 기쁨입니다. 주님은 우리에게 요구하십니다. 내가 주님의 기쁨인 것처럼, 주님도 또한 나의 기쁨이 되기를 원하십니다. 내가 주님의 기쁨이 되는 것은 주님이 나를 사랑하기 때문입니다. 주님이 우리의 기쁨이 되려면, 우리가 주님을 사랑해야 합니다.

　'주님, 내가 주님을 사랑합니다. 주님은 나의 기쁨입니다. 내가 주님의 기쁨이듯, 주님 또한 나의 기쁨입니다. 주님, 내가 주님을 사랑합니다.'

　이렇게 고백하는 나에게 주님은 말씀하십니다.

　'네가 나를 사랑한다면 잃어버린 내 양을 찾으라.'

　바로 이것이 전도입니다.

　'잃어버린 양을 찾도록 찾으라.'

　이것이 바로 우리 주님의 사랑에 대한 표현이며, 보답입니다. 그 사랑 속에서 느끼며, 표현하며, 기쁨으로 살아갈 수 있기를 바랍니다.

8. 세 비유

모든 세리와 죄인들이 말씀을 들으러 가까이 나아오니 바리새인과 서기관들이 원망하여 가로되 이 사람이 죄인을 영접하고 음식을 같이 먹는다 하더라 예수께서 저희에게 이 비유로 이르시되 너희 중에 어느 사람이 양 일백 마리가 있는데 그 중에 하나를 잃으면 아흔 아홉 마리를 들에 두고 그 잃은 것을 찾도록 찾아다니지 아니하느냐 또 찾은즉 즐거워 어깨에 메고 집에 와서 그 벗과 이웃을 불러 모으고 말하되 나와 함께 즐기자 나의 잃은 양을 찾았노라 하리라 내가 너희에게 이르노니 이와 같이 죄인 하나가 회개하면 하늘에서는 회개할 것 없는 의인 아흔 아홉을 인하여 기뻐하는 것보다 더하리라

눅 15:1~7

08
세 비유 _{눅 15:1~7}

누가복음 15장에는 잃은 양의 비유, 잃은 드라크마의 비유, 잃은 아들의 비유, 이렇게 세 가지 비유가 이어져 나오고 있습니다. 여기에는 아주 중요한 공통점이 있습니다. 잘 보십시오. 아흔아홉 마리의 잃어버리지 않은 양이 있는가 하면, 한 마리의 잃은 양이 있습니다. 아홉 개의 잃어버리지 않은 드라크마가 있다면, 하나의 잃어버린 드라크마가 있습니다. 집에 있는 아들이 있는가 하면, 집을 나간 아들도 있습니다. 잃은 것이 있다면, 잃지 않은 것도 있다는 말입니다. 이렇게 항상 양면적입니다.

주인의 마음

그런데 이 두 양면 속에서 주인의 마음은 어떻습니까? 아버지의 마음은 잃지 않은 것보다 오히려 잃어버린 것들에게 더 많은 관심과 투자와 사랑을 가지고 있음을 알 수 있습니다. 우리는 이 사실을 알아야 합니다.

우리가 생각할 때는 하나님께서 잃어버린 것은 신경 안 쓰고, 있는 것을 더 신경 쓸 것만 같습니다. 그러나 하나님은 잃어버린 것을 더 신경 쓰고 계십니다. 그 잃어버린 것이 누구입니까? 바로 우리입니다. 본문 15장 1절을 보면 바리새인과 서기관들이 원망합니다. 이와 비슷한 내용이 마태복음 9장 10절에서 12절에도 나옵니다.

> 예수께서 마태의 집에서 앉아 음식을 잡수실 때에 많은 세리와 죄인들이 와서 예수와 그 제자들과 함께 앉았더니 바리새인들이 보고 그 제자들에게 이르되 어찌하여 너희 선생은 세리와 죄인들과 함께 잡수시느냐 예수께서 들으시고 이르시되 건강한 자에게는 의원이 쓸데 없고 병든 자에게라야 쓸 데 있느니라 (마 9:10~12)

우리 생각도 바리새인과 서기관들과 마찬가지입니다. 하나님은 의인만 사랑하시고, 죄인은 미워하실 것이라고 생각합니다. 의인만 구원하시고, 죄인은 멸망하실 거라고 생각한다는 것입니다. 그러나 하나님은 의인도 사랑하시지만, 죄인도 사랑하십니다.

만약에 의인만 사랑한다면, 이 땅에서 하나님의 사랑을 받을 사람이 없습니다. 로마서 3장 10절에서 의인은 없나니 하나도 없다고 했습니다. 그렇게 말하는 바리새인과 서기관들이나 우리나 다 죄인이라는 사실을 알아야 합니다. 죄인을 사랑하는 하나님의 사랑이 있기 때문에 우리도 사랑받을 수 있는 것입니다.

그런데 우리는 이런 실수를 참 잘합니다. 뭐 묻은 개가 뭐 묻는 개를 나무란다고, 자기 자신은 죄인이 아닌 줄 압니다. 지금 여기 있는 바리새인들이 실수하는 것이 바로 그 점입니다. 그러나 하나님은 죄인을 다 사랑하시기에 구원하러 오셨습니다.

바로 죄인 된 우리가 잃어버린 양 같은 존재요, 잃어버린 드라크마 같은 존재요, 잃어버린 아들 같은 존재입니다. 이러한 존재인데도 불구하고 사랑하시는 하나님의 사랑이 있기에, 우리는 하나님이 보실 때 두고 보기에도 아까운 존재가 됩니다.

누가복음 15장의 세 비유에는 세 가지 공통점이 있습니다.

첫 번째, 셋 다 잃어버렸다가 찾았다는 것입니다. 우리는 말 한마디를 보더라도 그냥 단순하게 표면만 봅니다. 그러나 이면도 보아야 합니다. 잃어버렸다가 찾았다는 말은 하나님이 어떻게 하셨다는 것입니까? 잃어버렸다는 것입니다. 하나님은 나를 잃었다가 찾은 존재로 보고 계십니다. 그렇다면 하나님이 나를 언제 잃어버리셨습니까? 성경 속에는 이런 말씀이 자주 나옵니다.

> 예수께서 이 열둘을 내어 보내시며 명하여 가라사대 이방인의 길로도 가지 말고 사마리아인의 고을에도 들어가지 말고 차라리 이스라엘 집의 잃어버린 양에게로 가라 (마 10:5, 6)

예수님께서 제자 열둘을 보내시며 이스라엘 집의 잃어버린 양에게로 가라고 명령하십니다. 그러니까 잃어버린 자를 찾아오라는 말씀입니다. 누가복음 19장 10절에도 역시 이런 말씀이 있습니다.

> 인자의 온 것은 잃어버린 자를 찾아 구원하려 함이니라 (눅 19:10)

예수님께서 이 땅에 오신 목적은 잃어버린 자를 찾아 구원하시기 위해서라는 것입니다. 하나님께서 아무나 구원하시는 줄 알았더니, 잃어버린 자를 찾아서 구원하십니다. 그러므로 나는 알지 못했지만, 하나님은 나를 잃어버린 자로 보고 계셨던 것입니다.

두 번째, 잃어버린 양과 드라크마 비유는 비인격체의 비유입니다. 그래서 주인이 찾아야만 합니다. 반면에 탕자의 비유는 인격체 비유입니다. 주인이 찾아야 하는 것이 아니라, 자기 스스로 회개하고 돌아와야 합니다.

구원의 두 가지 원리

여기에는 아주 중요한 두 가지 구원의 원리가 있습니다. 구원의 양면성입니다. 가만히 있으면 하나님이 찾아서 구원하시는 구원이 있는가 하면, 자기 스스로 회개하고 돌아와야 하는 구원이 있습니다. 이것이 구원의 두 가지 방법입니다. 세계도 마찬가지이지만, 한국 신학에는 양대 산맥을 이루는 것이 있습니다. 바로 칼빈적 장로교 신학과, 아르미니안 이나 웨슬레적 감리교나 성결교 신학입니다.

장로교의 칼빈 신학은 이것입니다. 인간은 전적으로 타락했고, 하나님의 무조건적 선택에 의해 구원받는다는 주장입니다. 바로 잃은 양과 드라크마의 비유가 여기에 해당됩니다. 잃은 양이나 잃어버린 드라크마가 구원받기 위해서 할 것이 아무것도 없다는 것입니다. 그냥 가만히만 있으면 주인이 찾아서 구원하십니다. 구원해 달라고 요청할 필요도 없습니다. 이것이 장로교적 구원의 관점입니다. 하나님의 무조건적인 선택입니다. 하나님의 절대 예정입니다.

그러니까 하나님이 '너는 내 거다' 하고 예정하시면 구원받고, 예정이 안 되면 구원을 못 받는다는 것입니다. 어찌 보면 맞는 것도 같고, 어째 좀 이상합니다.

그런데 또 하나의 주장이 있습니다. 웨슬레, 아르미니안의 감리교적 교리입니다.

"무슨 소리냐? 누구나 예수 믿으면 구원이고, 안 믿으면 지옥이다." 이것이 바로 탕자 비유 이야기에서 나온 신학적 사고입니다.

구원의 주권을 하나님께 둔 것이 장로교적 관점이고, 구원의 주권을 사람에게 둔 것이 감리교적 사고입니다. 문제는 무엇입니까? 이 두 비유가 서로 대칭이 되면서 옳고 그르고의 문제가 아니라는 것입니다. 서로 보완과 조화를 이룹니다. 잃어버린 양은 구원받기 위해서 자기가 스스로 찾아올 수 있는 능력이 없습니다. 그냥 있던 그곳에 가만히 있으면 목자가 찾고 나서서 구원해 줍니다.

동전의 경우도 마찬가지입니다.

"나 구원해 주세요. 찾아 주세요" 할 것 없습니다. 가만히 있으면 주인이 쓸고, 찾아서 끝까지 찾아냅니다. 이처럼 구원의 주권이 주인에게 있듯 하나님께 있습니다. 이것이 장로교입니다.

그런데 탕자는 그것이 허용 안 됩니다. 가만히 있으면 안 됩니다. 주인이 어떻게 할 방법이 없습니다. 여기서는 주인이 오히려 가만히 있습니다. 그러니까 살고 싶으면 어떻게 해야 합니까? 결국 자기 스스로 회개하고 돌아와야만 합니다. 이것이 바로 웨슬레나 아르미니안의 신학적 견해입니다. 인간의 자유 의지에 주권을 두었습니다.

성경에도 이 두 가지 사상을 뒷받침해 주는 구절들이 있습니다. 에베소서 1장 4절을 보십시오.

> 곧 창세전에 그리스도 안에서 우리를 택하사 우리로 사랑 안에서 그
> 앞에 거룩하고 흠이 없게 하시려고 (엡 1:4)

이미 창세전에 그리스도 안에서 우리를 택하셨다는 것입니다. 그러니 우리가 구원받는 것은 하나님의 선택입니다. 하나님께서 이미 택하셨습니다. 마태복음 22장 14절도 보십시오.

> 청함을 받은 자는 많되 택함을 입은 자는 적으니라 (마 22:14)

이렇게 택함을 입은 자가 있습니다. 그러므로 오늘 우리가 구원받은 것은 하나님의 예정과 택함 속에서 구원받았다는 주장입니다. 그런데 다른 구절들도 있습니다. 바로 요한복음 3장 16절입니다.

> 하나님이 세상을 이처럼 사랑하사 독생자를 주셨으니 이는 저를 믿
> 는 자마다 멸망치 않고 영생을 얻게 하려 하심이니라 (요 3:16)

하나님께서 세상을 이처럼 사랑하셔서 독생자를 주셨습니다. 그러므로 예수 그리스도를 믿는 자마다 멸망치 않고 영생을 얻습니다. 하나님께서 택해서 구원받고, 안 택해서 구원 못 받는다면 어떻게 되겠습니까? 택한 자는 좋겠지만, 택함 받지 못한 자는 참으로 억울하지 않겠습니까? 그러니 이 말도 옳습니다.

> 주 예수를 믿으라 그리하면 너와 네 집이 구원을 얻으리라 하고
> (행 16:31)

주 예수를 믿으면 나와 내 집이 구원을 얻습니다. 예수 믿으면 구원이요, 안 믿으면 지옥입니다. 이렇게 자기가 믿고 구원받으면 구원받는 것이고 안 믿으면 멸망받는 것이지, 무슨 택하고 안 택하고가 있겠는가 하면서 이 두 주장이 팽팽하게 맞서고 있습니다. 그러나 이 두 사상은 서로의 대립이 아니라, 보완입니다. 그 증거가 제 8장 본문의 세 비유에서 나오고 있습니다.

그래서 잃은 양과 드라크마 비유는 칼빈이 좋아할 것 같고, 회개하고 돌아온 탕자의 비유는 웨슬레가 좋아할 것 같습니다. 이렇게 인간이 회개해야 구원받는다는 관점이 웨슬레 감리교입니다. 인간에게 주권이 있습니다. 그러나 하나님의 주권에 강조점을 둔 것은 칼빈의 장로교입니다. 이렇게 칼빈이 선택한 비유는 두 개가 있고, 웨슬레가 선택한 비유는 하나가 있습니다.

저는 이렇게 말하고 싶습니다. 구원은 하나님이 찾기도 해야 하지만, 자기 스스로 회개하고 돌아와야 한다는 것입니다. 이 두 가지가 다 옳습니다. 그렇게 보는 것이 침례교입니다. 제가 이렇게 이야기하면 다른 교파 분들이 말도 안 된다고 피식 웃을 것입니다.

아무튼 구원의 두 가지 방법은 첫째, 하나님이 선택해야 한다는 것이고, 또 다른 방법은 자기가 회개하고 돌아와야 한다는 것입니다. 그런데 더 깊이 들어가 보면 이 두 의견이 전혀 다른 것 같으면서도 사실 같은 의견입니다. 왜냐하면 내가 회개하고 예수 믿는 것도 알고 보면 내 마음대로 되는 일이 아니기 때문입니다. 그것도 전적인 하나님의 은혜입니다.

우리의 몫-회개

세 번째, 세 비유를 통해 깨달아야 할 것은 찾는 구원은 하나님께서 하실 일이니 완벽하십니다. 그러나 회개해야 할 구원은 우리가 할 몫이니 반드시 회개하고 돌아와야만 합니다. 하나님께 주권이 있는 구원은 하나님께서 하실 일입니다. 그래서 완벽하게 구원이 이루어집니다. 그러나 우리 또한 회개를 잘해야 합니다.

한번은 이런 일이 있었습니다. 우리 교회 청년이 아주 몹쓸 병에 걸리게 되었습니다. 의학에서는 포기를 했습니다. 의학에서 포기했다면 다 끝난 일 아닙니까? 그러니 어떻게 하겠습니까? 하나님께 전적으로 매달리는 수밖에요! 그래서 열심히 기도하고 매달리는데, 어느 날 그 청년이 저를 찾아와서는 이런 말을 합니다.

"목사님, 긴히 상담드릴 말이 있습니다. 마태복음 8장에 보면 백부장의 하인이 중풍병에 걸려 있지 않습니까? 그 중풍병 걸린 하인은 믿음이 전혀 없지 않습니까? 그냥 집에서 누워만 있었지요? 그런데 백부장의 믿음이 좋아서 그 하인이 나은 것 아닙니까? 그러니 목사님, 저는 믿음이 없다 치더라도 목사님 믿음으로 저를 고쳐 주세요."

그 질문이 정말 날카롭지 않습니까? 맞는 말 아닙니까? 백부장의 하인이 언제 믿음이 있었습니까? 백부장의 하인은 믿음이 없었습니다. 중풍병도 얼마나 그 증세가 심했으면, 그는 그냥 집에 누워만 있었습니다. 그런데 백부장이 믿음이 좋았습니다.

> 예수께서 백부장에게 이르시되 가라 네 믿은 대로 될지어다 하시니
> 그 시로 하인이 나으니라 (마 8:13)

이처럼, 자기는 믿음이 없으니까 목사님 믿음으로 자기를 고쳐 보라는 것입니다. 제가 뭐라고 대답하겠습니까? 그 청년의 질문이 아주 기가 막힌 지혜로운 질문입니다. 그런데 뭔가 이상합니다. 질문 자체는 놀랍고 날카로운데, 뭔가 이상하다는 생각이 드는 순간 이 말씀을 생각나게 하셨습니다.

너희 중에 누구든지 지혜가 부족하거든 모든 사람에게 후히 주시고
꾸짖지 아니하시는 하나님께 구하라 그리하면 주시리라 (약 1:5)

그래서 구했습니다.

"아버지, 질문이 날카롭네요. 지혜를 주시옵소서."

아니나 다를까 주님께서 그 순간 지혜를 주셔서 이렇게 답변했습니다.

"자네 참, 성경 깊이 봤네. 신학생들도 성경을 그렇게까지는 잘 못 보네 그런데 자네가 한 가지 알아야 할 것이 있네. 백부장의 종은 종이지? 종이 돈 벌면 누구 돈인가? 주인 돈이지? 종은 자기 맘대로 사는가, 제 맘대로 사는가? 주인 맘대로 살지? 종은 주인에게 100% 귀속돼 있네. 그런데 자네가 돈을 벌면 네 돈인가 내 돈인가? 네 돈이지? 자네는 내가 하라는 대로 하는가 네 맘대로 하는가? 네 맘대로 하지? 백부장과 종의 관계는 자네와 나와의 관계와 좀 다르지. 내가 믿음이 없고, 능력이 없어서 둘러대려는 게 아니네 나를 기대지 말고 자네는 자네 믿음으로 해결해야 해. 내가 자네를 위해서 안수도 해 주고, 기도는 해 줄 수 있네. 그러나 내 믿음으로 될 사안이 아니라, 이건 자네 믿음으로 해결을 해야 돼네."

어떤 분은 또 이런 사람이 있습니다. 제가 집회 때 안수하면, 본

인은 안수 받을 의사가 전혀 없어 보입니다. 그런데도 옆에서 막 밀어 넣습니다.

"빨리 가. 안수 좀 받아."

물론 그렇게도 하나님께서 역사하신다면 좋겠지만, 중요한 것은 무엇입니까? 성경을 잘 보십시오.

"나는 예수다. 나는 능력이 엄청 많다. 이리 와. 내가 다 고쳐 줄게"라고 예수님께서는 한 번도 말씀하시지 않았습니다.

소경이 외쳐 가로되 다윗의 자손 예수여 나를 불쌍히 여기소서 하거늘 앞서 가는 자들이 저를 꾸짖어 잠잠하라 하되 저가 더욱 심히 소리 질러 다윗의 자손이여 나를 불쌍히 여기소서 하는지라 예수께서 머물러 서서 명하여 데려오라 하셨더니 저가 가까이 오매 물어 가라사대 네게 무엇을 하여 주기를 원하느냐 가로되 주여 보기를 원하나이다 예수께서 저에게 이르시되 보아라 네 믿음이 너를 구원하였느니라 하시매 (눅 18:38~42)

소경이 외칩니다. "다윗의 자손 예수여 나를 불쌍히 여기소서!"

앞서 가는 자들이 저를 꾸짖습니다.

"시끄럽다. 잠잠해!"

그랬더니 더욱 심히 소리 지릅니다.

"다윗의 자손이여! 나를 불쌍히 여기소서!!"

이때 예수님께서 머물러 서셨습니다. 제자들에게 명하여 데려오라고 하십니다. 저가 예수님께 가까이 왔습니다. 예수님께서 물어보십니다.

"네게 무엇을 하여 주기를 원하느냐?"

"주여! 보기를 원하나이다!"

"보아라. 네 믿음이 너를 구원하였느니라."

이와 같이 결국 구원도 내 믿음이요, 치료도 내 믿음입니다. 해결도 내 믿음이요, 축복도 내 믿음입니다. 그렇습니다. 우리가 옆에서 중보 기도는 해 줄 수 있습니다.

그 청년이 생각하는 것처럼, 그런 식으로 한다면 무슨 걱정이겠습니까? 목사님 하나만 잘 세워 놓으면 다 낫지 않겠습니까? 물론 저도 그것을 100% 부정하는 것은 아닙니다. 그러나 일반적인 이야기를 말하고 있는 것입니다.

우리 모두 모든 것을 은혜롭게 여기고, 은혜롭게 듣기를 바랍니다.

우리의 몫—전도

만약에 주인이 그 잃어버린 드라크마를 못 찾았다면 어떻게 되었을까요? 그 아들이 회개하지 않고 방탕하다 그냥 죽었다면 어떻게 되었을까요? 지금 이 비유들의 흐름이 어떻습니까? 못 찾거나 회개하지 않으면 구원이 없다는 의미가 아닙니까?

그런데 한 단계 조금 더 깊이 보면 이렇습니다. 가만히 있는다고 하나님께서 다 찾아 구원해 주시는 것이 아니라는 것입니다. 그 찾으시는 것조차도 사람을 통해서 찾으신다는 사실을 알아야 합니다.

제가 신학교 다닐 때 장로교 칼빈의 교리에 대해 교수님께 반박한 내용이 하나 있습니다.

"교수님, 하나님이 택하셨으면 전도할 것도 없네요. 택한 백성들은 다 구원받는데 뭐 하러 전도합니까?"

하나님께서 택한 자만 구원받는다고 하니 제가 그렇게 질문한 것입니다.

그때 교수님께서 이렇게 답변해 주셨습니다.

"택한 자를 구원하시는 하나님이 네가 전도해서 택한 자를 찾게 끔 하신다 하는 말일세"

이것이 하나님의 방법입니다. 그 근거가 어디에 나옵니까? 고린 도 전서 1장 21절입니다. 이 말씀은 너무 중요합니다.

하나님의 지혜에 있어서는 이 세상이 자기 지혜로 하나님을 알지 못 하는 고로 하나님께서 전도의 미련한 것으로 믿는 자들을 구원하시 기를 기뻐하셨도다 (고전 1:21)

하나님께서는 전도의 미련한 것으로 믿는 자들을 구원하시기를 기뻐하신다는 것입니다.

하나님이 구원하시는 방법은 "네가 가서 잃어버린 자를 찾아라" 입니다.

내가 구원받았다면 두 가지는 적어도 분명한 사실이 발견됩니 다. 첫째, 누군가 나를 위해서 기도했다는 것입니다. 그리고 누군가 내게 복음을 전했다는 것입니다. 이 두 사실은 분명합니다. 그렇다면 이제는 우리가 누군가를 위해서 기도해야 하지 않겠습니까? 누군가 를 위해서 전도해야 한다는 것입니다.

정확한 성경적 근거를 찾아보겠습니다. 창세기 18장 19장, 20장 을 읽어 내려 가다 보면 롯의 이야기가 나옵니다. 롯이 소돔 고모라에 살면서 꼼짝없이 멸망당하게 되었습니다. 그때 아브라함의 기도가 롯을 살려 냅니다. 바로 이것입니다.

제가 지금까지 신앙생활을 하면서 깨달은 노하우가 있습니다. 누군가를 위하여 계속 기도해 놓으면, 하나님께서는 그 사람을 구원할 계획을 갖고 계십니다. 그 증거가 바로 저의 개인 기도 수첩입니다. 여기에 전도 대상자들의 이름을 적어 놓고 이름을 불러 가면서 수시로 기도합니다.

"하나님! 아무개 구원해 주세요. 아무개 구원해 주세요!"

계속 기도하면 언젠가는 교회에 나와 앉아 있는 것을 보게 됩니다. 그런데 놀라운 사실은 기도 수첩에 이름이 적혀 있다고 해서 다 기도가 되는 게 아니라는 것입니다. 누구는 이름을 적어 놓았는데도 기도가 잘 안 됩니다. 그것도 내 맘대로 되는 것이 아닙니다.

병든 자를 위해서 기도할 때도 그렇습니다. 계속 하다 보니 노하우가 생깁니다. 죽을병에 걸린 사람이 계속 울면서 회개를 합니다. 그러면 그 사람은 반드시 살아납니다. 눈물로 계속 울고 회개하는 사람은 하나님이 살리시려는 의도가 있다는 것을 깨달았습니다. 일반적인 이야기입니다. 그런데 이런 분이 있습니다.

"아이고, 목사님! 그것도 아닙니다. 저번에 그이 계속 울더니 죽었어요. 목사님 말이 틀렸어. 그이 계속 울더니 죽어 버리던데, 뭐."

제가 하는 이야기들은 보편타당성 있는 이야기를 하는 것이므로 특수한 경우는 그런가 보다 하고 여기시기 바랍니다. 사람이 안 죽고 계속 살면 어떻게 됩니까? 무조건 산다고 좋은 것은 아닙니다. 물론 장수는 축복입니다(엡 6:3). 그리고 건강하게 오래 산다면야 얼마나 좋겠습니까? 그러나 항상 양면성이 있습니다. 그러니 오해하지 마시고, 이해를 하시기 바랍니다. 요지는 장수가 복이지만, 설령 하나님의 부르심을 좀 빨리 입는다 해도 하나님의 뜻 가운데 그런 일도 있을 수 있다는 것입니다.

오늘도 하나님은 전도의 미련한 것으로 잃어버린 자를 찾아 구원하시는 일을 기뻐하십니다. 우리의 신앙생활이 아무리 어려워도 우리 뒤안길에는 영적인 영혼들이 주렁주렁 맺혀야 합니다.

육신적인 불임증은 있을 수도 있고 이해가 되지만, 영적인 자녀는 계속 낳아야 합니다. 1년이 지나도록 전도 하나 못하는 사람은 정말 구원을 받은 사람인지 의문해 보아야 합니다.

어떤 사람은 계속 전도 열매를 맺어 가는 사람이 있는가 하면, 어떤 사람은 교회 잘 다니는 사람을 계속 떨어뜨리고 다닙니다. 그 사람만 만나면 교회 다니다 그만둡니다. 그렇다면 그는 사단의 사자입니다. 웃을 일이 아닙니다. 돌아보십시오. 내 뒤에 나를 통해서 구원의 열매가 주렁주렁 맺혀 가고 있는가? 그렇다면 그는 구원받은 사람입니다. 그런데 이상하게 교회 다니던 사람도 나 만나고 두 달만 같이 놀다 보면 떨어져 나갑니다. 그렇다면 더 이야기할 것 없습니다. 그는 사단이 특수하게 사명을 주어서 보낸 사람인지도 모릅니다.

뒤로 더 넘어가서 고린도 전서 9장 16절을 보겠습니다.

내가 복음을 전할지라도 자랑할 것이 없음은 내가 부득불 할 일임이라 만일 복음을 전하지 아니하면 내게 화가 있을 것임이로라 (고전 9:16)

복음 전하는 일을 하지 않으면 화가 있다는 것입니다. 디모데 후서 4장 1절로 계속 뒤로 넘어가 봅시다.

하나님 앞과 산 자와 죽은 자를 심판하실 그리스도 예수 앞에서 그
의 나타나실 것과 그의 나라를 두고 엄히 명하노니 너는 말씀을 전
파하라 때를 얻든지 못 얻든지 항상 힘쓰라 (딤후 4:1)

때를 얻든지 못 얻든지 말씀을 전파하기를 항상 힘쓰라고 엄히
명하셨습니다.

지금은 전도하기가 얼마나 좋은 시대인지 모릅니다. 특히 우리
교인들은 전도하기가 참 좋습니다. 요즘 사람들이 제 이야기를 많이
한다고 합니다. 특별히 술 마시면서 더 많이 한답니다. 어제도 우리
집사람이 전라도 어디를 갔는데, 그 모임 중의 한 분이 교회를 안 다
니는 사람인데도 두 시간 내내 제 이야기를 하더라는 것입니다.

그래서 우리 교회 담임 목사님이라고 이야기하고는 교회에 꼭
나가라고 권했다고 합니다. 저도 그때 옆에 있었다면 모시고 나왔을
겁니다. 우리가 전도를 안 해서 그렇지, 나가서 다녀 보십시오. 전도
하기가 얼마나 좋은지 모릅니다.

잃어버린 한 마리 양을 찾아서 험산 준령 헤매시는 주님의 심정
을 안다면 우리는 전도하지 않을 수가 없습니다.

우선은 우리가 먼저 회개하고 돌아와야 합니다. 그리고 구원받
지 못한 사람들에게 복음을 전해서 그들도 구원받게 해야 합니다. 결
국 하나님은 우리를 통해서 역사하시기 때문입니다.

잘못된 자들의 감정

네 번째, 구원받은 자와 받지 못한 자, 찾지 못했을 때와 찾았을 때의 감정이 서로 다릅니다. 참 신기합니다. 본문의 등장인물이 예수님을 빼고 나면 모두 네 부류가 나옵니다. 모든 세리, 죄인들, 그리고 바리새인과 서기관들입니다. 이중에서 잘못된 사람들의 감정을 찾아보겠습니다. 누가복음 15장 2절을 보십시오.

바리새인과 서기관들이 원망하여 가로되 이 사람이 죄인을 영접하고 음식을 같이 먹는다 하더라 (눅 15:2)

잘못된 사람들의 마음속에 찾아오는 감정은 이렇게 원망이 있습니다. 그리고 15장 28절입니다.

저가 노하여 들어가기를 즐겨 아니하거늘 아버지가 나와서 권한대 (눅 15:28)

잘못된 사람의 마음속에 찾아오는 또 다른 감정은 노함입니다. 물론 사람이 살다 보면 원망도 하고, 화도 낼 수 있습니다. 그런데 여기서 말하는 원망은 좀 다릅니다. 그냥 삶 자체가 원망입니다. 삶이 노(怒)입니다. 잘 보십시오. 어떤 사람은 예수를 믿으면서도 항상 불만입니다.

"왜 이렇게 설교가 길어."

그래서 짧은 데로 옮겨 갔습니다. 그런데 또 불평합니다.

"무슨 이야기를 하다 말고 끝내?"

그래서 다시 교회를 큰 데로 옮겼습니다. 큰 교회에서는 서로 누군지 잘 모르지 않습니까?

"우리 교회는 사람이 너무 많아서 누가 누군지를 모른다니까."

그래서 조그만 데로 갔습니다.

"왜 이렇게 이 교회는 부흥이 안돼?" 하며 항상 불만입니다.

목사님이 살이 좀 찌면 "우리 목사님 생전 가야 금식도 안 하는가 봐. 살만 돼지같이 쪘어" 이럽니다.

그 소리 듣기 싫어서 목사님이 살을 쪽 뺐습니다.

"아니, 성미 주는 건 뭐 하고 저리 바싹 말랐어?"

검소하게 산다고 옷을 한 벌만 가지고 계속 입어 보십시오. 은혜 받은 사람은 "우리 목사님, 너무 검소하셔. 세상에 한 벌 가지고 1년을 입으셔. 정말 우리 목사님 검소하셔."

그런데 시험 든 사람은 이렇게 말합니다.

"아니, 우리보고 사 달라는 거야 뭐야 도대체 왜 철도 모르고 그 옷만 입고 다녀? 나 부담스러워, 진짜. 부담스러워."

그래서 그 소리 듣기 싫어서 철철이 바꿔 입습니다.

"우리 목사님 세련되게 옷 입으셨네. 진짜 세련되셨어" 이렇게 말하면 얼마나 듣기 좋습니까?

시험 든 사람 한다는 소리는 이렇습니다.

"흥! 완전 요새 옷 입는 것 봐라, 완전 제비더라, 제비!"

내가 기준입니다. 나도 얼마든지 잘못될 수 있다는 사실을 우리는 항상 생각해야 합니다. 나도 틀릴 수 있다는 사실을 왜 생각 못합니까? 나도 틀릴 수 있습니다. 내가 그를 수도 있습니다.

일본 집회를 처음 갔을 때입니다. 점심을 먹는데 의자가 갑자기 무슨 놀이기구 탄 것처럼 빙글빙글 돌지 않겠습니까? 그게 바로 지진 이었던 것입니다. 사람들이 모두 놀라면서 술렁댔습니다. 그러나 걱정할 것 없습니다. 저는 제가 있는 한은 괜찮다는 이런 착각 내지는 믿음 속에서 삽니다. 하나님께서 집회를 열어 주시고 왜 흔드시겠습니까? 괜찮습니다. 교회 나가라고 살짝 맛을 보여 주시는 것입니다. 제가 한국에 돌아오면 그때는 제가 장담을 못하겠지만, 염려할 것 없으니 그냥 계속 식사 잘하시라고 했습니다.

그때 강사가 둘이었습니다. 제가 하고 나면 또 한 분이 하셨습니다. 3일 동안 16번을 계속 설교했습니다. 그때 일본 사람들이 독하기는 독하다는 것을 느꼈습니다. 제가 부흥회를 그렇게 많이 해 보았어도 그런 부흥회는 평생 처음이었습니다.

그런데 그 목사님 간증이 너무 재미있었습니다. 자기 아버님은 부인이 두 명이었답니다. 자기 엄마와 다른 새 엄마. 이쪽에서도 형제를 많이 낳았고, 저쪽에서 형제를 많이 낳았습니다. 그런데 저쪽 엄마가 자기 엄마보다 좀 더 예쁘셨답니다. 그러니 어떻게 되었습니까? 아버지는 아예 저쪽에서 죽치고 살았답니다. 이쪽에는 자식을 다섯 낳았지만, 아버지가 잘 안 돌봐 주어서 어머니가 고생을 좀 많이 했답니다. 그런데도 이 엄마가 얼마나 착했는지요! 그저 철철이 산에서 약초 캐다가 꿀을 넣고 보약을 정성껏 만들어서 아버지를 대접했다는 것입니다. 그렇게 지극정성으로 해 줘 봐야 저쪽에다 힘을 다 쓰는 것을 말입니다. 그런데 그게 얼마나 맛있는지 좀 달라고 해도 아버지만 드리려고 안 주시곤 했답니다.

"약은 둘이 나눠 먹으면 효과가 떨어지는 법이다"하면서요.

아버지는 절대 보는 데서는 안 잡수시고 숨어서 잡수셨다는 것입니다.

그래서 이 목사님 생각에 '여자는 결혼하면 남자가 설령 잘못을 저질렀다 해도 그저 철철이 보약을 달여서 주는 거다.' 이것이 딱 입력되어 있었습니다.

그런데 사모님은 청주 분입니다. 이 사모님 쪽은 또 어떤 집인가? 여자는 방에 앉아 있고 남자가 약 달이는 집입니다.

"여보, 내가 할까?"

"무슨 소리요, 그냥 가만 누워 있어. 내가 다 할게."

그래서 이 사모님은 여자가 누워 있으면 남자가 부엌에 가서 약 달여 주는 것만 보고 자랐습니다.

자, 그 남녀가 서로 만나 결혼했습니다. 찬바람 실실 부니 둘이 방에 앉아서 서로 약 달여 오라고 기침만 합니다.

'아니, 이 여자가 뭐 하는 거야? 울 엄마 보니까 개소주 해서 먹이던데.'

여자는 '이 남자가 어떻게 된 남자야? 우리 아버지 보니 계속 부엌에서 약 달이던데.'

그래서 한판 붙었답니다. 바로 문화적 차이인 것입니다. 누가 옳고 그름의 문제가 아닙니다. 우리가 인생을 살면서 누구와 안 맞거들랑, 안 맞는 그 사람만 뭐라고 탓하지 마십시오. 내가 틀릴 수 있다는 사실도 생각해야 합니다.

은혜가 되게 들으시기 바랍니다. 구원받은 사람의 마음속에 찾아오는 감정과 구원받지 못한 사람에게 찾아오는 감정이 이렇게 다릅니다.

구원받은 사람의 감정

구원받은 사람의 감정은 누가복음 15장 6절, 7절에 나옵니다.

> 집에 와서 그 벗과 이웃을 불러 모으고 말하되 나와 함께 즐기자 나
> 의 잃은 양을 찾았노라 하리라 내가 너희에게 이르노니 이와 같이
> 죄인 하나가 회개하면 하늘에서는 회개할 것 없는 의인 아흔 아홉을
> 인하여 기뻐하는 것보다 더 하리라 (눅 15:6, 7)

이렇게 죄인 하나가 회개하면 하늘에서는 회개할 것 없는 의인
아흔 아홉을 인하여 기뻐하는 것보다 더 기뻐한다고 했습니다. 구원
받은 사람의 감정은 항상 즐겁고 기쁩니다.

그러나 구원받지 못한 사람의 감정은 다릅니다.

예수님의 12제자 가운데 가룟 유다는 유독 불평이 많은 사람이
었습니다.

> 마리아는 지극히 비싼 향유 곧 순전한 나드 한 근을 가져다가 예수
> 의 발에 붓고 자기 머리털로 그의 발을 씻으니 향유 냄새가 집에 가
> 득하더라 제자 중 하나로서 예수를 잡아 줄 가룟 유다가 말하되 이
> 향유를 어찌하여 삼백 데나리온에 팔아 가난한 자들에게 주지 아니
> 하였느냐 하니 (요 12:3~5)

마리아가 지극히 비싼 향유 곧 순전한 나드 한 근을 가져다가 예
수의 발에 붓고 자기 머리털로 그의 발을 씻었습니다. 가룟 유다가 향
유를 삼백 데나리온에 팔아 가난한 자들에게 주지 않는다고 뭐라고
합니다. 왜 아깝게 허비하냐는 것입니다.

그러니까 마귀가 "내 새끼가 왜 거기 있냐?" 하고 뽑아 버렸다는 것 아닙니까? 영적인 정보 하나 가르쳐 드립니다. 교회에서 계속 원망 섞인 소리를 하면 마귀가 "내 새끼가 왜 거기 앉아 있냐?" 하고 데려간다는 것입니다. 그런데 그쪽 마귀 동네에서도 계속 기뻐하면 "하나님의 자식이 왜 여기 와 앉아 있냐?" 하면서 당장 가라고 합니다. 꼭 맞는 것은 아니지만, 기쁨이 내가 구원받은 증거요, 원망이 구원받지 못한 증거인지도 모릅니다. 구원받은 사람의 감정은 즐거워하고 기뻐합니다. 옆 사람 얼굴을 한번 쳐다보십시오. 구원받은 사람 같습니까, 아니면 지옥 문 앞에서 왔다 갔다 하는 사람 같습니까? 웃음도 웃어 버릇해야 근육이 발달해서 잘 웃어집니다. 근육도 쓰던 근육이 잘 돌아가는 것입니다. 생전 가야 안 웃다 웃으려면 웃기가 좀 어렵습니다.

탕자가 집에 돌아와서도 옛날처럼 똑같이 허랑방탕하게 산다면 그것이 무슨 회개며, 그것이 무슨 구원이 되겠습니까?

누가복음 16장 19절 이하에 나오는 부자와 나사로 비유를 보아도 그렇습니다. 부자의 사상은 자기는 아브라함의 자손이요, 선민이라는 것입니다. 그런데 그의 삶을 보십시오.

'날마다 호화로이 연락하는데' 이것은 구원받은 사람의 삶이 아닙니다. 어떻게 구원받은 사람이 날마다 호화로이 연락하며 살 수 있습니까? 그렇다면 그는 구원받은 사람이 아닙니다. 구원받은 사람은 적어도 그렇게 살 수 없습니다. 왜 그렇습니까?

일락을 좋아하는 이는 살았으나 죽었느니라 (딤전 5:6)

일락을 좋아하는 이는 살았으나 죽었다고 했기 때문입니다.

또 누가복음 15장 32절도 보십시오.

이 네 동생은 죽었다가 살았으며 내가 잃었다가 얻었기로 우리가 즐
거워하고 기뻐하는 것이 마땅하다 하니라 (눅 15:32)

탕자가 언제 죽었습니까? 아닙니다. 그러나 허랑방탕한 그 삶을
성경은 죽었다고 보고 있습니다. 요한 계시록 3장 1절에서도 사데 교
회를 향하여 말씀하십니다.

네가 살았다 하는 이름은 가졌으나 죽은 자로다. (계 3:1)

살았다 하는 이름은 가졌으나 죽은 자라고 했습니다.
고린도 전서 15장 32절도 마찬가지입니다.

죽은 자가 다시 살지 못할 것이면 내일 죽을 터이니 먹고 마시자 하
리라 (고전 15:32)

죽은 자가 다시 살지 못할 것이면 내일 죽을 터이니 먹고 마시자
한다고 했습니다.

저는 믿지 않는 집안에서 태어나 아버지와의 갈등 속에서 계속
마찰을 일으켰던 부분이 많습니다. 우리 아버지는 내세가 없는 사람
이었기에 '먹고 마시자' 주의였습니다. 그렇지만 저는 내세가 있는
사람입니다. 그래서 아버지처럼 살 수는 없었습니다. 그것이 자라오
는 내내 저의 갈등이었습니다. 마시는 것이 무슨 문제가 되느냐고 할
것입니다. 제가 되묻고 싶은 것은 그 삶 속에 내세가 있는가 하는 것

입니다. 내세가 있는 사람은 그렇게 살 수 없습니다.

그렇다면 부자 중에 모범적인 모델은 누구인가? 바로 삭개오입니다.

예수께서 여리고로 들어 지나가시더라 삭개오라 이름하는 자가 있으니 세리장이요 또한 부자라 (눅 19:1, 2)

세리장이요, 부자인 그가 어떻게 구원받습니까?

급히 내려와 즐거워하며 영접하거늘 (눅 19:6)

삭개오가 뽕나무 위에서 급히 내려와 즐거워하며 예수님을 영접했습니다. 바로 이것이 구원받은 자의 감정입니다. 즐거움이 있다 이 말입니다. 그러면 부자의 삶이 왜 잘못되었습니까? 삭개오의 이 즐거움과 부자가 매일 술 마시는 즐거움은 정말 다르지 않습니까? 삭개오의 즐거움은 주님을 만난 그 기쁨 속에서 나오는 구원의 즐거움이지만, 이것은 술로 즐겁게 하는 것입니다. 우리 아버지는 제가 술도 안 마시니 무슨 재미로 사느냐고 했습니다. 그러나 궁금한 것은 저도 마찬가지였습니다.

"아버지야말로 뭔 재미로 사세요?"

죽을 재미 그게 재미입니까? 우리는 예수 안에서 주님이 주시는 기쁨으로 살아야 합니다.

영접하는 자 곧 그 이름을 믿는 자들에게는 하나님의 자녀가 되는

권세를 주셨으니 (요 1:12)

이것이 바로 회개입니다.

> 삭개오가 서서 주께 여짜오되 주여 보시옵소서 내 소유의 절반을 가
> 난한 자들에게 주겠사오며 만일 뉘 것을 토색한 일이 있으면 사 배
> 나 갚겠나이다 (눅 19:8)

토색이라는 말을 군대에서 쓰는 말로는 공팔 친다고 합니다. 옛
날에는 토색이라는 말을 썼는데, 요즘은 뭐라고 합니까? 뇌물 수수입
니다. 비자금이 있다면 다 나눠 주시기 바랍니다.

삭개오가 남의 것 토색한 것이 있으면 네 배로 갚아 주겠다고 했
습니다. 이것이 바로 회개입니다. 마태복음 5장 26절은 이렇게 말씀
합니다.

> 진실로 네게 이르노니 네가 호리라도 남김이 없이 다 갚기 전에는
> 결단코 거기서 나오지 못하리라 (마 5:26)

우리가 이렇게 함으로써 구원받은 삶을 살아가야 합니다. 있는
사람은 다 나눠 주십시오. 토색한 것은 네 배로 갚으십시오. 이러한
회개가 있을 때 바로 그것이 진정한 구원받은 자의 삶이 됩니다.

9. 탕자와 탱자

또 가라사대 어떤 사람이 두 아들이 있는데 그 둘째가 아비에게 말하되 아버지여 재산 중에서 내게 돌아올 분깃을 내게 주소서 하는지라 아비가 그 살림을 각각 나눠 주었더니 그 후 며칠이 못되어 둘째 아들이 재물을 다 모아가지고 먼 나라에 가 거기서 허랑방탕하여 그 재산을 허비하더니 다 없이 한 후 그 나라에 크게 흉년이 들어 저가 비로소 궁핍한지라 가서 그 나라 백성 중 하나에게 붙여 사니 그가 저를 들로 보내어 돼지를 치게 하였는데 저가 돼지 먹는 쥐엄 열매로 배를 채우고자 하되 주는 자가 없는지라 이에 스스로 돌이켜 가로되 내 아버지에게는 양식이 풍족한 품꾼이 얼마나 많은고 나는 여기서 주려 죽는구나 내가 일어나 아버지께 가서 이르기를 아버지여 내가 하늘과 아버지께 죄를 얻었사오니 지금부터는 아버지의 아들이라 일컬음을 감당치 못하겠나이다 나를 품꾼의 하나로 보소서 하리라 하고 이에 일어나서 아버지께로 돌아가니라 아직도 상거가 먼데 아버지가 저를 보고 측은히 여겨 달려가 목을 안고 입을 맞추니 아들이 가로되 아버지여 내가 하늘과 아버지께 죄를 얻었사오니 지금부터는 아버지의 아들이라 일컬음을 감당치 못하겠나이다 하나 아버지는 종들에게 이르되 제일 좋은 옷을 내어다가 입히고 손에 가락지를 끼우고 발에 신을 신기라 그리고 살진 송아지를 끌어다가 잡으라 우리가 먹고 즐기자 이 내 아들은 죽었다가 다시 살아났으며 내가 잃었다가 다시 얻었노라 하니 저희가 즐거워하더라

눅 15:11~24

09

탕자와 탱자 눅 15:11~24

제 9장 본문 누가복음 15장은 온 인류 역사의 축소판이며, 하나님의 사랑의 함축입니다. 이 짧은 비유 속에 인간의 타락이 들어 있고, 인간의 회개가 들어 있습니다. 하나님의 사랑이 들어 있고, 형님의 매정함이 들어 있습니다. 예수님이 하신 비유 가운데에서도 정말 좋은 비유입니다.

구원받은 사람의 이름

예수님의 말씀이나 비유를 보면 아주 특이하고 재미있는 내용이 발견됩니다. 이 사실을 알고 저는 깜짝 놀랐습니다. 바로 예수님은 잘못된 사람이거나 부정적인 사람은 그의 이름을 언급하시지 않는다는 것입니다. 삶이 좋았던 사람들과 긍정적인 사람은 가끔 언급을 하십니다.

부자와 나사로 비유가 그렇습니다. 나사로가 비록 거지지만, 구원받은 사람이기 때문에 그의 이름이 나옵니다. 나사로. 그 뜻이 '하나님의 도움'이라는 말입니다. 그러면 부자도 이름이 나와야 하지 않습니까? 그러나 부자는 이름이 아예 안 나옵니다. '부자가 있었는데' 하면서 그냥 부자라고만 나옵니다. 요즘 식으로 말하자면 아무개 부잣집 누구 이렇게 이름을 댈 수 있지 않습니까? 그런데도 이름을 찾아볼 수 없습니다.

누가복음 18장 18절에도 보십시오.

> 어떤 관원이 물어 가로되 선한 선생님이여 내가 무엇을 하여야 영생을 얻으리이까 (눅 18:18)

그 관원의 이름을 주님이 왜 모르시겠습니까? '임꺽정이가 예수님께 나아와 가로되' 이렇게 할 수 있는데, 이름을 안 대시고 그냥 '어떤 관원이'라고만 했습니다. 천국 가기 어렵겠다고 생각되는 그 사람의 이름을 언급하지 않더라는 것입니다.

마태복음 누가복음 15장 21절도 마찬가지입니다.

> 가나안 여자 하나가 그 지경에서 나와서 소리 질러 가로되 주 다윗의 자손이여 나를 불쌍히 여기소서 내 딸이 흉악히 귀신 들렸나이다 하되 (마 15:22)

딸이 흉악히 귀신 들린 가나안 여자 하나라고 했습니다. '딸이 흉악히 귀신 들린 아무개가' 이렇게 안 하십니다.

본문도 그렇습니다. 그 당시에 탕자 같은 삶을 산 사람이 왜 없었겠습니까? 그런데 그냥 탕자라고 하셨습니다. 잃어버린 아들이라고 그렇게 언급하십니다.

그런데 좋은 사람을 말씀하실 때는 이름을 언급하셨습니다.

요한복음 1장에 보면 빌립과 나다나엘의 관계 전도 속에서 나다나엘이 그러지 않습니까?

나다나엘이 가로되 나사렛에서 무슨 선한 것이 날 수 있느냐 빌립이 가로되 와 보라 하니라 예수께서 나다나엘이 자기에게 오는 것을 보시고 그를 가리켜 가라사대 보라 이는 참 이스라엘 사람이라 그 속에 간사한 것이 없도다 나다나엘이 가로되 어떻게 나를 아시나이까 예수께서 대답하여 가라사대 빌립이 너를 부르기 전에 네가 무화과나무 아래 있을 때에 보았노라 (요 1:46~48)

빌립이 자기를 어떻게 아시냐고 물으니 "네가 무화과나무 아래 있을 때에 보았노라"라고 하십니다.

이렇게 나다나엘의 이름을 언급하신 것은 그가 구원받을 사람이기 때문입니다. 부정적인 사람의 이름을 부정적인 일로 인해 언급하면 안 된다는 것을 주님 말씀 속에서 발견할 수 있습니다. 정말 놀라운 발견 아닙니까? 그러므로 우리도 부정적인 사건이나 부정적인 사안에서는 가급적 이름을 언급하지 말아야 합니다. 안 좋은 일로 예화를 들 때도 마찬가지입니다.

"아무개가 신앙생활을 잘해서 많은 축복을 받았습니다."

이렇게 좋은 일에는 괜찮습니다.

그러나 "아무개가 저주받았습니다."

그렇게는 말하지 말라는 것입니다.

왜 그렇습니까? 부정적인 사람의 이름을 언급하면 안 되는 이유는 그것이 오히려 더 피해를 주기 때문입니다. 그렇다고 그 사람이 고치는 것도 아닙니다. 오히려 더욱 감정만 상하게 됩니다. 그보다 더 중요한 이유가 있습니다. 주님은 우리를 대하실 때 사랑으로 대하시기 때문입니다. 삭개오를 사랑하시니 어떻게 하셨습니까?

예수께서 그곳에 이르사 우러러보시고 이르시되 삭개오야 속히 내려오라 내가 오늘 네 집에 유하여야 하겠다 하시니 (눅 19:5)

"삭개오야, 내려와라."

이렇게 삭개오의 이름을 부르십니다. 왜 그렇습니까? 삭개오는 구원받은 사람이기 때문입니다. 만약 삭개오도 그런 회개가 없었다면 '아무개 세리장'이라고 하지 않았을 것입니다. 그냥 '어느 마을에 세리장이 있었는데' 이렇게 이야기했을 겁니다. 우리 주님은 이름 하나 쓰시는 것도 사랑으로 하셨습니다.

주님은 우리를 바라보실 때도 그런 관점으로 보십니다. 우리의 좋지 않은 부분은 이름을 언급하지 아니하시고, 우리의 좋은 부분은 이름을 언급하십니다. 주님이 이름을 기억하는 자, 그 사람이 바로 구원받은 사람인 줄 믿으시기 바랍니다. 주님께서 우리의 이름도 기억할 수 있기를 바랍니다.

탕자와 탱자의 마음가짐

본문 비유 속에는 복음과 인류 역사가 다 들어 있습니다. 하나님의 사랑과 인간의 구원이 이 짧은 예화 속에 다 들어 있습니다. 이 본문 속에서 얻을 아주 중요한 교훈들을 통해서 은혜를 얻고자 합니다. 편의상 집을 나간 아들을 탕자라 하고, 회개하고 돌아온 아들을 '탱자' 라고 한번 가정해 봅시다.

탕자와 탱자의 묘한 차이 속에서 이야기는 전개됩니다. 첫 번째는 탕자와 탱자의 마음가짐을 한번 살펴보도록 합시다. 탕자의 마음 속에는 이런 마음이 있었습니다. '내게 돌아올 분깃을 가지고 아버지 품을 나가서 살아야겠다' 이렇게 생각하면 탕자입니다. 아직 몸은 안 떠났을지라도 마음이 떠나 있으면 탕자입니다. 그러나 탱자는 어떻게 마음을 갖습니까?

> 이에 스스로 돌이켜 가로되 내 아버지에게는 양식이 풍족한 품꾼이
> 얼마나 많은고 나는 여기서 주려 죽는구나 (눅 15:17)

"이에 스스로 돌이켜 가로되."

그러니까 스스로 돌이키면 탱자고, 나가야겠다고 마음먹으면 탕자입니다. 나가야겠다고 이미 마음먹었으면 아직 밖으로 나가지 않았어도 탕자입니다. 그러나 '스스로 돌이켜 가로되' 그러면 아직 안 돌아왔어도 그 마음의 자세가 탱자인 것입니다.

마태복음 5장 27절과 28절을 보면 이런 말이 나옵니다.

> 또 간음치 말라 하였다는 것을 너희가 들었으나 나는 너희에게 이르
> 노니 여자를 보고 음욕을 품는 자마다 마음에 이미 간음하였느니라
> (마 5:27, 28)

이렇게 본질적 간음이 있고, 현상적 간음이 있음을 알 수 있습니다. 본질적 간음은 무엇으로 하는 것입니까? 마음으로 합니다. 현상

적 간음은 행동으로 하는 것입니다. 현상적으로는 간음을 아직 하지 않았습니다. 다만 마음만 품었을 뿐입니다. 하지만 그것도 간음했다는 것입니다. 이것이 본질적 간음입니다.

요한1서 3장 15절도 보십시오.

> 그 형제를 미워하는 자마다 살인하는 자니 살인하는 자마다 영생이
> 그 속에 거하지 아니하는 것을 너희가 아는 바라 (요일 3:15)

미움은 본질의 살인이요, 살인은 현상의 살인입니다. 저는 이 말씀을 준비하면서도 그렇게 신기할 수가 없었습니다. 우리는 미워하면서 살인했다고 생각하는 사람 전혀 없습니다. 왜 그렇습니까? 아직 살인을 안 했기 때문입니다. 그 살인은 무엇입니까? 현상입니다. 미움은 무엇입니까? 본질입니다. 그러니까 성경은 현상의 살인만 살인이라고 하는 것이 아닙니다. 본질적 살인도 살인이라는 것입니다. 그 본질적 살인이 기껏 해 봐야 무엇이겠습니까? 미움입니다. 그런데 우리는 얼마나 미워하면서 살아갑니까? 우리는 본질적 살인을 엄청나게 하면서 사는 사람들인 것입니다.

이런 식으로 제 9장 본문을 보자면 집을 나가 허랑방탕해서만 탕자가 아닙니다. 이미 나가야겠다는 생각을 품고 사는 한, 그것이 탕자라는 것입니다. 행동의 탕자는 아직 아니지만, 무슨 탕자입니까? 마음의 탕자입니다. 이처럼 우리 삶 속에서 행동의 탕자는 아닐지라도 마음의 탕자가 무척 많다는 것입니다.

부부 관계 속에서도 그렇습니다. '언젠가는 내가 저이하고 헤어질 거야.' 그런데 아직 헤어지지는 않았습니다. 현상적으로는 이혼한 부부가 아닙니다. 그러나 이미 본질로는 이혼한 것입니다. 그러면 어

떻게 해야 탕자가 되는가?

'그래도 내가 어떻게든 참고 살아야지.'

이렇게 스스로 마음을 돌이킬 때 탕자가 되는 것입니다. 그러므로 회개는 행동이 아니라, 마음에서 일어나야 합니다. 본질에서 일어나야 합니다. 마음에서 회개하면 간단할 것을 행동으로 옮겨 놓고 하려니까 복잡해지는 것입니다.

일일이 예를 다 들지 않을지라도 무슨 뜻인지 다 알아들으시리라고 믿습니다. 마음속에 '내가 언젠가는 저 사람을 죽이고 말 테다' 하는 생각이 있습니다. 그런데 아직 살인 안 했습니다. 행동으로 아직 옮기지 않았지만, 이미 마음의 탕자요, 마음의 살인자인 것입니다. 그러므로 '내가 용서해야지. 용서해 주고 기도해 주니 그 사람이 그렇게 좋아 보이더라' 이렇게 마음에서 바꾸어야 합니다.

어떤 여자가 희한한 범죄를 저지른 것을 보았습니다. 세 번 계속 불을 놓고 다니고는 자기가 신고했습니다.

"나 불 놓았어요. 왜 안 잡아가요? 안 잡아가니까 또 놓잖아요?" 그러고 불 놓고 붙잡혀 갔습니다.

"왜 불을 놓았소?" 물었습니다. 집에서 남편에게 맞으니 감옥에 들어가 있는 것이 더 나을 것 같아서 불을 놓았다는 것입니다. 그런데 자기를 안 잡아가더라는 것입니다. 그래서 놓고, 놓고, 세 번이나 놓게 되었습니다.

이럴 때 남편이 '미안해 여보, 당신이 그렇게까지 나 때문에 고통당하는 줄 몰랐어. 그래. 내가 나쁜 놈이야' 이러면 탕자입니다.

그런데 "이것이 또 나를 창피하게 만들고 있어. 나오기만 해 봐라." 그런다면 탕자라는 말입니다. 우리 예수님은 그런 사람 이름은 거론하지 않으셨습니다.

　우리가 지금 마음의 탕자라면 스스로 마음을 돌이켜야 합니다.

탕자와 탱자의 기도 – 주인과 종

　두 번째, 언어에도 탕자와 탱자가 있습니다. 탕자와 탱자의 언어가 다릅니다. 기도가 다릅니다. 탕자와 탱자의 차이가 무엇입니까? 바로 주도권을 누가 쥐고 있는가에 따라서 탕자가 되고 탱자가 됩니다. 탕자는 주도권을 자기가 쥐고 있고, 탱자는 주도권을 주님이 쥐고 계십니다. 그 주도권에 차이가 나는 것입니다.

　그렇다면 우리 기도는 어떻습니까? 온통 탕자 기도만 하고 있지는 않습니까? 우리가 의식을 못해서 그렇지, 우리 기도가 다 탕자의 기도입니다. 우리가 얼마나 하나님께 '주시옵소서'라는 기도를 많이 합니까? 잘 보십시오. 열심이 좋을 수록 더 탕자 같은 기도만 합니다. 열심이 없을 수록 약한 탕자이고, 열심이 있을 수록 센 탕자입니다.

　기도를 무선 조종기라고 해 봅시다. 이때 중요한 것은 무엇입니까? 무선 조종기보다 더 중요한 사실은 이 조종기를 누가 잡고 있는가가 더 중요합니다. 탕자는 자기가 잡고 있습니다. 그래서 기도를 어떻게 합니까?

　"주여, 이걸 해결해 주시옵소서. 저거 팔아 주시옵소서. 빨리 고쳐 주시옵소서. 언제 응답 주시려고 그럽니까? 주여, 왜 이렇게 지연되나이까? 이러면 나 시험 듭니다. 이러면 교회 안 나갈 겁니다." 이게 탕자입니다.

그러나 탱자는 어떻게 기도합니까? 조종기를 주님께 내 드립니다.

"오, 주님! 제가 어찌해야 하오리이까? 말씀해 주시옵소서."

주님이 말씀 하시고 내가 들으면 탱자이지만, 내가 말하고 주님이 듣는다면 탱자입니다. 물론 이 말이 조금은 문제가 있습니다. 그러나 어떤 말도 다 옳고 다 그른 것은 없습니다. 지금은 한국 교회의 잘못된 기도의 역반응을 이야기하고 있는 것입니다.

탱자는 탱자와 다른 것이 또 있습니다. 탱자는 '주여!' 그러지만, 탱자는 '나여!' 그럽니다. 우리의 신앙생활은 이 한마디에서 판정이 납니다.

그런데 문제는 이 '주여'가 안 되고 있다는 것입니다. '주여'라고 말은 잘합니다. 말은 '주여!'인데 전부 다 '나여!' 그럽니다.

굉장히 죄송한 표현인데, 제가 지금 깨닫고 회개하고 있는 것이 있습니다. 우리 한국 교회에 외쳐야 할 메시지 가운데 하나는 우리 남한에 탱자가 귀하다는 사실입니다. 탱자만 수두룩합니다. 탱자가 어디 있는가 봤더니 북한에 있습니다. 무슨 말입니까? 북한에도 예수 믿는 사람이 있습니다. 그들은 오직 예수입니다. 살아도 예수, 죽어도 예수입니다. 그래서 그들은 살다가 죽을병이 걸리면 감사하게 받아들입니다.

"하나님, 감사합니다. 드디어 제가 하늘나라 가게 되었군요. 하나님 아버지! 감사합니다!"

이렇게 죽음을 감사로 받아들입니다. 그런데 남한에서 죽을병이 걸리면 어떻게 합니까?

"하나님!! 이럴 수는 없나이다. 하나님이 살아 계신다면 어찌 이럴 수 있습니까?"

기도해서 병이 나아야 한다는 것을 부정하는 게 아닙니다. 그 죽을병이 나를 부르시겠다는 하나님의 뜻이라면, 받아들일 수 있어야 하지 않겠는가 하는 것입니다. 그런데 우리는 하나님의 뜻인가, 아닌가는 전혀 중요하지 않습니다. 오직 내게 유익한가, 아니한가가 더 중요합니다. 탱자는 듣는 기도를 많이 합니다. 탕자는 하는 기도를 많이 합니다. 우리도 보면 듣는 기도는 없습니다. 그래서 우리가 탕자라는 것입니다.

이런 예를 드는 것이 혹 대통령에게 누가 되지 않을까 조심스럽지만, 그냥 하나의 예니까 들어 봅니다.

우리가 대통령에게 간곡히 탄원할 일이 있다고 해 보십시오. 그러면 가서 어떻게 합니까?

"각하, 대통령 각하는 청와대에서 사시기 때문에 이 민초의 어려움을 아실지 모르지만, 지금 우리가 상당히 어렵습니다. 이런 것들에 대한 각하의 어떤 견해가 있습니까?"

그러면 대통령께서

"예. 좋은 질문 해 주셨습니다. 제가 청와대에서 사니까 전혀 모르는 줄 아시는데, 신문을 보고 뉴스를 보기 때문에 다 압니다. 그래서 이 어려운 경제를 극복하려고 예산에 절반 이상을 빨리 집행해서 어려운 경제를 회복하려고 합니다. 그것이 안 될 때를 위해 2차, 3차 대안도 가지고 있습니다."

이렇게 어떤 것을 물어봤으면 그분 이야기를 들어야 합니다. 그래서 해답을 갖고 가야 정상적 대화입니다. 그런데 지금 우리가 하고 있는 신앙생활은 어떻습니까?

"예수님 이름으로 기도합니다" 그러고 가 버린다는 것입니다.

대통령이 말할 시간과 여유를 주어야 하지 않습니까? 그런데 우리는 안 듣습니다. 더 놀라운 사실은 말씀할까 봐서 겁낸다는 것입니다. 하나님이 나에게 어떤 말씀을 할까 봐서 "하나님! 예수님!" 해 놓고는 잘 안 듣습니다.

왜 그렇습니까? 혹시 하나님께서 나에게 어떤 선교사로 가라고 할까 봐 걱정입니다. 이제 겨우 아파트 한 채 장만해 놓았는데, 그 놈을 내놓으라고 할까 봐서 걱정입니다. 계 타 놓은 것 어디다 쓸까 궁리 중인데, 헌금하라고 할까 봐서 걱정입니다. 그래서 하나님 이야기는 아예 안 듣는 것이 유익하다고 생각합니다. 우리 마음속에는 이러한 것이 다 조금씩은 있습니다. 그래서 내 이야기만 합니다. 그런 기도를 바로 탕자의 기도라고 한다 이 말입니다.

탕자의 삶과 탱자의 삶을 한마디로 표현한 것이 있다면, 바로 시편 23편입니다. 그 유명한 시편 23편에서 다윗이 이렇게 말합니다.

여호와는 나의 목자시니 내가 부족함이 없으리로다 (시 23:1)

'여호와' 가 주어가 되고, '내' 가 목적어가 될 때 여호와가 나의 목자가 되어 주십니다. 주어와 '주여!' 가 동일시되어야 합니다. '여호와' 가 '주여!' 가 되면 나는 자동적으로 종이 됩니다.

그가 나를 푸른 초장에 누이시며 쉴 만한 물 가으로 인도하시는도다
내 영혼을 소생시키시고 자기 이름을 위하여 의의 길로 인도하시는
도다 (시 23:2, 3)

이때 하나님은 나를 푸른 초장에 누이시며 쉴 만한 물가로 인도

하십니다. 내 영혼을 소생시키시고, 자기 이름을 위하여 의의 길로 인도하십니다. 그런데 문제는 '내'가 주어가 되고, 하나님이 목적어가 될 때입니다. 내가 주인이 되고, 하나님이 내 종이 될 때입니다. 그렇게 되면 내가 사망의 음침한 골짜기로 다니게 됩니다.

다시 본문을 보십시오. 탕자가 말로는 '주여!' 하지만, '나여!' 하고 있는 것입니다.

"내게 돌아올 분깃을 내게 주소서" 이렇게 기도합니다.

'주시옵소서!' 이것이 기도의 내용입니다. 이 기도가 왜 문제가 됩니까? 내가 너에게 주는 것이 내 뜻이냐? 하는 것입니다. 하나님 뜻이 아닙니다. 탕자의 뜻입니다. 달라고 하는 것은 탕자의 뜻이지, 하나님 뜻은 아닙니다.

그런데 놀라지 마십시오. 아주 중요한 이야기입니다. 그 돈을 주면 허랑방탕해서 써 버릴 것을 아버지는 다 아시면서도 주시더라는 것입니다. 여기서 정말 깜짝 놀랄 일은 탕자의 기도도 응답된다는 사실입니다. 허비하는 것을 알면서도 주십니다. 손해나는 걸 알면서도 주십니다. 손해나기 때문에 안 주는 것이 아니라는 것입니다.

그러므로 우리가 받은 기도 응답 때문에 손해나는 일들이 많을 수도 있다는 것입니다. 중요한 것은 기도의 응답보다 이 기도가 하나님 뜻에 맞는가 하는 것입니다. 내가 아버지 집을 떠나면 탕자가 된다는 것은 삼척동자도 다 아는 사실입니다. 그런데도 그는 기도하지 않습니까? 우리의 기도 속에도 말이 안 되는 기도가 얼마나 많습니까? 그것도 모르고 우리는 기도합니다.

그렇다면 우리는 어떻게 기도해야 합니까?

주님께서 "이런 기도를 하여라" 그러시면 그 기도를 받아서 해야 하는 것입니다. 탕자는 '나여!' 하고, 탱자는 '주여!' 합니다. 주종의 관계가 이루어지는 이 한마디 속에 우리의 신앙생활이 판가름 납니다. 목사가 아니라 천하 없는 사람이라도 '주여!' 한마디 속에 우리의 모든 신앙은 거기서 끝나 버립니다. 왜 그렇습니까? '주여!' 그러면 '나는 종이요' 하는 말이 되기 때문입니다.

탕자와 탱자의 기도 – 의지가 없는 종

그렇게 주종의 관계가 이루어지면 첫 번째, 종은 의지가 없습니다. 누구 의지대로 살아야 합니까? 주인의 의지대로 살아야 합니다. 그래서 예수님께서 종의 비유를 들어 주신 말씀이 있습니다.

> 너희 중에 뉘게 밭을 갈거나 양을 치거나 하는 종이 있어 밭에서 돌아오면 저더러 곧 와 앉아서 먹으라 할 자가 있느냐 도리어 저더러 내 먹을 것을 예비하고 띠를 띠고 나의 먹고 마시는 동안에 수종 들고 너는 그 후에 먹고 마시라 하지 않겠느냐 명한 대로 하였다고 종에게 사례하겠느냐 이와 같이 너희도 명령 받은 것을 다 행한 후에 이르기를 우리는 무익한 종이라 우리의 하여야 할 일을 한 것뿐이라 할지니라 (눅 17:7~10)

우리 중에 한 종이 있습니다. 밭에서 일하다가 돌아온 그에게 와 앉아서 먹으라 할 수 있습니까? 없습니다. 도리어 주인이 먹을 것을 예비하고 주인이 먹고 마시는 동안 수종 들어야 합니다. 종은 그 후에 나 먹고 마실 수 있습니다. 주인이 명한대로 다 했다고 종에게 사례하지 않습니다. 이와 같이 우리도 주인에게 명령받은 것을 다 행한 후에는 이렇게 말해야 합니다.

"우리는 무익한 종이라. 우리의 하여야 할 일을 한 것뿐입니다."

이것이 종의 자세입니다. 종은 주님과의 관계 속에서 그렇게 살아가야 합니다.

그런데 우리는 어떻게 합니까?

"나가 일하거라."

"오늘 날씨가 뜨거워요."

"밥 짓거라."

"그냥 시켜 먹으면 안 될까요? 귀찮은데 시켜 먹어요."

"나가 있거라."

"같이 먹어요, 어째 그런데요?"

사도 바울을 보십시오.

하나님의 뜻으로 말미암아 그리스도 예수의 사도 된 바울은
(엡 1:1)

사람의 뜻으로 난 것이 아니요, 사람으로 말미암은 것도 아니요, 하나님의 뜻으로 말미암아 보내심을 받은 하나님의 종입니다. 중요한 것은 무엇입니까? 내가 사람의 종이라면 비참합니다. 그러나 누구의 종이라는 것입니까? 하나님의 종이라는 것이 그렇게 영광스러운 일입니다. 하나님은 좋으신 하나님이시기 때문에 종 된 나를 못된 곳으로 인도하시지 않습니다.

탕자와 탱자의 기도 – 소유가 없는 종

두 번째, 종은 관리하는 청지기에 불과합니다. 소유가 없기 때문에 돈을 벌어도 내 것이 아니고, 까먹어도 내 것이 아닙니다. 다 주인 돈입니다. 사실 편안한 점도 있습니다. 그런데 우리는 돈을 벌면 꼭 내 돈 버는 것 같습니다. 그리고 까먹으면 나의 살점이 떨어져 나가는 것 같습니다. 그러니까 '주여!' 가 아닙니다. '나여!' 입니다. 마태복음 7장 21절을 보십시오.

나더러 주여 주여 하는 자마다 천국에 다 들어갈 것이 아니요 다만 하늘에 계신 내 아버지의 뜻대로 행하는 자라야 들어가리라 (마 7:21)

"주여, 주여!" 하는 자마다 천국에 다 들어갈 것이 아니라, 내 아버지의 뜻대로 행하는 자라야 들어간다고 했습니다. 그러니까 "주여, 주여!" 하지 말라는 것입니다. 그것은 탕자도 한다는 것입니다. 하나님 뜻대로 행해야 탱자입니다.

로마서 10장 13절은 이렇게 말합니다.

누구든지 주의 이름을 부르는 자는 구원을 얻으리라 (롬 10:13)

누구든지 주의 이름을 부르는 자는 구원을 얻습니다. 주의 이름이 무엇입니까? 예수입니다. 그러므로 구원은 어떤 엄청난 것이 아닙니다. 간단합니다. '예수여!' 이 한마디에 우리의 구원이 이루어집니다. 내가 할 수 있는 한 큰소리로 한번 불러 보시기 바랍니다. 입술의 고백이 아니라, 삶의 고백이 되면 구원받는다는 것입니다.

제가 안수할 때 어떤 분이 멍하니 있습니다. 물론 꼭 그런 것은 아니지만, 어떤 때는 '능력 있으면 고쳐 봐요.' 마치 그러는 것 같습니다. 그러면 저는 속이 막 터집니다. 능력이 있으면 제가 왜 그 사람을 고치겠습니까? 병 고치는 일은 제가 하는 것이 아니라, 우리의 믿음의 고백을 통해서 주께서 역사하시는 것입니다.

예수님이 겟세마네 동산에서 기도하실 때 십자가 사건을 앞에 두고 주님도 이렇게 기도하십니다.

가라사대 아버지여 만일 아버지의 뜻이어든 이 잔을 내게서 옮기시
옵소서 (눅 22:42)

주님도 솔직히 십자가를 지시고 싶지 않은 것입니다. 그런데 기도해 놓고 보니 아버지 뜻이 아닙니다. 그래서 곧 기도를 바꾸십니다.

그러나 내 원대로 마옵시고 아버지의 원대로 되기를 원하나이다
(눅 22:42)

이렇게 기도하는 것이 바로 '주여!' 라고 하는 사람의 기도 자세입니다. 종은 주님의 뜻에 순종하는 것이지, 종이 주님의 뜻을 관철시키는 것이 아닙니다.

우리의 기도가 탕자의 기도라기보다는 그 자세가 잘못됐다는 것입니다. 기도의 조종기를 내가 쥐고 있던 것을 이제 주님께 맡기자는 것입니다. "주여, 말씀하시옵소서." 그리고 들읍시다.

누가복음 18장 11절, 12절에 보면 바리새인과 세리의 기도가 나

옵니다. 바리새인의 기도를 보십시오.

> 바리새인은 서서 따로 기도하여 가로되 하나님이여 나는 다른 사람
> 들 곧 토색, 불의, 간음을 하는 자들과 같지 아니하고 이 세리와도
> 같지 아니함을 감사하나이다 나는 이레에 두 번씩 금식하고 또 소득
> 의 십일조를 드리나이다 하고 (눅 18:11, 12)

이것이 바로 탕자식 기도입니다. 그러나 탱자는 어떻게 기도합
니까?

> 세리는 멀리 서서 감히 눈을 들어 하늘을 우러러보지도 못하고 다만
> 가슴을 치며 가로되 하나님이여 불쌍히 여기옵소서 나는 죄인이로소
> 이다 하였느니라 (눅 18:13)

하나님 앞에 서 보니 이 죄인을 용서해 달라는 말 외에는 달리
할 말이 없습니다. 탱자는 하나님 앞에서 신앙생활하는 사람입니다.
하나님 앞에서 기도하는 사람입니다. 그러나 탕자는 사람 앞에서 신
앙생활하고, 사람 앞에서 기도하는 사람입니다.

그렇다면 우리는 기도를 하나님 앞에 합니까, 사람 앞에 합니
까? 우리의 예물을 사람 앞에 드립니까, 하나님 앞에 드립니까? 사람
앞이라면 탕자요, 하나님 앞이라면 탱자입니다.

탕자와 탱자의 행동

세 번째, 탕자와 탱자의 행동이 다릅니다. 탕자는 돈 가지고 나

가서 허랑방탕했습니다.

그 후 며칠이 못되어 둘째 아들이 재물을 다 모아 가지고 먼 나라에 가 거기서 허랑방탕하여 그 재산을 허비하더니 (눅 15:13)

허랑방탕 속에는 무엇이 들어 있습니까? 술 마시고, 담배 피우고, 도박과 주색잡기가 다 들어 있습니다. 이 허랑방탕한 삶의 현장이 잘되겠습니까? 어떻게 허랑방탕 속에 축복이 오겠습니까? 탕자는 복이 되질 않습니다. 왜 그렇습니까? 기도해도 안 됩니다. 애를 써도 안 되고, 축복 기도를 드려도 안 됩니다. 왜냐하면 위치가 잘못되었기 때문입니다. 탕자가 처한 위치가 어디입니까? 아버지 집을 떠난 자리입니다. 그러니 어떻게 축복이 오겠습니까? 말씀을 떠났는데 무슨 축복이 있겠습니까? 안 되는 것입니다.

마태복음 6장 31절에서 33절을 보면 이런 말씀이 나옵니다.

그러므로 염려하여 이르기를 무엇을 먹을까 무엇을 마실까 무엇을 입을까 하지 말라 이는 다 이방인들이 구하는 것이라 너희 천부께서 이 모든 것이 너희에게 있어야 할 줄을 아시느니라 너희는 먼저 그의 나라와 그의 의를 구하라 그리하면 이 모든 것을 너희에게 더하시리라 (마 6:31~33)

우리가 먼저 그의 나라와 그의 의를 구하면 먹을 것, 마실 것, 입을 모든 것을 더해 주신다는 것입니다.

"먹을 것 주세요. 마실 것 주세요, 입을 것 주세요" 하는 기도는 탕자식 기도입니다.

"아버지, 내 안에 들어오셔서 나의 인생의 주인이 되어 주시옵소서. 내가 순종하겠나이다" 하는 기도는 탱자 기도입니다. 이렇게 구하면 정말 축복이 됩니다. 탕자의 기도도 응답이 되고, 탱자의 기도도 응답이 되었습니다. 그런데 탕자의 기도는

"내게 돌아올 분깃을 내게 주소서" 해서 응답을 받았습니다. 그런데 나가서 다 날렸습니다. 이것이 탕자의 기도의 결과입니다.

탱자의 기도는 어떻습니까?

"할 말이 없습니다. 품꾼의 하나로 써 주시옵소서."

그랬더니 옷을 입히십니다. 신발을 신기십니다. 반지를 끼우십니다.

우리 모두에게 구하지 않았는데도 주님께서 주시는 은총이 있기를 바랍니다.

> 너희가 내 안에 거하고 내 말이 너희 안에 거하면 무엇이든지 원하
> 는 대로 구하라 그리하면 이루리라 (요 15:7)

우리가 예수 안에 거하고 예수님의 말씀이 우리 안에 거하면, 무엇이든지 원하는 대로 구하라고 하셨습니다. 그리하면 다 주십니다. 탕자는 안 되게 돼 있습니다. 그러나 탱자는 구하지 않아도 다 되게 돼 있습니다. 신앙생활이라는 것이 기도해서 얻는 것도 물론 있습니다. 그러나 솔직히 제 경험을 봐도, 안 구했지만 오는 것이 많습니다. 제가 받은 것이 다 기도해서 얻은 것이 아닙니다. 사실은 기도는 두 개밖에 안 했는데, 오는 것은 7개가 오기도 합니다.

본문 누가복음 15장에 나오는 잃은 양 비유, 잃은 동전 비유, 잃은 아들 비유에는 너무나 신기한 점이 있습니다. 잃은 양과 잃은 드라크마는 자기들이 할 일이 없습니다. 그냥 숨어 있어도 주인이 가서 찾

아서 구원했습니다. 그런데 이 잃은 아들은 가만있으면 안 됩니다. 주인이 찾아온 것이 아닙니다. 자기 스스로 회개하고 돌아와야만 합니다. 구원이라는 것이 가만있으면 찾아서 되는 구원도 있지만, 내가 스스로 회개하고 돌아와야 이루어지는 구원도 있습니다.

이것이 꼭 맞는 말은 아니지만, 지금 한국 교회와 세계 교회에는 아주 큰 신학의 양대 산맥이 있다고 했습니다. 그것은 바로 칼빈주의의 장로교회와 아르미니안주의의 웨슬레 감리교회, 성결교회의 두 기둥입니다.

장로 교인들에게는 하나님의 무조건적 선택, 전적 타락, 이 교리가 강합니다. 그 교리를 맞추어 보면, 잃어버린 드라크마는 그 교리에 맞습니다. 내가 할 게 없습니다. 내가 가만히 있으면 주인이 찾아서 나를 구원합니다. 그런 배경이 있어서 그런지, 장로 교인들은 신앙생활은 잘 못하면서도 든든한 것 하나는 그만입니다. 그래서 어떤 장로 교인들 보면 담배를 피웁니다.

"너 담배 피우고 천국 가겠냐?" 그렇게 물어보면

"택한 백성 어디로 가겠습니까?"

믿음은 시원찮은데 구원의 확신 하나는 매우 든든합니다.

그런데 꼭 그런 것은 아니지만, 감리교회나 성결교회는 일반적으로 굉장히 열심히 합니다. 기도도 열심히 하면서도 이런 말을 합니다.

"나 이러다 지옥 가면 어떻게 해? 나, 더 열심히 해야 돼."

그렇게 열심히 믿으면서도 구원의 확신이 희미합니다. 그래서 제가 해답을 찾아냈습니다 '감리교인이나 성결교인처럼 열심히 믿고, 장로교인처럼 든든하자' 입니다. 구원이라는 것이 한 사건만 가지고 전체를 평가하기에는 문제가 오더라 말입니다.

사도 바울의 신학 사상

칼빈의 예정 교리는 바울의 영향이 큽니다. 칼빈의 정신적, 신학적 사상은 사도 바울의 영향을 많이 받았습니다. 하나님이 나를 택하셨다는 말을 먼저 쓴 사람은 바울입니다. 하나님이 나를 언제 택하셨습니까? 창세전에 이미 택하셨다는 것입니다. 택한 백성 어디 가겠느냐는 말은 바울의 사상을 칼빈이 신학화해 놓은 것입니다. 그런데 문제가 있습니다. 여기에 대해서 바울이 뭐라고 했습니까?

> 내가 확신하노니 사망이나 생명이나 천사들이나 권세자들이나 현재 일이나 장래 일이나 능력이나 높음이나 깊음이나 다른 아무 피조물이라도 우리를 우리 주 그리스도 예수 안에 있는 하나님의 사랑에서 끊을 수 없으리라 (롬 8:38, 39)

사망이나 생명이나 천사들이나 권세자들이나 현재 일이나 장래 일이나 능력이나 높음이나 깊음이나 다른 아무 피조물이라도 우리를 우리 주 그리스도 예수 안에 있는 하나님의 사랑에서 끊을 수 없다고 했습니다. 예수 그리스도의 사랑에서 한 번 받은 구원을 절대 놓치지 않는다는 사실을 바울은 확신했습니다. 하나님이 나를 창세전에 택하셨다는 것도 확신했습니다. 그런데 바울은 그 확신으로만 끝난 것이 아닙니다. 이런 면도 있었습니다.

> 형제들아 내가 그리스도 예수 우리 주 안에서 가진 바 너희에게 대한 나의 자랑을 두고 단언하노니 나는 날마다 죽노라 (고전 15:31)

많은 사람들을 그리스도 앞으로 인도한 다음에도 날마다 죽는다고 했습니다. 그렇게 구원이 확실한 바울도 자기 자신을 죽여 가는 모습이 있는데, 왜 그 모습은 우리가 안 닮으려고 하느냐는 것입니다. 택한 백성이라는 것만 믿고 있습니다. 스스로 탱자 같은 신앙은 안 가지려고 합니다.

이미 언급한 바와 같이 만일 주인이 양을 못 찾았다면, 드라크마를 못 찾았다면, 지금도 잃어버린 아들이 회개하고 돌아오지 않고 있다면, 그 사람이 그 상태에서 죽었다면 어떻게 되겠습니까? 그래도 하나님의 택함만 강조하고 있을 것인가 말입니다.

이방인들이 듣고 기뻐하여 하나님의 말씀을 찬송하며 영생을 주시기로 작정된 자는 다 믿더라 (행 13:48)

영생을 주기로 작정된 자는 다 믿더라는 것입니다. 여기까지는 좋은데 칼빈의 약점이 무엇입니까? 바로 바울의 이 부분을 설교하지 않았다는 점입니다. 다시 고린도 전서 9장 27절로 돌아가 보겠습니다.

내가 내 몸을 쳐 복종하게 함은 내가 남에게 전파한 후에 자기가 도리어 버림이 될까 두려워함이로라 (고전 9:27)

사도 바울의 신학 사상은 '하나님이 나를 택했다' 하는 이야기만 하지 않습니다. 자기가 남에게 전파하고 난 후에 자기가 도리어 버림이 될까 봐 두려워했다는 것입니다. 그래서 그는 날마다 자신을 쳐서 하나님께 복종시켰습니다. 바로 이것이 바울 주장의 완벽함입니다. 칼빈은 그 부분에 대해서 설교를 잘 다루지 않았습니다. '날마다 죽노라' 하는 설교도 안 했습니다. '택한 백성이 어디로 가겠는가?' 하는 설교만 한 것입니다.

그러나 마태복음 24장 24절을 보십시오.

> 거짓 그리스도들과 거짓 선지자들이 일어나 큰 표적과 기사를 보이어 할 수만 있으면 택하신 자들도 미혹하게 하리라 (마 24:24)

할 수만 있으면 마귀는 택하신 자들도 미혹하여 멸망에 빠뜨리려 한다는 경고입니다. 이 설교는 왜 안 하는가 하는 것입니다.

> 내가 범인처럼 에베소에서 맹수로 더불어 싸웠으면 내게 무슨 유익이 있느뇨 죽은 자가 다시 살지 못할 것이면 내일 죽을 터이니 먹고 마시자 하리라 속지 말라 악한 동무들은 선한 행실을 더럽히나니 깨어 의를 행하고 죄를 짓지 말라 하나님을 알지 못하는 자가 있기로 내가 너희를 부끄럽게 하기 위하여 말하노라 (고전 15:32~34)

구원받았다는 것 하나만 믿고 아무렇게나 살 수록 악한 동무들이 우리를 미혹한다는 것을 알아야 합니다. 바울의 위대함은 그의 능력에도 있지만, 그의 이러한 신학적 깊이에 있습니다. 신약 성경 14서신을 쓴 기록도 있지만, 날마다 자신을 경계하며 근신하며 죽여 가는 성결한 삶이 있었다는 데에 그의 위대함이 더욱 돋보입니다.

칼빈은 바울 사상의 택함만 강조했지, 자신을 철저하게 죽이는 삶을 별로 강조하지 않았습니다. 제가 강조하고자 하는 것은 이겁니다. 우리가 어떻게 살아야 구원받는다는 것이 아닙니다. 우리가 구원받았기 때문에 그렇게 살아야 한다는 것입니다. 구원은 믿음으로 받지만, 삶은 구원받은 모습이 나와야 합니다. 그런 의미에서 회개가 무엇입니까? 구원받은 것을 삶 속에서 표현하는 것, 그것이 바로 회개입니다.

누가복음 16장의 부자와 나사로 비유에서 음부에 있는 부자가 뭐라고 기도합니까?

불러 가로되 아버지 아브라함이여 나를 긍휼히 여기사 나사로를 보내어 그 손가락 끝에 물을 찍어 내 혀를 서늘하게 하소서 내가 이 불꽃 가운데서 고민하나이다 (눅 16:24)

"아버지 아브라함이여!"

이 말은 '나는 아브라함의 자손이다' 라는 뜻이고, '나는 선택된 민족이다' 라는 뜻입니다. 자신은 택한 백성이라 믿고 있는데, 그 택한 백성이라는 사실을 믿고 있다가 지옥 갈 수도 있지 않는가 말입니다. 아브라함의 자손, 선택된 민족이라는 것 믿고 있다가 지옥 간 사람이 바로 이 부자입니다. 무슨 말입니까? 우리가 선택된 것도 중요하지만, 우리의 삶이 탕자처럼 스스로 회개하고 돌아오는 것도 중요하다는 것입니다.

예를 들어서 탕자가 아버지 집을 나가서 허랑방탕하다 그 상태로 죽었다면 그건 그가 택하심을 받았든 안 받았든 지옥입니다. 그러면 그렇게 말할 것입니다. 안 택했으니 그렇다고 할 것입니다. 물론 그 말도 옳습니다. 그렇지만 제가 지금 이야기하려고 하는 것은 하나님의 주권은 하나님이 알아서 하실 일이고, 스스로 돌이켜서 탕자 같은 삶을 탕자로 바꾸는 것은 내가 할 일이라는 것입니다. 내가 할 일은 안 하면서 하나님이 택하셨다고 가만히 있으면 안 된다는 것입니다.

오늘날 한국 교회의 문제가 무엇입니까? 하나님이 하실 일만 있지, 우리가 할 일이 없더라는 것입니다. 하나님이 다 알아서 하신다는 식입니다. 그러나 성경은 말씀합니다. 우리가 할 일도 있다는 것입니다. 스스로 돌이켜 돌아와서 탱자 같은 기도를 하고 탱자 같은 삶을 살아야 합니다. 스스로 돌이켜서 기도를 바꾸어야 합니다. 탱자의 기도에서 듣는 탱자의 기도로 바꾸시길 바랍니다. 생각을 바꾸십시오. 마음을 바꾸십시오. 삶을 바꾸십시오. 하나님 앞에 우리가 어떤 존재인가를 깨달아 자기 의를 내세운 탱자의 삶에서 주의 은혜를 받아들이는 탱자의 삶으로 바꾸시기 바랍니다.

집에 있는 탕자

그런데 탕자가 또 하나 있습니다. 바로 집에 있는 형입니다. 나간 탕자가 있는가 하면, 집에 있는 탕자가 있습니다. 돌아온 사람, 오직 그 아들만이 탱자입니다. 지금 큰아들의 문제가 무엇입니까? 자기는 재산을 허랑방탕 안 했다는 것입니다. 안 날렸다는 것입니다. 지금까지 순종했다는 것입니다. 그런데 왜 나를 위해서는 잔치를 안 해 주고 창기와 말아 먹은 놈을 위해서는 잔치를 해 주냐는 것입니다. 그래서 열 받았습니다. 그러니 그도 탕자입니다.

무슨 말입니까? 자기의 의로움을 앞세워 사랑으로 보지 못하는 사람은 탕자라는 것입니다. 이것이 탕자적 마음입니다.

예를 들어서 제가 교회를 개척했습니다. 교회가 많이 부흥했습니다. 새 신자가 왔는데 아주 열심히 믿는 사람이 왔습니다. 충성하고 헌금도 잘합니다. 전도도 잘합니다. 그래서 성도들이 칭찬합니다.

"감사합니다. 하나님께서 어떻게 이런 보배를 다 보내 주셨는지 모르겠습니다. 할렐루야!" 그러면서 아주 좋아합니다. 교인이 볼 때 예쁘면, 목사가 볼 때에는 얼마나 더 예쁘겠습니까? 그래서 두어 번 칭찬해 주면, 그다음부터는 시기하기 시작합니다. 그것이 바로 전형적인 집에 있는 탕자의 모습이다 그 말입니다.

그러나 탕자는 이 사람을 대할 때 일만 달란트 받은 사람이기에 백 데나리온을 용서함으로 대합니다. 그런데 탕자는 자기가 용서받은 것은 생각 안 나고 용서 못해 주겠다는 생각이 더 앞섭니다.

우리가 일단 교회 안에 있으니 집 나간 사람은 아니라고 칩시다. 그렇다면 혹시 집에 있는 탕자는 아닙니까? 집 나간 탕자와 집에 있는 탕자는 많은데, 돌아온 탕자가 없습니다. 한국 교회에 정말 필요한 것은 탕자가 필요하다는 것입니다. 탕자는 많은데 탕자가 귀합니다. 스스로 돌이켜 '주여!'를 '주여!'라고 하고, 자신은 종처럼 살아가는 사람! 신앙생활의 가장 중요한 핵이 하나 있다면 바로 그것입니다.

회개하라 천국이 가까웠느니라 하였으니 (마 3:2)

무슨 말씀입니까?

'주님이 네 안에 들어가 네 인생의 주인이 되고자 하니 회개하라'는 것입니다. 그런데 우리는 회개하는 것이 아니라, 반성을 하고 사과를 합니다. 반성과 회개는 다릅니다. 반성은 항상 하는 것이고, 회개는 사실 한 번 하는 것입니다. 탕자가 회개하고 돌아오면 그걸로 끝나는 것입니다. 그것을 회개라고 합니다.

"아버지, 잘못했습니다. 용서해 주세요" 하면서도 탕자가 밖에서 계속 있다면, 그것은 회개가 아닙니다. 반성이며, 사과입니다. 우리는 사과를 회개라고 착각하면서 살아갑니다. '나여! 나여!' 백날 그러면, 우리는 사과하는 것입니다. '주여!' 그러면, 이 한마디 속에서 회개는 끝납니다.

다윗은 반성을 잘한 것이 아니라, 회개를 잘한 사람입니다. 반성해서 흘리는 눈물과 회개해서 흘리는 눈물이 다릅니다. 그의 삶이 얼마나 거룩해집니까? 이것이 바로 회개한 자의 결과입니다.

지금까지의 삶을 한번 자문해 보십시오. 나는 탕자인가, 탱자인가? 아직도 반성만 하고 있는 탕자인가, 정말 회개한 탱자인가? 변화된 탱자인가, 아직도 주님을 떠나서 내가 주인처럼 살아가는 탕자인가? 가장 쉬우면서도 가장 어려운 일입니다. 가장 기본이면서도 가장 고차원적인 말입니다. '주여!' 그 고백대로 살면 탱자요, '나여!' 라고 살면 탕자입니다. 지금까지는 탕자였더라도 모두 다 탱자가 되시기를 바랍니다.

10.아버지의 일과

또 가라사대 어떤 사람이 두 아들이 있는데 그 둘째가 아비에게 말하되 아버지여 재산 중에서 내게 돌아올 분깃을 내게 주소서 하는지라 아비가 그 살림을 각각 나눠 주었더니 그 후 며칠이 못되어 둘째 아들이 재물을 다 모아가지고 먼 나라에 가 거기서 허랑방탕하여 그 재산을 허비하더니 다 없이 한 후 그 나라에 크게 흉년이 들어 저가 비로소 궁핍한지라 가서 그 나라 백성 중 하나에게 붙여 사니 그가 저를 들로 보내어 돼지를 치게 하였는데 저가 돼지 먹는 쥐엄 열매로 배를 채우고자 하되 주는 자가 없는지라 이에 스스로 돌이켜 가로되 내 아버지에게는 양식이 풍족한 품꾼이 얼마나 많은고 나는 여기서 주려 죽는구나 내가 일어나 아버지께 가서 이르기를 아버지여 내가 하늘과 아버지께 죄를 얻었사오니 지금부터는 아버지의 아들이라 일컬음을 감당치 못하겠나이다 나를 품꾼의 하나로 보소서 하리라 하고 이에 일어나서 아버지께로 돌아가니라 아직도 상거가 먼데 아버지가 저를 보고 측은히 여겨 달려가 목을 안고 입을 맞추니 아들이 가로되 아버지여 내가 하늘과 아버지께 죄를 얻었사오니 지금부터는 아버지의 아들이라 일컬음을 감당치 못하겠나이다 하나 아버지는 종들에게 이르되 제일 좋은 옷을 내어다가 입히고 손에 가락지를 끼우고 발에 신을 신기라 그리고 살진 송아지를 끌어다가 잡으라 우리가 먹고 즐기자 이 내 아들은 죽었다가 다시 살아났으며 내가 잃었다가 다시 얻었노라 하니 저희가 즐거워하더라 맏아들은 밭에 있다가 돌아와 집에 가까왔을 때에 풍류와 춤추는 소리를 듣고 한 종을 불러 이 무슨 일인가 물은대 대답하되 당신의 동생이 돌아왔으매 당신의 아버지가 그의 건강한 몸을 다시 맞아들이게 됨을 인하여 살진 송아지를 잡았나이다 하니 저가 노하여 들어가기를 즐겨 아니하거늘 아버지가 나와서 권한대 아버지께 대답하여 가로되 내가 여러 해 아버지를 섬겨 명을 어김이 없거늘 내게는 염소 새끼라도 주어 나와 내 벗으로 즐기게 하신 일이 없더니 아버지의 살림을 창기와 함께 먹어 버린 이 아들이 돌아오매 이를 위하여 살진 송아지를 잡으셨나이다 아버지가 이르되 얘 너는 항상 나와 함께 있으니 내 것이 다 네 것이로되 이 네 동생은 죽었다가 살았으며 내가 잃었다가 얻었기로 우리가 즐거워하고 기뻐하는 것이 마땅하다 하니라

눅 15:11~32

10
아버지의 일과 눅 15:11~32

누가복음 15장에는 세 가지 비유가 연거푸 나오고 있는데, 모두 잃어버린 것을 찾았다는 것에 공통점이 있습니다. 제 10장 본문의 이 탕자 비유는 예수님께서 바리새인과 서기관들에게 하신 것입니다. 우리가 잘 아는 대로 바리새인과 서기관은 누구보다도 훌륭한 사람들입니다. 하나님의 말씀을 잘 지키는 사람들입니다. 특히 바리새인은 구전 율법까지 지키며 사는 사람들입니다. 요즘으로 말하면 도덕적으로나 성경적으로나 생활이 완벽한 사람들입니다. 자기들 스스로도 그렇게 생각하고 남들도 인정하는 바입니다. 그러기 때문에 그런 사람에게는 자동적으로 어떤 개념이 싹텄겠습니까?

'나는 하나님 말씀대로 살아서 깨끗하게 살아가는데, 저 세리나 창녀들은 인생을 참 더럽게 산다' 라고 남들을 판단하고 정죄하는 습성이 생겼습니다. 주님께서 그 잘못을 지적하기 위해서 하시는 비유가 바로 이 탕자 비유입니다. 이 탕자의 비유가 중요한 것은 이 비유 속에 여러 가지 진리가 다 포함되어 있기 때문입니다.

우리 말 성경은 이렇게 되어 있는데, 현대어 번역을 보면 더 재미있게 표현되어 있습니다.

"아버지께서 돌아가실 때까지 기다릴 필요 없이 제게 돌아올 몫을 지금 나누어 주십시오" 이렇게 번역을 해 놓았습니다. 즉 "아버지께서 돌아가실 때까지 내가 못 기다리겠으니 내게 돌아올 몫의 재산을 지금 나누어 주십시오. 그래서 아버지는 재산을 두 아들에게 나누어 주었다"라는 뜻입니다. 싹수가 아주 없습니다.

생각해 보십시오. 아버지가 버젓이 살아 계신데, 아들이 와서 아버지 죽을 때까지 내가 못 기다리겠으니 내게 돌아올 분깃을 미리 좀 내놓으라고 하면 줄 부모가 어디 있겠습니까? 우리 같아도 주겠습니까? 안 줍니다.

재산 상속법

그런데 우리가 여기서 하나 알아둘 것이 있습니다. 재산 상속법은 크게 두 가지로 생각해 볼 수 있습니다. 동양식 재산 상속법이 있고, 서양식 재산 상속법이 있습니다. 동양식 재산 상속법은 부모의 재산을 자식에게 물려주는 것이 법적으로 인정되어 보편화되었고, 서양식 재산 상속법은 안 주는 것이 보편화되어 있습니다. 그런데 선진국일수록 자식에게 재산을 안 주려 하고, 후진국일수록 되도록 많이 남겨 주려고 합니다.

선진국 스타일은 부모가 교육시키는 일까지만 해 줍니다. 그래서 미국은 선진국입니다.

미국이란 나라는 묘한 것이 있는데, 한마디로 노인과 어린이의 천국입니다. 그래서 유원지든 관광지든 놀러 가는 곳마다 할머니들과 할아버지들만 있습니다. 젊은 사람은 안 보입니다. 왜냐하면 일하기 바빠서 놀러갈 시간이 없기 때문입니다. 젊은 장년들은 일만 하느라 골이 빠집니다. 굉장히 열심히 일합니다. 세금도 무지하게 냅니다. 그러나 이렇게 일하고 세금을 내면, 정년이 되었을 때, 놀아도 월급이 꼬박꼬박 나옵니다. 그러니까 정년이 되면 직장 나갈 필요가 없습니다. 할 일이 없으니 그 다음부터는 무엇을 합니까? 노년을 즐깁니다. 그래서 조그만 아파트처럼 꾸며진 캠핑카를 할머니와 할아버지가 교대로 운전합니다. 가다가 마음에 드는 관광지가 있으면 거기에 차를 세워 놓고는 구경합니다. 밤에는 그 차 속에 들어가서 자고, 거기서 세면도 하고, 밥도 해 먹습니다. 지금 우리나라에도 이 차가 들어와 있지만, 해가 갈수록 점점 더 늘어날 것입니다.

이렇게 노인들은 관광을 다닙니다. 그렇게 살다가 이 세상을 떠날 때는 자신들의 재산을 모두 나라에 헌납합니다. 우리나라는 잘사는 사람과 못사는 사람의 차이가 많이 나지만, 선진국은 잘사는 사람과 못 사는 사람이 별로 차이가 안 납니다. 이것이 선진국의 좋은 점입니다. 잘살아도 못살아도 먹는 것이 거의 비슷합니다. 부자라고 해서 무지하게 잘 먹고, 가난하다고 해서 무지하게 못 먹는 것이 아닙니다. 물론 차이는 나겠지만, 보편적으로 볼 때 생활수준이 비슷합니다.

그렇다 보니 자식에게 군이 유산을 물려주려고 하지 않습니다.

자신도 지금까지 자수성가했으니 자식들도 스스로의 힘으로 자수성가하기를 바랍니다.

그런데 우리나라는 어떻습니까? 자식을 일단 낳으면 대학교, 대학원까지 가르쳐야 할 책임이 있습니다. 그러나 미국은 그렇지 않습니다. 그저 대학교 들어가면 자기가 아르바이트 해서 다 생활해 나갑니다. 자식들이 알아서 그렇게 하니, 우리나라에 비해서 부모들이 얼마나 편하고 좋습니까? 우리나라 사람도 사고방식을 이제는 좀 고쳐야 합니다. 우리는 부모가 고생했으니 자식은 고생 안 시키길 원해서 자식 것까지 다 벌어 놓으려고 합니다. 그것을 물려주려고 하니 얼마나 힘이 듭니까? 돈이라는 건 버는 것부터 제대로 배워야지, 버는 것은 안 배우고 쓰는 것부터 배우면 사실 그게 자식 버리는 일입니다.

속담에도 재산 3대 못 간다는 말이 있지 않습니까? 아버지가 아무리 부자라도 버는 것부터 배워야 합니다. 돈의 가치를 모를 때 돈을 주는 것은 자식을 저주하는 것과 같다고 했습니다. 돈의 가치를 알게 한 다음 돈을 주어야 제대로 쓸 수 있는 법입니다. 돈의 가치를 알게 하려면 어떻게 해야 합니까? 어렵게 생각할 것 없습니다. 자기가 나가서 직접 벌어 보게 하는 것입니다. 한번 시켜 보십시오. 신문을 한 달 내내 돌리고 얼마 받는가를 알게 되면 돈 쓰는 것이 확 달라집니다. 그것을 모르면 부모가 어떻게 돈을 벌어서 주는지 모릅니다. 그래서 물 쓰듯이 돈을 씁니다. 돈 귀하게 쓸 수 있도록 한 번쯤 돈 버는 일을 시켜 보는 것이 선진국형 자녀 교육법입니다.

성경에서도 재산을 물려주는 법이 나오는데, 이것이 동양식 스타일입니다. 형제가 있을 경우에 형은 3분의 2를 주고, 동생은 3분의 1을 줍니다.

> 자기의 소유를 그 아들들에게 기업으로 나누는 날에 그 사랑을 받는
> 자의 아들로 장자를 삼아 참장자 곧 미움을 받는 자의 아들보다 앞
> 세우지 말고 반드시 그 미움을 받는 자의 아들을 장자로 인정하여
> 자기의 소유에서 그에게는 두 몫을 줄 것이니 그는 자기의 기력의
> 시작이라 장자의 권리가 그에게 있음이니라 (신 21:16, 17)

그런데 문제는 무엇입니까? 재산을 부모가 돌아가시고 난 다음 주어야 하는데, 탕자는 부모가 살아 계실 때 달라고 조릅니다. 이렇게 달라고 하면 하나님은 주십니다.

자유 의지

마태복음 7장 7절에서 11절은 뭐라고 말씀하셨습니까? 여기서 우리가 하나님을 알아야 합니다.

> 구하라 그러면 너희에게 주실 것이요 찾으라 그러면 찾을 것이요 문
> 을 두드리라 그러면 너희에게 열릴 것이니 구하는 이마다 얻을 것이
> 요 찾는 이가 찾을 것이요 두드리는 이에게 열릴 것이니라 너희 중
> 에 누가 아들이 떡을 달라 하면 돌을 주며 생선을 달라 하면 뱀을
> 줄 사람이 있겠느냐 너희가 악한 자라도 좋은 것으로 자식에게 줄줄
> 알거든 하물며 하늘에 계신 너희 아버지께서 구하는 자에게 좋은 것
> 으로 주시지 않겠느냐 (마 7:7~11)

하나님께서 구하는 자에게 무엇인들 안 주시겠느냐는 것입니다. 내가 잘못된 것을 요구한다고 할지라도, 내가 잘못된 길을 선택해

간다 할지라도, 하나님은 내 결정을 존중해 주십니다. 지금 탕자가 나가겠다고 할 때, 이것이 제대로 길을 가는 겁니까, 못된 길로 가는 겁니까? 못된 길로 가는 것입니다. 나가는 아들이 있으면 보통 아버지라면 당연히 붙잡고 말려야 합니다. 그러나 하나님은 내가 죄악 된 길을 선택해서 나갈 때 말리시지 않습니다. 붙잡지 않습니다. 우리가 타락된 길로 가기를 원하면 하나님은 가슴 아프지만 가라고 하십니다. 이것이 우리 생각과 하나님의 생각이 다른 점입니다.

우리가 교회로 향하는 발걸음을 세상으로 향했다 해도 하나님은 내버려 두십니다. 그런가 하면 우리가 교회를 선택해서 오게 되더라도 하나님은 오라고 하십니다. 하나님은 내 의지의 결정을 굉장히 존중해 주십니다. 여기서 우리는 두 가지를 배울 수 있습니다. 첫째는 그렇기 때문에 우리가 결정을 잘해야 한다는 것입니다. 나 스스로 내리는 결정이 매우 중요하다는 사실을 알아야 합니다.

본문에서 아버지는 아들이 나갈 때 가라고 하시며 재산을 줍니다. 그래서 아들이 떠납니다. 나가서 허랑방탕하여, 있는 재산 다 탕진하고 돌아옵니다. 돌아올 때 우리 같으면 받아주겠습니까? 나중에 받아주더라도 어떻게 합니까? 일단은 야단을 치고 봅니다.

"이놈아! 내 눈에 흙이 들어가기 전에는 들어오지 마라! 내가 네 이름 호적에서 지운 지 오래다." 이러지 않겠습니까? 그런데 하나님은 돌아오라는 것입니다. 나가는 것도 우리 마음이지만, 돌아오는 것도 우리 마음입니다. 나갈 때 내보냈지만, 돌아올 때에는 또 흔쾌히 받아들이십니다. 이것이 하나님의 마음입니다. 우리는 하나님을 섬길 때 하나님의 입장을 알고 하나님의 마음에 맞추어서 섬겨야 합니다.

아들이 나가서는 타락이 바로 시작이 됩니다. 우리는 또 이것을 알아야 합니다. 아버지 집을 떠난 그 자체가 타락입니다.

'목사님! 내가 아버지를 떠나도 타락하지 않고 오히려 아버지 집에 있을 때보다 더 착하게 잘 살면 되는 것 아닙니까?'

이렇게 생각하는데 아닙니다. 왜 그렇습니까? 자식이 집을 나간 이후부터 아버지는 마음 졸이며 기다리고 계시기 때문입니다. 우리가 그 심정을 알아야 합니다. 하나님은 돌아오라는 것입니다. 우리가 나가서 어찌 잘될 수 있냐는 것입니다. 거기서 아무리 새롭게 산다고 해도 살 수도 없을 뿐더러 다 소용없는 일입니다.

그래서 교회를 떠난 자체도 타락입니다. 세상에서 제아무리 윤리적으로, 도덕적으로 바르게 산다 할지라도 그건 타락입니다. 탕자가 집에 있는 큰아들보다 더 야무지게 잘살았다 해도 잘못입니다.

아마 모르긴 해도 누구나 성장해 오는 과정 속에서 집을 뛰쳐나가고 싶은 욕망이 한 번쯤은 있었을 것입니다.

'이렇게 사느니 차라리 내가 나가서 돈을 크게 벌어 부모님께 호강시켜 드려야지.' 이런 충동이 요즘 애들도 있을 것입니다. 저도 그런 생각이 있었던 적이 있습니다. 나가는 이유가 뻔하지 않습니까? 아버지의 구속이 싫고, 아버지의 간섭이 싫은 것 아닙니까? 그래서 아버지의 힘이 미치지 않는 곳으로 갑니다. 그러나 세상에 나가면 세 가지를 벗어나질 못합니다.

세상의 유혹에는 육신의 정욕과 안목의 정욕과 이생의 자랑이 있습니다. 예수 안 믿는 사람은 누가 잘 입었냐? 누가 잘 먹었냐? 누가 더 벌었냐? 이 범주를 벗어나질 못합니다. 그래서 세상 사람들이 주로 하는 이야기를 들어보십시오. 아무리 훌륭하게 생기고, 아무리 많이 배우고, 아무리 똑똑한 사람이라 하더라도 그 내용은 고작 이 세 가지입니다.

기죽기 싫으니까 허울만 뒤집어씁니다.

그러나 예수 믿는 사람은 있어도 오히려 없는 척합니다. 상대방의 마음 다칠까 봐 먹어도 안 먹은 척합니다. 이것이 믿는 사람의 성숙한 마음입니다. 그래서 예수를 어릴 때부터 일찍 믿은 사람은 정신적인 면에서도 매우 성숙합니다.

물론 간혹 잘된 사람도 더러 있습니다. 그러나 대개가 세상에 나가면 흥청망청 먹고 마시고 창기와 즐기게 되니 타락을 많이 합니다. 그래서 고향 떠나는 것을 어렵게 생각하고 무섭게 여기는 것입니다. 고향에 있을 때에는 그래도 감시의 눈이라도 있지 않습니까? 부모를 의식하고 집안의 어른들을 의식해서라도 착실하게 살려고 합니다. 그러나 객지로 나가면 아는 사람이 없기 때문에 자기 하고 싶은 대로 다 하며 삽니다. 그러니 삶이 엉망이 될 수밖에 없습니다.

우리 생각에는 내가 나가게 되면 성공해서 돌아오리라고 하지만, 그렇게 성공해서 돌아오는 사람이 정말 드뭅니다. 뒷골목에서 정말 비참하게 타락한 사람들이 얼마나 많습니까?

본문의 탕자가 돈을 다 허비하고 거기다 기근까지 들어서 먹을 것이 없습니다. 하나님 품을 떠난 인간이 결코 잘될 수 없다는 것을 보여 주는 것입니다. 결국은 탕자가 하나님 품으로 돌아오지 않습니까?

돈 있을 때는 대우가 괜찮더니 돈 떨어져 보십시오. 친구가 어디 있습니까? 다 떠납니다. 객지서 돈 떨어지니 누가 아는 척을 해 줍니까? 나중엔 굶어 죽을 수 없어 돼지 키우는 데 취직합니다.

우리는 돼지 키우는 것을 그래도 괜찮게 생각하지만, 이스라엘 사람들은 그렇지 않습니다. 돼지 키우는 일이 최고로 천한 직업입니다. 이보다 더 이상 낮은 자리가 없습니다. 왜냐하면 이스라엘 사람들이 돼지고기를 먹지 않기 때문입니다. 돼지는 그들에게 아무것도 아닙니다.

밥이라도 제대로 먹을 수 있으면 좋겠는데, 흉년에 누가 밥을 줍니까? 돼지나 먹는 쥐엄 열매를 먹습니다. 쥐엄 열매는 콩깍지처럼 생겼는데 그걸 먹어야 합니다. 정말 되는 일이 없습니다.

그제야 탕자는 자기를 발견합니다.

'나는 이제 주려 죽는구나.'

죽음에 의한 인식이야말로 인간 실존의 시작입니다. '나는 이제 죽는구나' 하고 종말을 인식할 때 거기서 사는 길이 생깁니다. '살았구나' 하면 살 길을 찾지 못합니다. 그래서 진짜 문제는 작은 아들이 아닙니다. 큰아들이 문제입니다. 작은 아들은 '나는 죽었구나. 나는 죄인이구나' 하는 사실을 발견해서 아버지 집에 돌아옵니다. 그래서 잔치를 열어 주는 가운데 환영을 받습니다. 그러나 큰아들은 '나는 죄인도 아니고, 죽을 일도 안 했다' 라고 생각합니다. 진짜 심각한 아들은 이 큰아들입니다. 작은 아들이 작은 탕자라면, 큰 아들은 큰 탕자입니다.

우리도 그렇습니다. 우리 삶 속에 '나는 정말 하나님 품을 떠났던 죄인이구나. 나는 정말 죽을 수밖에 없는 죄인인데 아버지 집에 돌아오니 이렇게 위로받고 구원을 받는구나' 하는 감격이 있으면 작은 탕자입니다. 그런데 '나는 원래부터 괜찮은 사람'이라고 생각한다면 그는 큰 탕자입니다.

회(悔)와 개(改)

죽음 앞에서 탕자는 아버지 집을 회고합니다.

이에 스스로 돌이켜 가로되 내 아버지에게는 양식이 풍족한 품꾼이 얼마나 많은고 나는 여기서 주려 죽는구나 (눅 15:17)

'이에 스스로 돌이켜'

이것이 '회(悔)'입니다. 우리가 '회(悔)'는 참 잘합니다. 스스로 뉘우칩니다. 그러나 '잘못했구나. 잘못했구나!'만 잘하면 안 됩니다. 곧 이어서 '개(改)'를 해야 합니다. 우리나라 사람들은 특별히 '회(悔)'를 참 잘한다고 합니다. '잘못했구나' 하는 것은 사실 회개가 아닙니다. 그냥 '회(悔)'만 한 것입니다. 담배 피우던 사람이 회개하면 어떻게 해야 합니까? 끊는 데까지 가야 합니다. 그런데 왜 못 끊는 줄 아십니까? '회(悔)'만 하기 때문입니다. '회(悔)'만 하고는 또 피우고, '회(悔)'만 하고 또 피웁니다.

술 마시는 사람이 회개하면 안 마셔야 하지 않습니까?

'다시는 술 먹지 않으리라' 하고는 또 마시니 '회(悔)'만 자꾸 되풀이하게 됩니다.

"예수께서 입을 열어 가르쳐 가라사대 '회(悔) 하라'라고 하셨
다면 얼마나 좋겠습니까? 그러나 예수님은 회개(悔改)하라고 하셨습
니다. 탕자는 17절에서 회(悔)합니다.

'잘못했구나.' 그리고 어디서 '개(改)'합니까? 20절에서 '개(改)'
까지 합니다.

이에 일어나서 아버지께로 돌아가니라 (눅 15:20)

일어나서 아버지께로 돌아가야 이것이 '개(改)'입니다. '회개'라
는 말은 내가 가던 길에서 잘못을 뉘우치고 반대 방향으로 돌아가는
것입니다.

만약에 탕자가 아버지 집을 떠나서 "잘못했어요. 불효자는 웁니
다, 아버지! 이 못난 자식을 용서해 주세요."

계속 그러고만 있으면 뭐 하고 있는 것입니까? '회(悔)'만 하고
있는 것입니다. 우리는 어떤 적은 일이든, 큰 일이든 하나님 앞에 '회
(悔)'만 하지 말고 '개(改)'까지 확실하게 해야 합니다.

특별히 우리나라 사람들은 감수성이 예민해서 그런지 조금만 슬
퍼도 "주여!"하며 눈물을 잘 흘립니다. '회(悔)'에는 아주 능숙합니다.
그러나 회(悔)를 했으면 뭐가 따라와야 합니까? '개(改)'가 곧 뒤따라
와야 합니다.

가룟 유다도 '회(悔)'는 했습니다. 자기가 은 30에 예수를 팔았

다는 사실이 양심에 가책이 되어서 얼마나 괴로워했습니까?

'내가 무죄한 피를 흘렸구나' 하며 모르긴 해도 너무 괴로워서 가슴을 찢었을 것 같습니다. 그리고 돈도 도로 갖다 주었습니다. 그것이 바로 '회(悔)'입니다.

그랬으면 그다음부터는 예수를 위해서 살아야 하지 않습니까? 그런데 '개(改)'를 하지 않았다는 것이 아쉬운 점입니다. '회(悔)'를 너무 세게 했는지 목매달아 죽어 버렸습니다. '회(悔)'만 하면 지옥 갑니다. '회(悔)'만 하면 하나님이 인정 안 해 주십니다.

베드로도 '회(悔)'를 했습니다.

'내가 잘못했구나' 하고 가슴을 쳤습니다. 그러나 베드로는 '개(改)'까지 한 사람입니다. 그래서 주님의 위대한 사도가 되었습니다. 우리는 베드로처럼 반드시 '개(改)'까지 해야 합니다. 그래야 하나님의 사랑을 받을 수 있습니다.

회개는 몇 번 하는 것입니까? 한 번만 하는 것입니다. 담배 피우는 사람들은 '회(悔)'는 백 번도 더 했을 것입니다. 이제 끊었으니까 재떨이 치우고 담배를 다 갖다 버려도 다음 날 보면, 또 사다 놓습니다.

혈기 끊겠다는 결심도 천 번도 더 했을 것입니다. 왜 그렇습니까? '회(悔)'는 했지만, 아직 '개(改)'를 못하기 때문입니다.

술도 그렇습니다. 시종일관 술로만 사는 사람은 없습니다.

'맞어. 술 끊어야 돼. 내가 또 술 마시면 사람이 아니다. 이제 아빠 술 끊었다" 하면서 연초에 선포합니다.

"여보, 나 술 끊었어. 나는 한다면 하는 사람이야. 남아일언중천금이야.' 그래 놓고는 또 마십니다. 약속을 지키지 못해서 내 존재가 자꾸 비참해지고 정말 보잘것없어집니다. 어떤 때는 교회 나오기도

미안합니다. 굳세게 나오는 것을 보면 우리는 보통 뻔뻔한 사람이 아닙니다. 그래도 안 한 것처럼 앉아 있는 것을 보면 정말 얼굴이 보통 아닙니다. 그러나 예수는 뻔뻔해야 믿을 수 있습니다.

제가 방송 설교를 하면서 깨달은 사실입니다. 우리가 하나님 앞에 나와 있고, 제가 강단에 서서 설교하고 있다는 사실, 말이 그렇지, 보통 뻔뻔하지 않고서야 어떻게 우리가 감히 하나님 앞에 나와 예배드릴 수 있단 말입니까? 그러나 예수는 뻔뻔스럽게 믿어야 합니다.

탕자가 돌아오는 이 순간이야말로 완전하게 철갑 쓴 상태입니다. 그렇지 않고는 못 돌아옵니다. 우리 같으면 돌아오겠습니까? 아버지 뻔히 살아 계신데 내 몫 달라고 졸라서 가지고 나가더니 그 재산을 다 까먹었습니다. 그것도 사업 하다가 까먹었으면 할 말이나 있을 것입니다. 이건 기생과 놀아나다가 다 까먹고 되돌아오는 것입니다. 그것도 신사복 떨어지기 전에 돌아오면 괜찮습니다. 복장도 완전히 거적처럼 입지 않았겠습니까? 여기저기 꿰매서 만들어 입은 누더기를 입고, 세수나 제대로 했겠습니까, 목욕을 했겠습니까? 꼬지지해서 돼지를 키웠으니 몰골이 돼지와 비슷했을 것입니다. 그래서 말 그대로 돼지 같은 놈이 아버지 집으로 돌아오는 중입니다. 이것이야말로 완전히 철판 깔아야 돌아올 수 있는 형국입니다. 사람 앞에는 매너가 깨끗하게 살더라도 하나님 앞에서는 뻔뻔하시기를 바랍니다. 예수는 그렇게 믿는 것이 정석입니다.

그런데 우리는 자꾸 거꾸로 하려고 합니다. 하나님 앞에서는 깨끗하려 하고 사람 앞에서는 뻔뻔합니다. 그렇게 믿으면 안 됩니다. 하나님 앞에는 철판 깔고 돌아와야 합니다.

그런데 또 놀라운 사실이 있습니다. 탕자가 나간 후부터 아버지의 일과가 무엇인 줄 아십니까? 문 밖에 나가 기다리는 것이 아버지의 일과가 되어 버렸습니다. 저는 이것을 보고 얼마나 충격을 받았는지 모릅니다. 에덴동산에서 아담이 범죄한 이래 하나님은 우리를 기다리는 데에 그의 시간을 투자하고 계셨다는 사실을 깨달았습니다. 우리가 범죄하고 하나님 품을 떠나는 순간부터 지금까지 하나님은 우리가 돌아오기만을 기다리고 계십니다. 이것이 바로 부모의 심정입니다. 아버지의 일과는 나를 기다리는 것밖에 없었습니다. 물건이라면 찾으러 나가지만 인격체는 기다려야 합니다. 우리는 인격체이기 때문에 하나님이 나가서 일일이 다 찾지 않으시고, 우리 스스로 뉘우치고 돌아오기를 기다리고 계십니다. 잃어버린 자식을 기다리는 부모의 심정을 가져 본 사람은 이 사실을 조금 더 잘 알 수 있을 것입니다.

"내 아들을 돌려 달라. 억만금이라도 줄 테니 내 아들을 돌려 달라"라고 애원하는 그 부모의 심정은 자식을 잃어 본 사람만이 압니다. 사랑하는 자식을 잃어버린 하나님의 심정은 창세 이래 지금까지 우리가 돌아오기만을 기다리셨고, 지금도 기다리고 계십니다. 나중에는 기다리다 기다리다 어떻게 하십니까? 당신께서 직접 인간의 몸을 쓰시고 찾아오셨습니다. 이것이 바로 잃어버린 양을 찾아오신 예수님의 비유입니다.

하나님은 지금도 우리가 돌아오기를 기다리십니다. 돌아오라고 하시는데 바쁩니까? 그게 변명이 되지 않습니다. 염체 없습니까? 부자지간에 염체는 무슨 염체입니까? 염체는 남과의 문제입니다.

참 자식이라는 것이 묘한 데가 있습니다. 형도 경쟁자요, 동생도 경쟁자요, 모든 사람이 경쟁자입니다. 나보다 영리하면 안 됩니다. 나보다 큰 일을 하면 안 됩니다. 다 경쟁자입니다. 그런데 부모는 그렇지 않습니다. 자식이 나보다 낫기를 바라는 것이 부모의 마음입니다. 자식 이기는 부모가 없습니다.

우리는 무엇이 기뻐해야 할 일이고, 무엇이 슬퍼해야 할 일이고, 무엇이 우선적으로 해야 할 일인지 알아야 합니다. 지금 있는 데서 돌아오십시오. 정리할 것도 없습니다. 거기서 깨끗하게 할 것 없습니다. 하나님께 돌아오는 것이 최고입니다. 이것이 바로 우리가 가장 먼저 해야 할 우선순위입니다.

"목사님, 나 돌아왔잖아요?"

아니요! 그것은 교회에 온 것이지, 하나님 보좌까지 나온 것은 아닙니다. 기왕 교회까지 왔으니 하나님의 은혜 보좌까지 나아가시기를 바랍니다. 예수 그리스도의 보혈이 떨어지는 십자가 앞에까지 나가야 합니다. 교회에 와 앉아 있다고 하나님 앞에 돌아온 것으로 생각하지 마십시오. 하나님 잔치 자리까지 나와야 합니다. 하나님은 거기까지 나오길 원하십니다. 하나님 집 안에까지 들어오길 원하십니다. 말씀 안에까지 들어오길 원하십니다.

돌아오는 탕자를 한 번도 꾸중하지 아니하십니다. 자식이기 때문에 기쁨으로 맞아 주십니다. 이때 탕자는 깨달았습니다.

'나는 종도 안 되고 그저 품꾼의 하나라도 좋다. 나는 아버지 그늘에서 하인 취급 받아도 좋다.' 각오가 이렇게 제대로 되어 있었습니다. 그런 마음가짐으로 돌아왔는데, 웬걸 아버지는 어떻게 맞이합니까?

아버지는 종들에게 이르되 제일 좋은 옷을 내어다가 입히고 손에 가락지를 끼우고 발에 신을 신기라 그리고 살진 송아지를 끌어다가 잡으라 우리가 먹고 즐기자 이 내 아들은 죽었다가 다시 살아났으며 내가 잃었다가 다시 얻었노라 하니 저희가 즐거워하더라 (눅 15:22~24)

제일 좋은 옷을 내어다가 입히고, 손에 가락지를 끼우고, 발에 신을 신깁니다. 그리고 살진 송아지를 끌어다가 잡아 먹고 즐기자고 말합니다. 왜 그렇습니까? 아들이 죽었다가 다시 살아났으며 잃었다가 다시 얻은 아들이기 때문입니다.

우리가 이렇게 하나님께 돌아오면 우리의 누추한 모습을 새롭게 바꾸어 주십니다. 의의 세마포를 입히시고, 발에 신을 신기십니다. 왜 그렇습니까? 종은 원래 신도 없이 맨발로 다닙니다. 신을 신었다는 것은 자녀의 권세를 부여했다는 뜻입니다.

그리고 중요한 것이 있습니다. 잔치를 베풀어 주십니다. 우리가 예배하는 자리에 나온 것은 단순히 예배드리러 온 것이 아닙니다. 하나님의 잔치에 참여하러 온 것입니다. 그래서 예배는 잔치 분위기이여야 합니다. 축제입니다. 풍류 소리가 하늘나라에서 들려와야 합니다. 악한 사람에게는 안 들립니다. 하나님께서 입이 해만큼 벌어지셔서 천사들과 함께 기뻐하십니다. 하나님 눈에는 감격의 눈물이 흐릅니다. 그 감격이 내 마음속에 차고 넘쳐서 나도 함께 감격해야 하는 것이 예배의 현장입니다.

돌아오십시오. 하나님께로 돌아오십시오. 에덴동산에서 타락한 이후 이날까지 초상집 같던 집이 나 하나 돌아오니 잔치를 다 베풀어 주십니다. 착하고 악하고, 바르고 안 바르고 이것이 중요한 게 아닙니다. 돌아왔느냐, 안 돌아왔느냐? 이것이 중요합니다. 내가 의롭게 살았느냐, 더럽게 살았느냐? 이것이 중요한 게 아닙니다. 가장 큰 죄가 아버지 품에 돌아오지 않는 죄입니다. 아버지 품에 돌아오기만 하면 다 씻어 주고, 용서해 주십니다. 죄를 다 덮어 주시고 주님께서 다 해결해 주시니 그저 돌아오라는 것입니다.

"탕자야, 죄짓지 마라"이게 아닙니다.

"탕자야, 돌아와라"이겁니다.

"탕자야, 여자 조심해라"이게 아닙니다.

"탕자야, 돌아와라."

"탕자야, 술 조심해라"이게 아닙니다.

"탕자야, 돌아와라."

하나님의 음성은 어떤 것에 조심하라는 것이 아닙니다. 그저 돌아오라는 것입니다. 아버지 집으로 돌아만 오면 나머지는 아버지께서 다 갚아 주십니다.

율법의 눈

그런데 큰아들의 반응은 어떻게 나옵니까? 돌아와 보니 전에 없던 잔치가 벌어졌습니다. 종에게 물어봅니다. 동생이 지금 돌아와서 아버지가 너무 좋아서 잔치를 베풀었다고 설명해 줍니다. 그러면 큰아들도 같이 기뻐해야 하지 않습니까? 동생이 돌아왔으니 기뻐하는 것이 마땅합니다. 그런데 역정을 냅니다. 이것이 바로 형과 부모가 서로 다른 점입니다.

동생이 만일 잘못 사고를 쳐서 감옥에 들어가 앉아 있다면 어떻게 합니까? 형은 어머니와 상의하면서 틀림없이 이렇게 이야기합니다.

"어머니, 이 자식 고생 좀 해 봐야 정신 차리니까 그냥 두세요. 형무소 가서 정신 좀 차려야 돼."

그걸 어머니가 모르는 것이 아닙니다. 어머니도 다 압니다. 그러나 어머니는 이렇게 이야기합니다.

"정신 안 차려도 좋으니 꺼내 줘라. 네 동생 당장 꺼내라." 이것이 부모의 심정입니다. 이렇게 심정이 다릅니다. 바르게 사느냐, 틀리게 사느냐? 이것이 중요한 게 아닙니다. 사람이 되느냐, 안 되느냐? 부모의 심정은 이게 중요한 것이 아닙니다. 부모의 심정이 꼭 옳은 것은 아닙니다. 그러나 우리는 그 심정만큼은 알아 드려야 합니다.

"꺼내라. 네 동생 무조건 꺼내라." 이것이 부모의 마음이며, 하나님의 마음이라는 것입니다.

그러나 마귀란 놈은 그렇지 않습니다.

"이놈 잘못했으니까 정죄를 받아야 마땅하다" 하면서 우리를 끊임없이 참소합니다. 그러나 하나님은 사랑이십니다.

"그게 무슨 소리냐? 용서해 줘라. 무조건 용서해 줘라." 이것이 하나님의 사랑입니다.

큰아들이 화가 나서 아버지에게 따집니다.

"아버지! 나는 나간 적도 없고, 타락한 적도 없어요. 술 마신 적도 없고, 죄지은 적도 없어요. 나를 위해서는 잔치도 안 베풀어 주더니 이게 뭐 하시는 겁니까?"

물론 그의 말이 맞습니다. 그런데 큰아들에게 무슨 잘못이 있는가 보십시오. 자기 하나 착하고, 자기 하나 훌륭하고, 자기 하나 바른 것은 좋습니다. 그러나 큰아들은 아버지의 마음을 너무나 모르고 있다는 것입니다.

큰아들이 제대로 된 효자라면 동생이 나갔을 때 어떻게 해야 합니까? 어차피 품꾼은 집에 많지 않습니까?

"아버지!"

"왜 그러느냐?"

"아무래도 내가 동생 찾으러 나가 봐야 되겠습니다."

그리고 동생을 찾으러 나갔다면 아버지 마음이 얼마나 기뻤을까요? 이것이 부모의 심정을 알아주는 것입니다.

여기서 형은 율법 같은 사람입니다. 하나님은 사랑이고, 은혜입니다. 이것이 율법과 다른 점입니다. 율법은 모세로부터 왔습니다. 잘못하면 거기에 대한 죗값을 받아야 된다고 정죄합니다. 간음하다 현장에 잡힌 여인을 돌로 치라고 하는 것은 왜 그렇습니까? 율법의 눈으로 보면 그 여자는 죽어야 마땅하기 때문입니다. 그러나 은혜와 사랑의 눈으로 보면 용서해 줄 수밖에 없습니다.

우리는 죄인을 바라볼 때 어떻게 보십니까? 큰아들의 시각입니까, 아버지의 시각입니까? 정말 죽어야 할 죄인이라도 사랑의 눈으로 보면 불쌍한 법입니다. 그러나 율법의 눈으로 보면 다 돌로 쳐야 합니다. 적나라하게 그 대가를 받아야 직성이 풀립니다. 이것이 율법의 눈입니다.

그래서 이 큰아들은 율법주의자의 대명사입니다. 그들이 누구입니까? 바로 바리새인과 서기관들입니다. 그들은 깨끗하게 율법을 다 지키면서 살았습니다. 그들의 말이 다 옳습니다. 그러나 그들 속에는 사랑이 없습니다. 은혜가 없다는 것입니다. 율법은 그 본질이 하나님의 양심이기 때문에 거룩하며 절대적입니다. 의로우며 선합니다(롬 7:12). 신령합니다(롬 7:14). 율법이 의롭기 때문에 정죄할 수는 있으며, 죄를 못 짓게 하는 데에 사용될 수는 있습니다. 그러나 율법은 한계가 있습니다. 인간을 구원할 수 없습니다. 이것이 율법의 가장 큰 약점입니다. 우리의 구원은 율법을 행함으로 이루어지는 것이 아닙니다. 우리의 구원은 사랑으로 이루어지는 것입니다. 인간이 율법으로 구원받을 수 없기 때문에 예수님께서 용서와 사랑을 가지고 오셨습니다.

큰아들의 결정적인 약점은 아버지의 심정을 너무나 몰라주었다는 것입니다. 우리가 신앙생활하는 가운데 누군가가 잘못하는 것을 보게 되면 어떻게 생각합니까? 속으로 '그것 참 잘되었다' 라고 생각하지 않습니까? 제가 설교하면서도 이것이 얼마나 어려운지 모릅니다. 저도 어떤 사람이 잘못되면 왠지 모르게 '아, 잘됐다. 당연하지.' 그런 마음이 듭니다. 이게 인간입니다. 이렇게 제 속에서도 율법의 정신이 싹트고 있습니다. 왜 내 속에 사랑이 없는가?! 이웃이 잘못되면 불쌍한 마음이 들어야 진실한 기도가 나갈 수 있는데 말입니다. 목사인 제가 이러한데 평신도들이야 오죽하겠습니까? 우리는 오십 보 백 보입니다. 다 마찬가지입니다.

은혜의 눈

종합적으로 결론을 지어 보겠습니다. 첫 번째는 은혜의 눈을 뜹시다. 은혜의 눈을 뜨면 불쌍해지고 용서하지 않을 수 없습니다. 주님은 우리가 그런 마음을 가지고 살아가기를 원하십니다. 타락한 사람을 율법의 눈으로 보게 되면 다 죗값으로 죽어야 마땅합니다. 그러나 하나님은 내가 은혜의 눈으로 이웃을 바라보고, 그들을 구원하기를 원하십니다. 우리가 정녕 교회 안에 들어온 하나님의 큰아들이라면, 아버지의 심정을 알아야 합니다. 아직 돌아오지 못한 작은 아들을 찾아나서야 합니다. 그것이 바로 전도입니다.

"하나님이 너를 얼마나 기다리고 계신 줄 아느냐? 집 나간 자식 기다리는 것 못지않게 그보다 몇 만 배 더 뜨거운 심정으로 하나님께서 너를 지금도 기다리고 계셔 하나님 아버지한테 꼭 와야 돼" 하면서 그 사람을 데리고 와 주는 것입니다. 이것이 하나님을 기쁘게 해 드리는 일입니다. 이것이 진정한 전도입니다. 전도는 하나님의 심정을 아는 사람만이 할 수 있습니다. 막연히 빈자리 채우려고 하는 것이 아닙니다. 하나님은 지금도 우리가 나가서 탕자들을 데려오길 기다리고 계십니다. 하나님의 심정을 알아서 타락하지 않은 큰아들처럼 순종하시기 바랍니다.

두 번째, 탕자를 은혜의 눈으로 바라보아야 합니다.

혹시 아직도 하나님 품안에 온전히 들어오지 못하고 밖에서 배회하고 있는 분 있습니까? 어서 돌아오십시오. 눈치 보지 말고 하나님 품안으로 쑥 들어오시기를 바랍니다. 내가 들어왔는지, 안 들어왔는지 쉽게 아는 방법이 있습니다. 들어온 사람은 내 심령이 항상 잔치 분위기입니다. 신납니다. 그렇게 기쁠 수가 없습니다. 그렇게 좋을 수가 없습니다. 아버지 집에만 오면 풍류 소리가 들려오고, 춤이 나옵니다. 이것이 돌아온 사람의 마음입니다. 그런데 아버지 집에만 오면 사지에 끌려온 양 같습니다. 그렇다면 그는 아직 돌아온 사람이 아닙니다.

우리는 하나님을 알고 섬겨야 합니다. 우리가 잘못된 길로 나가려고 할 때 하나님은 막는 줄 알았습니다. 그러나 하나님은 내 의견을 존중해서 나가도록 허락하십니다. 우리는 죄 가운데 타락하여 허랑방탕하면 염치없어서 하나님 앞에 못 돌아갈 줄 알았습니다. 그러나 하나님은 지금도 나를 기다리고 계십니다. 왜 그런가 했더니 하나님은 율법의 하나님이 아니라, 은혜의 하나님, 사랑의 하나님이시기 때문입니다. 내 잘못을 하루빨리 정리하고 아버지 품에 돌아오기를 원하십니다. 탕자를 맞아 주셨던 하나님께서 오늘도 나를 기쁨으로 받아주십니다.

돌아오십시오. 내 생각에서 하나님 생각으로 돌아오십시오. 세상에서 교회로 돌아오십시오. 내 삶의 스타일에서 하나님의 삶의 스타일로 돌아오십시오. 돌아와 세상에서 찾지 못한 즐거움을 누리십시오. 세상에서 누리지 못한 축복을 하나님 안에서 받아 누리십시오.

종이라도 좋은데, 하나님은 나를 자녀로 삼아 주십니다. 너무나 감사하지 않습니까? 그곳에 참된 안식과 기쁨과 축제가 준비되어 있습니다. 하나님은 말씀을 통해 우리가 돌아오기를 애타게 기다리고 계십니다. 돌아오는 자가 효자입니다. 하나님이 나를 축복하시는 그 축복이 내 마음에 기쁨으로 나타나길 바랍니다. 그래서 모두 주님 안에서 참된 축복을 누리시길 바랍니다.

11. 예수 안으로

또 가라사대 어떤 사람이 두 아들이 있는데 그 둘째가 아비에게 말하되 아버지여 재산 중에서 내게 돌아올 분깃을 내게 주소서 하는지라 아비가 그 살림을 각각 나눠 주었더니 그 후 며칠이 못되어 둘째 아들이 재물을 다 모아가지고 먼 나라에 가 거기서 허랑방탕하여 그 재산을 허비하더니 다 없이 한 후 그 나라에 크게 흉년이 들어 저가 비로소 궁핍한지라 가서 그 나라 백성 중 하나에게 붙여 사니 그가 저를 들로 보내어 돼지를 치게 하였는데 저가 돼지 먹는 쥐엄 열매로 배를 채우고자 하되 주는 자가 없는지라 이에 스스로 돌이켜 가로되 내 아버지에게는 양식이 풍족한 품꾼이 얼마나 많은고 나는 여기서 주려 죽는구나 내가 일어나 아버지께 가서 이르기를 아버지여 내가 하늘과 아버지께 죄를 얻었사오니 지금부터는 아버지의 아들이라 일컬음을 감당치 못하겠나이다 나를 품꾼의 하나로 보소서 하리라 하고 이에 일어나서 아버지께로 돌아가니라 아직도 상거가 먼데 아버지가 저를 보고 측은히 여겨 달려가 목을 안고 입을 맞추니 아들이 가로되 아버지여 내가 하늘과 아버지께 죄를 얻었사오니 지금부터는 아버지의 아들이라 일컬음을 감당치 못하겠나이다 하나 아버지는 종들에게 이르되 제일 좋은 옷을 내어다가 입히고 손에 가락지를 끼우고 발에 신을 신기라 그리고 살진 송아지를 끌어다가 잡으라 우리가 먹고 즐기자 이 내 아들은 죽었다가 다시 살아났으며 내가 잃었다가 다시 얻었노라 하니 저희가 즐거워하더라 맏아들은 밭에 있다가 돌아와 집에 가까웠을 때에 풍류와 춤추는 소리를 듣고 한 종을 불러 이 무슨 일인가 물은대 대답하되 당신의 동생이 돌아왔으매 당신의 아버지가 그의 건강한 몸을 다시 맞아들이게 됨을 인하여 살진 송아지를 잡았나이다 하니 저가 노하여 들어가기를 즐겨 아니하거늘 아버지가 나와서 권한대 아버지께 대답하여 가로되 내가 여러 해 아버지를 섬겨 명을 어김이 없거늘 내게는 염소 새끼라도 주어 나와 내 벗으로 즐기게 하신 일이 없더니 아버지의 살림을 창기와 함께 먹어 버린 이 아들이 돌아오매 이를 위하여 살진 송아지를 잡으셨나이다 아버지가 이르되 얘 너는 항상 나와 함께 있으니 내 것이 다 네 것이로되 이 네 동생은 죽었다가 살았으며 내가 잃었다가 얻었기로 우리가 즐거워하고 기뻐하는 것이 마땅하다 하니라

눅 15:11~32

11
예수 안으로 눅 15:11~32

삭개오

누가복음 19장 1절 이하에 보면 삭개오의 이야기가 나옵니다.

예수께서 여리고로 들어 지나가시더라 삭개오라 이름하는 자가 있으니 세리장이요 또한 부자라 저가 예수께서 어떠한 사람인가 하여 보고자 하되 키가 작고 사람이 많아 할 수 없어 앞으로 달려가 보기 위하여 뽕나무에 올라가니 이는 예수께서 그리로 지나가시게 됨이러라 (눅 19:1~4)

삭개오는 세리라는 직업을 택해서 큰 부(富)를 이룬 사람입니다. 돈이 많은 부자이기에 부족함이 전혀 없는 사람처럼 보입니다. 그러나 그에게는 키가 작은 것에 대한 열등감이 있었습니다. 그리고 내심 인생의 공허를 어찌할 길이 없었습니다. 그가 비록 경제적인 면에서는 성공했을지 몰라도 그의 열등감 문제는 전혀 해결되지 않았습니다. 그래서 항상 갈급함이 있었습니다.

예수님을 보면 돈은 별로 없어 보이는데, 자신과는 뭔가 달라 보였습니다. 자신에게는 없는 행복과 만족과 평안이 넘쳐 보였습니다. 예수님을 한번 만나 보고 싶어졌습니다. 예수님을 만나 삶의 새로운 돌파구를 찾고 싶었습니다. 예수님을 사모하는 마음을 항상 가지고 있어서 그랬는지, 마침 여리고로 지나간다는 것입니다. 예수님을 만나려고 가 보니 사람이 너무나 많습니다. 게다가 키까지 작으니 어떻게 합니까? 하는 수 없이 뽕나무에 올라갔습니다. 지나가는 예수님을 바라봅니다. 이때 예수님은 그 많은 무리 속에서도 뽕나무에 올라간 삭개오를 알아보십니다. 그리고는 삭개오에게 말씀 하십니다.

삭개오야 속히 내려오라 내가 오늘 네 집에 유하여야 하겠다 하시니
(눅 19:5)

예수님께서 오늘 삭개오 집에 유해야겠다고 하시자, 삭개오가 부리나케 뽕나무에서 내려와 예수님께 고백합니다.

삭개오가 서서 주께 여짜오되 주여 보시옵소서 내 소유의 절반을 가난한 자들에게 주겠사오며 만일 뉘 것을 토색한 일이 있으면 사 배나 갚겠나이다 (눅 19:8)

"주여, 참 고맙습니다. 내 소유의 절반을 뚝 떼어서 가난한 자들에게 주겠고, 만일 내가 남을 것을 토색한 일이 있으면 네 배로 갚겠습니다."

이때 예수님께서 뭐라고 하십니까?

이 상황을 제 11장 본문과 비교해 보겠습니다. 만일 삭개오가 예수님이 지나가실 때 주님을 만나기를 원치 않았다면 어떻게 되었을까요? 또 주님을 만나기 위해서 뽕나무에 올라가지 않았다면 어떻게 되었을까요? 주님을 만났다 할지라도 회개의 고백을 하지 않았다면 어떻게 되었을까요? 아마 주님과 옷깃을 스쳤다 해도 그냥 지나갈 수밖에 없었을 것입니다. 그러기 때문에 자기 스스로 돌아오지 아니하면 주님을 만날 수 없다는 것입니다. 이 사실을 탕자의 비유를 통해서 우리는 깊이 깨달아야 합니다.

인격체인 사람은 잃어버린 존재로 그대로 있으면 안 됩니다. 삭개오는 자신의 열등감의 문제를 공개하면서까지 예수님 앞에 섰습니다. 우리도 이렇게 내 안에 있는 열등감과 부끄러움, 약함, 연약함의 문제들을 예수님 앞에 뻔뻔스럽게 드러내야 합니다. 나를 감추려고만 하던 담과 벽들을 과감히 허물 수 있어야 합니다. 자기 스스로 돌아와야 합니다. 바로 이것이 탕자의 비유가 우리에게 주는 가장 중요한 교훈입니다. 이 자세가 필요합니다.

제가 병든 자들을 위해서 기도할 때마다 느끼는 것이 있습니다. 본인이 정말 하나님 앞에 애써 기도하고 매달려서 어떻게든 해결을 보려는 사람들은 별 문제가 없습니다. 그런데 본인은 믿음이 전혀 없는데도 그 옆에 있는 사람이 더 안타까워하는 경우를 봅니다.

"안수 좀 받고 해결 좀 받아 봐요."

반 강제로 막 떠다밀다시피 하면서 안수를 받게 합니다. 그때 보면 저도 기도가 잘 되지 않습니다. 그런 사람들은 좀 문제가 있습니다. 본인은 아무 의지가 없고 낫고 싶은 마음이 없는데, 주변에서 하도 받으라고 성화를 하니까 마지못해 온 것입니다. 그러면 마치 느낌이 장작 위나 돌멩이 위에 손을 얹고 기도하는 것 같습니다. 부인이나 친구, 또 주변에 있는 사람들은 안타까움에 안수받기를 원하지만, 본인이 스스로 돌이키지 않으면 참 어려운 것입니다. 삭개오처럼 스스로 낫고자 하는 열망이 있어야 합니다. 성경에는 질병을 치료받을 수 있는 방법이 무수히 실려 있습니다. 그러나 우리가 치료받지 못하는 것은 낫고자 하는 열망이 없기 때문입니다. 예수님은 낫고자 하여 예수님 앞에 찾아온 사람은 다 치료해 주셨습니다. 어떤 병이든지 100% 치료해 주셨습니다.

또 교회를 모시고 나오는 것도 마찬가지입니다. 대체적으로 부인은 믿음이 좋은데, 남편 믿음이 없을 때 보십시오. 남편 스스로가 나와 주면 좋겠는데, 스스로 나오려고 하지 않습니다. 그런 사람을 교회 한 번 모시고 나오기 위해 있는 비위, 없는 비위 다 맞춰 줍니다. 세상 못 볼 꼴까지 다 보고 참습니다. 심지어는 발도 닦아 주고, 옷도 입혀 주고, 서비스를 주야로 다 해 가면서 모시고 나오려고 합니다. 그런데 자기 스스로가 돌이키지 아니하면 그 정성에 비해서 너무 효과가 없더라는 것입니다. 우리는 스스로 돌아서야 합니다. 억지로는 안 됩니다.

공부도 마찬가지입니다. 아무리 장학금을 대준다 해도 본인이 공부하고자 하는 열망이 없으면 아무 소용이 없습니다. 아무리 옆에서 회초리 들고 찬물로 세수시켜 가면서 지키고 있어도 자신이 하려고 해야 합니다. 본인이 안 하면 공부시키는 것이 아니라 싸움이 돼 버립니다. 자기 스스로 돌이키지 않으면 안 되는 것은 왜 그렇습니까? 바로 인간은 인격체이기 때문입니다. 하나님도 우리 인간이 돌이키지 않으면 어쩔 수 없습니다. 문제가 있을 때마다 스스로 깨닫고 돌아서는 지혜가 있기를 바랍니다.

구하면 주시는 하나님

본문을 통해서 몇 가지 배우고 넘어가야 할 일들이 있습니다. 첫 번째는 앞에서도 다루었지만, 하나님은 무엇이든지 구하면 주신다는 것입니다. 12절을 보십시오.

> 그 둘째가 아비에게 말하되 아버지여 재산 중에서 내게 돌아올 분깃을 내게 주소서 하는지라 (눅 15:12)

재산 중에서 자기에게 돌아올 분깃을 달라고 요청합니다. 이 아들이 사실 얼마나 불효막심한 아들입니까? 원래 이스라엘 재산 상속은 아버지가 돌아가셔야만 그때 상속이 이루어집니다. 그런데 아버지가 번연히 살아 계신데 달라고 합니다. 똑같은 물질이라도 언제 물려받는가는 이렇게 중요합니다. 혼전임신이 그러하며, 시험 때 커닝(cunning)하는 것이 그러합니다. 결혼 후에 임신하면 축복받을 일이지만, 결혼도 안 했는데 처녀가 임신부터해 보십시오. 보통 문제가 아닙니다. 시험 전에 책을 열심히 들여다보면 누가 뭐라 합니까? 시험 중에 책을 그토록 열심히 보려고 하니 부정행위가 되는 것입니다. 이처럼 눈을 번연히 뜨고 계신데 내놓으라고 하면 사실 들어주면 안 됩니다.

이것은 비유이기 때문에 그 속에 다른 뜻이 내포되어 있습니다. 이 주인공 배후의 인물을 살펴보면 아버지는 하나님이요, 맏아들은 스스로 타락하지 않고, 아버지 집을 떠나지도 않았다고 자칭하는 유대 지도자나 유대인를 말합니다. 둘째 아들 탕자는 세리나 창기나 죄인들, 특히 이방인들을 의미합니다. 바로 이러한 역사적인 배경과 내면에 감추어진 배경을 생각하고 이 말씀을 보아야 합니다.

우리의 삶 속에는 항상 문제가 있기 마련입니다. 그런데 첫 번째 생기는 문제는 별 문제가 못 됩니다. 진짜 문제는 그 뒤에 따라오는 문제입니다. 실패는 문제가 아닙니다. 실패 뒤에 오는 문제가 진짜 문제입니다.

낙방은 별 문제가 아닙니다. 낙방 뒤에 오는 문제가 더 큰 문제입니다. 무슨 뜻입니까? 사람이 살다 보면 시험에 떨어질 수도 있습니다. 떨어졌지만 자기가 다시 도전해서 다음에 합격하면 됩니다. 떨어졌다고 해서 낙심하고 삶을 포기해 버린다면, 낙방이 문제가 아니라 그다음에 포기한 것이 더 큰 문제가 된다 그 말입니다.

사업을 하다 보면 실패할 수 있습니다. 그 실패가 문제가 아닙니다. 실패했다고 해서 낙심하고 삶을 포기해 버리는 데에 더 큰 문제가 있다는 것입니다. 그 실패를 딛고 다시 재기해서 일어나면 실패는 더 이상 문제가 아닙니다.

어떤 첫 번째 문제가 나를 망하게 하는 것이 아닙니다. 첫 번째 문제를 극복하지 못한, 문제 뒤에 따라오는 문제가 나를 파괴시킵니다. 그것이 나를 멸망시킵니다. 이 사실을 깨달아 첫 번째는 실패하더라도 두 번째는 꼭 성공 하시기를 바랍니다.

지금 탕자가 실패를 했습니다. 아버지 재산을 가져간 것이 첫 번째 실패입니다. 그런데 하나님은 실패할 것을 알면서도 주신다는 것입니다. 우리가 기도해서 좋을 것도 있지만, 안 좋을 것도 기도해서 계속 구하면 하나님은 주실 수밖에 없습니다.

그러니 기도할 때 무조건 기도하지 마십시오. 기도하면 응답은 옵니다. 하나님은 그것이 설령 안 좋은 기도일지라도 기도하면 주십니다. 왜 그렇습니까? 예수 이름으로 기도하기 때문입니다. 또 하나님은 예수 이름으로 구하면 주신다고 하는 하나님의 법에 스스로 매여 있기 때문입니다. 그래서 응답이 나를 불이익으로 만드는 기도가 얼마나 많습니까? 하나님의 뜻에 맞는 기도가 좋은 것입니다. 무조건 관철만 시키려고 하지 마십시오. 이루어져도 좋은 기도를 드려야 합니다.

에덴동산 사건도 마찬가지입니다. 에덴동산에서 아담이 선악과를 따 먹으면 죽는다는 것을 하나님은 다 아셨습니다. 아담과 하와가 선악과를 먹을 때 사람들은 하나님이 금하시거나 말리셨어야 한다고 생각합니다. 그러나 하나님은 먹는 것을 허락하시는 분입니다. 따 먹는 아담을 말리지 않으셨다는 사실을 알아야 합니다.

어떤 사람은 또 그것이 불만입니다. 모든 사람들이 그런 의문을 가집니다. 그래서 사람들은 그때 하나님이 왜 말리시지 않고 그대로 두셨냐고 말합니다. 하나님이 그때 말려 보십시오. 그러면 사람들은 또 뭐라고 불평할까요? 하나님께서 우리에게 너무 간섭하신다고 했을 것입니다. 뭐 좀 하려고 하면 못하게 한다고 불만이 생길 것입니다. 그러니 하나님은 간섭하시지 않습니다. 하나님은 인간을 로봇처럼 만든 것이 아니라, 자유롭게 쓸 수 있는 자유 의지를 주신 것입니다. 그러나 그 자유의지는 한없는 자유의지가 아닙니다. 구속된 자유의지입니다.

구속된 자유의지

두 번째입니다. 잘 보십시오. 그렇다면 선악과를 따 먹게 하신 하나님이 생명과도 따 먹게 하시지, 그것은 왜 화염검을 두심으로 못 따 먹게 지키셨을까요? 하나님은 모든 것을 자유롭게 하는 것 같지만, 하나님의 허락된 범위 안에서만 자유롭게 하십니다. 하나님의 허락은 허용된 범위 안에서 허락이지, 허용되지 않는 것은 허락지 않습니다. 쉽게 말해서 아버지는 탕자가 결국 비록 과정 속에 타락은 하지만, 이것은 과정이요, 결국에는 돌아와서 더 크게 훌륭하게 될 수 있다는 것을 미리 내다보신 것입니다. 그렇기 때문에 허락하신 것입니다.

부모가 자식에게 돈을 주면 올바르게 쓰는 돈도 있고, 잘못 쓰는 돈도 있습니다. 그러면 올바로 쓰는 돈만 주고, 잘못 쓰는 돈은 안 줍니까? 일반적으로는 안 주지만 뻔히 잘못 쓸 줄 알면서도 줄 때가 있습니다. 왜 그렇습니까? 돈을 그렇게 쓰면 안 된다는 것을 본인이 쓰면서 깨닫기를 원하기 때문입니다. 하나님도 마찬가지입니다. 탕자는 원래 아버지 집에 있어야 정상입니다. 그런데 그가 재산을 달라고 요구했습니다. 그래서 그것을 받아 내서는 타락했습니다. 그러고 끝났더라면 그의 인생이 문제가 생깁니다. 그러나 그가 허랑방탕한 뒤에 깨닫고 돌아오니까 정상보다 더 좋은 정상이 되더라는 것입니다.

하나님은 그것까지도 내다보신다 그 말입니다.

에덴동산은 평화로웠습니다. 그런데 아담과 하와가 하나님 말씀을 범하고 타락했습니다. 그러고 끝났다면 인류는 비극입니다. 그러나 예수 그리스도를 통하여 더 좋은 낙원으로 회복되었습니다. 단순히 에덴이 회복된 것이 아니라, 훨씬 차원 높은 곳으로 인도해 주셨습니다. 그래서 그 타락을 허락해 주셨던 것입니다. 아담과 하와가 선악과를 먹지 않았더라면, 우리는 그냥 그대로 에덴에서 살아야 했을 것입니다. 그러나 그 사건 이후로 우리는 하나님 아버지 집에 가게 되었습니다. 우리에게 더 축복이 된 것입니다.

원래 우리는 하나님의 피조물이었습니다. 하나님은 우리의 조물주이십니다. 그런 인간이 타락했습니다. 죽을 수밖에 없는 우리를 예수 그리스도를 통해서 구원받게 하시고, 피조물인 우리를 감히 하나님의 자녀라고 하는 특권을 얻게 하셨습니다. 이것이 바로 하나님의 솜씨입니다.

요셉은 가정에서 별 문제가 없던 아들이었습니다. 그런데 미움을 사서 노예로 팔렸습니다. 그것은 요셉에게 불행입니다. 그러나 하나님은 그것을 통해서 총리대신으로 만들어 주셨습니다. 바로 이것이 하나님의 원리요, 하나님의 뜻입니다. 이렇게 모든 것을 합력하여 선을 이루는 하나님이십니다.

이때 우리가 조심할 것이 하나 있습니다. 무엇입니까? 여기서 말하는 것은 어쩔 수 없는 상황 속에서 내가 잘못되었다가 깨닫고 돌아오는 경우입니다. 나갔다가 돌아온다는 것을 미리 계산해서 의도적으로 타락한다면, 그것은 아닙니다.

베드로도 잘못했고, 가룟 유다도 잘못했습니다. 베드로의 잘못과 가룟 유다의 잘못의 차이가 무엇입니까? 베드로는 하나님 손에 붙잡힌 잘못이고, 가룟 유다는 사단의 손에 붙잡힌 잘못입니다. 베드로는 하나님의 손에 붙잡혀 있었지만, 우발적인 잘못을 했습니다. 그러나 가룟 유다는 사단의 손에 붙잡혀서 계획적인 잘못을 저질렀습니다. 가룟 유다는 12제자 중에 두뇌 회전이 가장 빠른 사람입니다. 옛날이나 지금이나 돈을 만지려면 계산이 빨라야 하지 않습니까? 그래서 가룟 유다가 나름대로 머리를 굴립니다.

'예수님은 능력 있는 사람이다. 그의 능력을 인정하자. 내가 볼 때 예수님은 진짜 무죄한 사람이다. 그의 무죄성을 인정하자. 이 사람을 팔면 틀림없이 죄가 없으니 무혐의로 풀려 나올 것이고, 또 능력이 있으니 그 능력으로 살아날 것이다. 나는 돈을 챙겨서 좋고, 예수님은 살아나서 좋지 않은가.'

이런 계산이 순간 나온 것입니다. 그런데 그 돌아간 머리가 하나님이 주신 지혜가 아니고, 완전히 마귀가 준 지혜였습니다. 다시 살아나야 할 예수가 맥없이, 힘없이 그냥 붙잡혀 가서 죽는 것입니다. 그때 가룟 유다가 어떻게 생각했겠습니까?

'내가 무죄한 피를 흘렸다.'

무죄한 피라는 것을 본인은 이미 알고 있었다는 것입니다. 그리고는 자기 계획이 실패됨을 인하여 목매달아 자살해 버렸습니다. 하나님 중심의 허용된 타락은 언젠가 돌아올 기약이 있습니다. 그러나 사단 중심의 계획된 타락은 이렇게 다르다는 사실을 알아야 합니다. 성령을 의지하십시오. 똑같이 타락했어도 하나님의 손에 붙잡힌 자가 있고, 마귀의 손에 붙잡힌 자가 있다는 것입니다.

"목사님! 타락했는데 마귀의 손에 붙잡힌 거지, 타락한 사람이

무슨 하나님 손에 붙잡혀 있다고 그럽니까?'

이렇게 반문할 사람도 있을지 모르니 정확한 예를 하나 들어 드리겠습니다.

곰을 고무줄로 묶어서 빙빙 돌리면 곰은 내 품을 떠난 것 같습니다. 그래서 저만치서 마음껏 돌아다닙니다. 그러나 돌아다니는 그 곰은 나를 떠난 것 같지만, 줄에 여전히 매여 있습니다. 하나님을 떠나서 빙빙거리고 다니는 사람도 떠난 것 같지만, 하나님의 줄에 붙잡혀 있는 사람이 있습니다.

그런가 하면 그 줄이 아예 떨어져 나간 사람이 있습니다. 바로 그것이 완전 타락입니다. 전자는 같은 타락이지만, 바로 하나님의 손에 붙잡힌 끈으로 연결된 타락입니다. 아버지 집을 떠났지만, 줄이 연결되어 있습니다. 줄이 완전히 끊긴 사람과는 다릅니다. 그러므로 매달려 있는 곰으로 있을 때는 하나님께 붙잡혀 살았던 사람입니다. 아예 끊겨 버린 곰은 마귀에게 붙잡힌 사람입니다. 그러므로 우리는 기도할 때 하나님의 뜻에 합당한 기도만 이루어질 수 있도록 해야 합니다. 모험을 원치 않는다면 말입니다. 지금 본문의 탕자 같은 기도는 이루어지면 안 됩니다.

"목사님, 그래도 괜찮잖아요? 재미 잘 보고 들어와서 살면 되잖아요?"

예수 믿는 사람들마다 마귀가 한 번쯤 유혹하는 것이 바로 그겁니다.

'아무리 생각해 봐도 너무 일찍 믿은 것 같애. 세상 재미 보면서 놀다가 말년에나 돌아올 걸' 하면서 후회해 본 경험이 한 번쯤은 다 있을 것입니다. 특히 예수를 어릴 때부터 일찍 믿은 사람들은 더욱 그렇습니다. 만약에 나갔다가 고무줄이 완전히 끊겨 버리면 어떡하겠습니까? 그러니 나가지도 못하고 들어오지도 못하는 엉거주춤 크리스천들이 많습니다. 세상 재미를 끊자니 그 재미도 괜찮고, 교회 안에 쏙 들어오자니 너무 구속되는 것 같기 때문입니다. 이러지도 못하고 저러지도 못합니다.

그러나 일찍 잘 들어온 것입니다. 예수는 늙은 말년에 믿는 것이 아닙니다. 일찍 젊어서 믿어야 합니다. 늦게 믿어 보면 압니다. 일찍 믿을수록 축복입니다. 하나님도 일찍 믿는 것을 좋아하십니다. 물론 다 늙어서 나온다 해도 하나님은 여전히 기뻐하십니다. 그러나 그보다 젊었을때 믿는 것을 훨씬 더 좋아하십니다. 일찍 오신 것을 절대 후회하지 마시기 바랍니다. 가장 큰 이유는 우리가 언제 죽을지 그 시기를 아무도 모르기 때문입니다. 예수 믿기 전에 죽지 않는다는 보장이 어디 있단 말입니까?

예수 안에 있는 자

세 번째, 본문을 통해서 깨달아야 할 것은 아버지를 떠나면 방탕하게 되어 있습니다.

> 그러므로 이제 그리스도 예수 안에 있는 자에게는 결코 정죄함이 없나니 이는 그리스도 예수 안에 있는 생명의 성령의 법이 죄와 사망의 법에서 너를 해방하였음이라 (롬 8:1, 2)

예수 안에 있는 자에게는 결코 정죄함이 없다고 했습니다. 그러니 예수 밖으로 나가면 벌써 정죄된 것입니다. 정죄된 그 자체가 타락이라는 말입니다. 예수 안에 있어야 정죄가 없습니다. 예수를 떠나면 정죄된 것이므로, 그것이 바로 타락입니다.

저를 믿는 자는 심판을 받지 아니하는 것이요 믿지 아니하는 자는 하나님의 독생자의 이름을 믿지 아니하므로 벌써 심판을 받은 것이니라 (요 3:18)

믿는 자에게는 심판이 없지만, 믿지 않고 믿음을 떠나면 이미 심판을 받았다고 하십니다. 예수를 떠나서는 내가 아무리 착하게 산다 해도 이미 심판받은 존재로 산다는 것을 알아야 합니다. 또 예수님 손 안에 있는 자는 누구도 해할 수 없다고 했습니다. 그러나 예수님 손에서 벗어나는 자는 마귀의 밥입니다. 그러니 아무리 착하게 살아도 아버지 집을 떠난 그 자체가 타락입니다.

네 번째, 아버지를 떠나면 모든 일이 안 되게 되어 있습니다. 탕자가 떠날 때는 의욕이 대단합니다. 그러나 아버지 집 떠나서 되는 일이라고는 쫄딱 망한 일밖에는 없었습니다. 아버지 집 떠난 그때는 잘 되는 것 같지만, 사실 더 초조해집니다. 이렇게 떠났을 때 마음이 불안하고, 하나님이 벌 내리실 것 같고, 편치 않다면 그 사람은 하나님의 자녀입니다.

그런데 교회를 빠졌더니 세상 편하고, 불안한 것이 없다면 문제가 있는 사람입니다. 하나님 떠난 사업은 안 돼야 합니다. 그것이 축복입니다.

여기 탕자도 아버지 집 떠나서 다 허비했다고 그랬지, 벌었다고 하지 않았습니다. 그렇다면 역으로 생각해 봅시다. 아버지 떠나면 흉년이 찾아오게 되어 있습니다. 우리 삶 속에, 사업 속에, 가정 속에 흉년이 찾아왔다면 지금 내가 아버지 집을 떠난 것이 아니겠습니까? 깨닫는 지혜가 있기를 바랍니다. 탕자가 아버지 집을 떠나자마자 안 될뿐더러 흉년이 찾아왔다면, 지금 나의 삶의 현장 속에 나타나는 이 흉년은 내가 아버지 집을 떠났다는 증거가 아니겠는가 하고 한 번쯤 돌이켜보자는 것입니다. 100%는 아니겠지만, 상당히 그럴 가능성이 많다고 성경은 이야기합니다.

다섯 번째, 돌아온 자는 회개의 고백과 행동이 있어야 합니다. 탕자가 돌아와서 이렇게 이야기했다고 가정해 봅시다.

"아버지, 저 왔어요. 재산을 다 탕진했습니다. 제가 잘못한 죄도 있지만, 아버지가 낳은 죄도 있잖아요? 이해하세요, 예? 아버지, 내가 잘못했습니다."

과연 그가 이렇게 이야기했다면, 아버지가 그 자식을 위해서 잔치를 베풀어 주었겠습니까? 어딜 들어오느냐고, 당장 나가라고 내쫓았을 것입니다. 그런데 돌아와서 하는 말이 무엇입니까?

아들이 가로되 아버지여 내가 하늘과 아버지께 죄를 얻었사오니 지금부터는 아버지의 아들이라 일컬음을 감당치 못하겠나이다 하나
(눅 15:21)

하늘과 아버지께 죄를 얻어 감히 아들이라 일컬음을 감당치 못하겠으니 품꾼의 하나로 써 달라고 간청합니다. 그렇다고 종 된 것이 아닙니다. 그렇다고 품꾼 된 것이 아닙니다. 회개의 멋이, 겸손의 극치가 이런 데서 나옵니다. 그러자마자 아버지가 기뻐하면서 하신 말

이 무엇입니까?

> 이 내 아들은 죽었다가 다시 살아났으며 내가 잃었다가 다시 얻었노
> 라 하니 저희가 즐거워하더라 (눅 15:24)

"내 아들을 잃었다가 찾았도다. 죽었다가 살았도다."

우리가 하나님 앞에 나와 그런 고백을 먼저 해야 하나님께서도 우리에게 이런 고백을 들려주십니다. 회개와 고백과 행동이 동시에 이루어져야 합니다.

환영 잔치

여섯 번째, 돌아오면 꾸짖지 않으시고 잔치를 베풀어 환영하십니다. 나는 맞아 죽을 각오를 하고 돌아왔습니다. 그런데 하나님은 회초리 들고 때리시는 것이 아닙니다. 징계하는 것이 아닙니다. 채찍질 하는 것이 아닙니다. 오히려 감싸 주시고, 안아 주십니다. 잔치해 주시고, 축하를 베풀어 주십니다.

탕자는 세상 잔치도 맛보았고, 아버지 잔치도 맛보았습니다. 세상 잔치는 술집 여자와 함께했지만, 아버지 잔치는 아버지와 함께합니다. 물론 그 재미도 나쁜 것은 아닙니다. 그러나 자세히 분석해 보면, 어떻게 술집 여자와 즐기는 잔치와 아버지가 기쁨으로 베풀어 주는 잔치의 여흥이 같겠습니까? 술은 똑같은 술이라도 어떻게 기뻐서 마시는 술과 괴로워서 마시는 술이 같겠는가 말입니다.

세상의 재미가 전혀 없다고 저는 말하지 않습니다. 세상 재미도

재미있습니다. 그 재미를 못 끊어서 하나님께 못 나오는 사람들이 많다는 것을 제가 압니다. 그러나 아버지 잔치에 들어와 보십시오. 어떻게 세상 재미와 믿음 안의 재미를 비교할 수 있겠는가 말입니다.

세상 노래를 불러도 물론 재미있습니다. 그러나 어떻게 세상 노래의 재미와 믿음의 찬송의 재미가 같겠습니까? 수준이 다릅니다. 그래서 제가 항상 이야기하지 않습니까? 모세가 이스라엘 지도자가 되지 않고 왕이 되었다면 그 나라의 생수는 마셨을 것입니다. 그러나 이스라엘의 지도자가 되니까 반석에서 나는 물을 마셨습니다. 왕이 되었으면 그 나라의 산해진미를 먹었겠지만, 이스라엘의 지도자가 되어 하늘에서 내려오는 만나와 메추라기를 먹었습니다. 왕이 되었으면 부하를 데리고 살았겠지만, 이스라엘의 지도자가 되어 천군 천사의 화답함으로 살았습니다. 땅에서의 기쁨도 절대 그만 못하지 않습니다.

예수 안으로 확실하게 들어오십시오. 술 한 잔 먹고 부르는 노래도 즐겁지만, 은혜 받고 부르는 찬송이 훨씬 더 즐겁습니다. 세상에서 고민하고 푸념하는 그것도 뭐, 재미있을지 모르지만, 믿음 안에 들어와 하나님 앞에 기도해서 응답받는 것도 무지무지 재미있습니다.

밤새도록 고스톱 치는 것도 재미있지만, 밤새워 찬송하며 철야하는 그 기쁨은 비교가 안 됩니다. 세상 재미는 허무와 후회만 남지만, 믿음의 재미는 아주 보람됩니다. 충전의 역할을 합니다. 에너지가 비축됩니다. 그 효과가 영원까지 이어집니다. 하루라도 빨리 돌아와서 하나님께서 베풀어 주시는 잔치에 참여하시기 바랍니다.

형의 마음

　일곱 번째, 형의 경우를 보겠습니다. 우리는 의롭게 좀 산 것 가지고 남을 비판하면 안 됩니다. 남을 비난하면 안 됩니다. 아버지의 마음과 형의 마음이 다른 것은 무엇입니까? 아버지의 마음은 은혜의 마음이요, 형의 마음은 율법의 마음이라는 것입니다. 아버지의 마음은 사랑의 마음이요, 형의 마음은 심판의 마음입니다. 아버지의 마음은 남을 아껴 주는 마음이요, 형의 마음은 남을 무시하고 나보다 못하게 여기는 마음입니다. 우리에게 필요한 것은 아버지의 마음입니다. 어설픈 믿음으로 산 사람들에게 거의 찾아오는 마음이 형의 마음입니다.

　우리에게는 거의 형의 마음이 차지하고 있습니다. 그래서 주님 뜻대로 살았다고 하는 것에 대한 프라이드가 굉장합니다. 주님 뜻대로 살지 못하는 자가 불쌍하게 보이고, 그들을 용납하면 안 되는 것처럼 느껴집니다. 형의 마음과 부모의 마음은 그래서 다릅니다. 남을 나보다 낫게 여기고 불쌍히 여기는 은혜의 마음이 이 형에게는 없었습니다.

　교회를 다닌 지 한 10년쯤 되었다고 가정해 봅시다. 어쩌다 한 사람을 전도했습니다. 그때 마침 교회 안에 성령 대망회가 열리는 중이었습니다.

　나는 10년 믿은 사람이고, 그 사람은 이제 한 달도 안 된 사람이 함께 앉아서 찬송을 부르고 은혜도 받습니다. 통성으로 기도를 하자고 해서 합니다. 그런데 나는 10년을 다녔는데도 기도가 잘 안 되고 맨송맨송하기만 합니다. 침만 바짝바짝 마릅니다. 그런데 이제 막 한

달 믿은 사람은 방언이 터지고, 환상이 열립니다. 얼마나 좋아하는지 모릅니다. 그때 10년 믿은 마음속에

'하나님, 너무나 고맙고 감사합니다. 온 지도 얼마 안 되었는데 이렇게 은혜를 주시다니 정말 감사합니다.' 그런 마음입니까, 아니면

'하나님, 어째 이럴 수가 있습니까? 이럴 수는 없습니다. 한 달밖에 안 되었는데 이렇게 은사라는 은사는 다 주시고, 나는 10년을 믿었는데도 이게 뭡니까?' 그런 마음입니까?

제가 신앙생활하면서 깨달은 것 가운데 하나가 있습니다. 능력이나 은사나 권능이나 그런 것보다도 더 귀한 것이 있습니다. 은혜 받은 사람을 귀하게 여기고, 나보다 낫게 여길 줄 아는 그 마음이 능력보다 더 크다는 사실입니다. 나는 10년을 믿어도 은사가 없고 아무것도 없다 해도, 그 사람이 그렇게 되었을 때 내가 받은 것보다도 더 기뻐할 줄 아는 그 마음이 얼마나 귀중한 줄 아십니까? 그가 다 받은 은사보다도 더 귀한 것입니다. 그것이 아버지의 마음이기 때문입니다. 우리 모두에게 그런 마음이 있기를 바랍니다.

탕자의 실패

탕자는 도대체 무엇을 잘못했기에 탕자일까요?

첫 번째, 허비하면 탕자입니다. 이 탕자가 다섯 가지를 허비합니다. 첫 번째는 물질을 허비했습니다. 아버지의 재산을 가져다가 다 날려 버렸습니다. 이렇게 물질 관리를 잘못하면 탕자입니다. 우리는 돈 관리를 잘해야 합니다. 같은 돈이지만 그 돈을 어떻게 쓰느냐가 더 중

요합니다. 이 탕자가 물질 관리를 잘 못한 것은 그 돈을 창기와 함께 허랑방탕했기 때문입니다.

삶 속에 탕자처럼 돈을 쓰는 부분이 있습니까? 내가 내 재산 전체를 그렇게는 안 썼다 할지라도 내가 내 재산의 일부를 먹고 마시는 데 써 버렸다면, 적어도 그 부분만큼은 내가 탕자인 셈입니다. 밤새도록 카드를 해서 돈을 잃어버렸다면, 물질 관리를 잘 못한 탕자입니다. 밤새도록 고스톱을 쳐서 돈을 잃어버렸다면, 물질 관리를 잘 못한 탕자입니다. 탕자에게 첫 번째 잘못은 물질 관리를 잘 못한 것입니다.

두 번째, 시간 관리를 잘 못했습니다. 시간을 잘못 사용했습니다. 그 귀한 젊은 시간을 먹고 마시고 즐기는 데에다 소비해 버렸습니다. 돈을 잃는 것보다 더 마음 아파야 하는 것은 사실 시간을 잘못 쓰는 것입니다.

내가 하루 일하면 일당 50,000원을 번다고 해 봅시다. 50,000원을 잃어버린 건 그래도 괜찮습니다. 하루를 잃어버린다는 것은 더 굉장한 손실입니다. 우리가 돈 없어서 죽는 것이 아닙니다. 결국 사람이 죽는 것은 시간이 없어서 죽는 것입니다. 시간으로 돈을 만들 수는 있지만, 돈으로 시간을 만들 수는 없습니다. 삶 속에 시간 관리를 잘하여 시간을 허비해 버린 탕자가 되지 않기를 바랍니다. 젊은 시절을 허랑방탕하게 허송세월 하지 맙시다. 물론 시간으로 돈을 전혀 만들 수 없는 것은 아닙니다. 버스 타고 1시간 걸릴 거리를, 택시 타고 가면 그 시간을 더 단축시킬 수 있습니다. 제가 하고자 하는 이야기는 그게 아닙니다. 돈은 돌고 다시 돌아오지만, 시간은 영원히 다시 돌아오지 않습니다. 돈은 다시 돌아와서 60세에 부자가 될 수 있지만, 청춘은 60세에 오지 않습니다. 돈은 돌아오지만, 청춘은 돌아오지 않으니 시간 관리를 잘하자는 이야기입니다.

세 번째, 이 탕자는 몸 관리를 잘 못했습니다. 우리 몸은 하나님의 성전입니다. 하나님의 성전인 몸을 잘 관리해야 하는데, 너무 허랑방탕하게 생활하다 보니 몸을 망쳐 버렸습니다. 이렇게 몸을 잘못 관리하면 탕자입니다.

주를 위해서 순교하는 일 외에는 각자 수명대로 만수하시기 바랍니다. 왜 만수하고 죽어야 합니까? 이유가 있습니다. 해야 할 일이 있기 때문입니다. 우리가 죽으면 천국을 가기는 갑니다. 그러나 한 일이 너무 없습니다. 그래서 악착같이 더 살아야 합니다. 왜 그렇습니까? 일 하려고 사는 것입니다. 일 하기 위해서 우리는 오래 살아야 합니다.

주의 일을 하다가 잘못되어서 가는 것은 모르지만, 쓸데없는 일 하다가 병 걸려서 죽으면 안 됩니다. 몸 관리 잘하시기를 바랍니다. 몸을 함부로 쓰면 안 됩니다. 귀하게 아껴서 주의 일 하는 데 잘 써야 합니다. 그 귀한 성전에 소주를 들어부으면 되겠습니까? 그러면 탕자입니다. 다른 부분은 몰라도 적어도 그 부분만큼은 탕자입니다. 그 귀한 몸에 담배나 쭉쭉 빨아 넣고 있으면 되겠습니까? 안 됩니다. 담배 피우는 사람은 탕자입니다. 적어도 그 부분만큼은 그렇습니다. 몸 관리 잘하십시오. 건강한 몸으로 주를 위해서 오래 살아야 합니다.

네 번째는 이 사람은 부모 공경에 실패한 탕자입니다. 아버지 속을 썩인 사람입니다. 그 사람이 돌아올 때까지 기다렸던 아버지의 심정을 한번 생각해 보십시오. 이제나 올까, 저제나 올까 기다리는 아버지의 심정을 자식이 헤아렸다면 나갈 수 없습니다.

우리도 돌이켜 생각해 봅시다. 우리의 부모님은 나를 뿌듯하게 생각하고 계실까요, 아니면 후회하고 계실까요?

부모 공경에 실패하면 탕자입니다. 부모 가슴을 아프게 하면 탕자입니다. 부모님의 가슴을 뿌듯하게 하는 자녀들이 되시기를 바랍니다. 부모 공경함에서 탕자 되지 마시기를 바랍니다.

마지막 다섯 번째, 이 사람은 친구 관리를 잘 못한 탕자입니다.

설령 술친구가 있더라도 그를 아버지 앞으로 인도해야 합니다. 친구 관리를 잘 못하면 나중에도 지금에도 남는 것은 후회뿐입니다. 그 친구가 지옥에 가서 뭐라고 원망하겠습니까?

"너는 천국을 알고 내생을 아는 녀석이 어째 나를 이렇게 지옥에 오도록 만들었냐? 나는 모르고 너는 알았으니, 모르는 나를 네가 이겼어야지. 어떻게 모르는 내가 너를 이겨서 나와 같이 생활을 했느냐?" 원망의 음성이 지옥에서 들려올 것입니다. 그 원성을 나중에 듣게 된다면 어찌하렵니까? 탕자는 친구를 잘못 관리했습니다.

이런 경우도 있습니다. 누가 술 마시고 있습니다. 그래서

"빨리 가서 오시라 그래라."

그런데 데리러 가서는 안 옵니다. 직접 가 보니까 같이 앉아서 마시고 있습니다. 그러면 탕자입니다. 데리러 가서 변화시키지 못하고 자기도 같이 동화되어 버린 사람, 그가 바로 탕자입니다.

그런데 이 탕자가 다 잘못했는데, 잘한 것이 하나 있습니다. 하나님은 그것을 지금까지 잘못했던 것보다 더 귀하게 보십니다. 그게 무엇입니까? 바로 다 청산하고 돌아왔다는 것입니다.

우리는 지금 탕자가 아닌지요? 자신을 조용히 말씀에 비추어 생각해 보시기 바랍니다. 나는 정말 물질 관리를 하나님 뜻대로 잘하고 있는 사람인지, 내게 주어진 시간 관리를 잘하고 있는 사람인지 생각

해 보십시오. 하나님이 내게 주신 몸 관리를 잘하고 있는 사람인지, 부모 공경을 잘하고 있는 사람인지 생각해 보십시오. 친구 관리를 잘하고 있는 사람인지, 아니면 잘못 관리했는지 생각해 보십시오. 느껴지는 대로 이 시간 주님 앞에 그대로 고백하시기 바랍니다. 마음과 생각과 발걸음을 옮겨서 하나님께로 돌아가시기를 바랍니다.

탕자를 맞아 주셨던 하나님께서 그 사랑의 마음으로 나도 품어 주실 것입니다. 나를 용서하시고 받아주실 것입니다. 탕자를 위하여 베풀어 주셨던 잔치의 축복을 내게도 베풀어 주실 것입니다. 탕자가 얻었던 기쁨을 우리도 얻게 될 것입니다.

12. 귀향의 축복

또 가라사대 어떤 사람이 두 아들이 있는데 그 둘째가 아비에게 말하되 아버지여 재산 중에서 내게 돌아올 분깃을 내게 주소서 하는지라 아비가 그 살림을 각각 나눠 주었더니 그 후 며칠이 못되어 둘째 아들이 재물을 다 모아가지고 먼 나라에 가 거기서 허랑방탕하여 그 재산을 허비하더니 다 없이한 후 그 나라에 크게 흉년이 들어 저가 비로소 궁핍한지라 가서 그 나라 백성 중 하나에게 붙여 사니 그가 저를 들로 보내어 돼지를 치게 하였는데 저가 돼지 먹는 쥐엄 열매로 배를 채우고자 하되 주는 자가 없는지라 이에 스스로 돌이켜 가로되 내 아버지에게는 양식이 풍족한 품꾼이 얼마나 많은고 나는 여기서 주려 죽는구나 내가 일어나 아버지께 가서 이르기를 아버지여 내가 하늘과 아버지께 죄를 얻었사오니 지금부터는 아버지의 아들이라 일컬음을 감당치 못하겠나이다 나를 품꾼의 하나로 보소서 하리라 하고 이에 일어나서 아버지께로 돌아가니라 아직도 상거가 먼데 아버지가 저를 보고 측은히 여겨 달려가 목을 안고 입을 맞추니 아들이 가로되 아버지여 내가 하늘과 아버지께 죄를 얻었사오니 지금부터는 아버지의 아들이라 일컬음을 감당치 못하겠나이다 하나 아버지는 종들에게 이르되 제일 좋은 옷을 내어다가 입히고 손에 가락지를 끼우고 발에 신을 신기라 그리고 살진 송아지를 끌어다가 잡으라 우리가 먹고 즐기자 이 내 아들은 죽었다가 다시 살아났으며 내가 잃었다가 다시 얻었노라 하니 저희가 즐거워하더라 맏아들은 밭에 있다가 돌아와 집에 가까웠을 때에 풍류와 춤추는 소리를 듣고 한 종을 불러 이 무슨 일인가 물은대 대답하되 당신의 동생이 돌아왔으매 당신의 아버지가 그의 건강한 몸을 다시 맞아들이게 됨을 인하여 살진 송아지를 잡았나이다 하니 저가 노하여 들어가기를 즐겨 아니하거늘 아버지가 나와서 권한대 아버지께 대답하여 가로되 내가 여러 해 아버지를 섬겨 명을 어김이 없거늘 내게는 염소 새끼라도 주어 나와 내 벗으로 즐기게 하신 일이 없더니 아버지의 살림을 창기와 함께 먹어 버린 이 아들이 돌아오매 이를 위하여 살진 송아지를 잡으셨나이다 아버지가 이르되 얘 너는 항상 나와 함께 있으니 내 것이 다 네 것이로되 이 네 동생은 죽었다가 살았으며 내가 잃었다가 얻었기로 우리가 즐거워하고 기뻐하는 것이 마땅하다 하니라

눅 15:11~32

12

귀향의 축복 눅 15:11~32

부모의 마음은 어느 자식이든 다 사랑합니다. 이렇듯 제 12장 본문에서도 하나님의 심정이 잘 표현되고 있습니다. 아버지는 집을 나간 작은 아들이나 집에서 착하게 순종하고 있는 큰아들이나 똑같이 사랑하십니다. 둘 다 같은 자식이기에 그렇습니다. 아니, 어찌 보면 나간 자식을 더 사랑하고 있는지도 모릅니다. 우리가 여기서 깨달아야 할 아주 중요한 사실이 하나 있습니다. 바로 하나님이 사랑하셨다고 해서 다 구원받는 것이 아니라는 사실입니다. 하나님께서 사랑하시는 것은 사랑하시는 것이고, 우리가 회개하고 주님 앞으로 돌아가는 것은 돌아가는 것입니다. 이것은 별개의 문제입니다. 하나님의 사랑을 받아들이고 회개하고 아버지 집으로 돌아와야 구원받는 것입니다. 하나님이 사랑하면 무조건 구원받는 것이 아님을 분명히 알아두어야 합니다.

작은 아들의 생각은 무엇입니까? 자기는 아버지의 뜻에 거역했고, 돈도 허랑방탕하고 살면서 다 써 버렸습니다. 그래서 아버지는 자기를 미워하실 것이라고 생각합니다. 아버지는 자기를 아들 취급도 안 해 줄 것이라고 생각합니다. 아버지는 자기를 그저 품꾼의 하나 정도로 보지 않겠는가라고 생각합니다.

그러면 큰아들의 생각은 무엇입니까? 아버지의 뜻대로 산다고 살았는데 과연 자기를 위해서 아버지가 해 준 것이 도대체 뭐냐고 생각합니다. 잘못한 녀석에게는 잘해 주고, 잘못한 것이 없는 자기에게는 도대체 아버지가 해 준 것이 뭐냐는 것입니다.

지금 우리는 누구의 생각과 누구의 마음을 가지고 있습니까? 참어려운 것이 있다면, 자식이 아버지의 심정을 아는 일입니다. 어떻게 자식이 아버지의 마음을 다 알겠는가마는, 그래도 자식은 아버지의 마음과 심정을 좀 알고 깨달아야 합니다. 그래야 자식들이 올바로 살 수 있습니다.

저의 마을에서는 지금도 1년이면 한 번씩 부락 대항 축구 시합이 열립니다. 8월 15일이면 열리는 대대적인 행사입니다. 각 동네마다 선수를 11명씩 뽑아서 출전을 시키는데, 시골 축구 시합 치고는 꽤 수준이 높습니다. 그리고 아주 큰 행사입니다. 그러니 선수도 많지만, 응원하러 온 사람도 많아서 온통 바글바글합니다. 그리고 이장님이 집집마다 다니면서 쌀 걷어다 밥해 주면서 선수들을 후원합니다. 그러니 제가 집에서 공부가 되겠습니까? 거기에 먹거리가 그렇게 많고, 구경거리도 많은데 말입니다.

그래서 공부하다 말고 슬그머니 나가 봅니다. 국밥도 있고, 국수도 있고, 국화빵 냄새가 나를 유혹합니다. 사람들이 운동장에 꽉 찼습니다. 그런데 그중에서도 우리 아버지는 눈에 금방 띕니다. 왜냐하면 다른 사람보다 머리가 하나 더 있기 때문입니다. 아버지가 딱 저를 보시면 제 생각에는 스토리가 적어도 이렇게 전개되어야 마땅합니다.

"우리 아들 왔어? 이리 와. 뭐 사 줄까?" 하고 국밥 한 그릇 사 줍니다. 무동 태워서 여기저기 다닙니다. "용돈 써라!" 돈도 주면서 구경시켜 준다면 내가 얼마나 은혜가 되겠습니까마는, 우리 아버지는 항상 운동장에서 저를 보면 하시는 말씀이 있습니다.

"빨리 집에 가서 공부 안 해? 어여 싸게 들어가 공부해!" 나만 보면 만날 공부만 하라고 하십니다.

그래서 저는 결심했습니다. '난 이다음에 자식 낳으면 절대 공부하라는 말은 하지 않으리라.'

우리 아들이 군대 갔는데, 어느 날 4박 5일 휴가를 나왔습니다. 내 마음속에 휴가 온 4박 5일 동안도 앉아서 책을 보고, 성경도 보고, 공부하면 좋으련만 군대에서 엄청 공부만 하다 온 사람처럼 쉬지 않겠습니까? 이제는 제가 아버지의 심정을 조금이나마 알 것 같습니다. 옳은가 그른가를 따지는 것이 아닙니다. 잘했는지 못했는지를 따지는 것이 아닙니다. 그저 아버지의 마음을 조금은 알 듯하다는 것뿐입니다.

자식이 아버지의 마음을 알아야 하듯, 우리는 하나님의 마음을 알아야 합니다. 그 아버지의 심정으로 우리를 바라볼 때 우리는 두고 보기에도 아까운 아들입니다. 잘해 주건 못해 주건, 아버지 눈에 비친 자식은 두고 보기에도 아까운 자식들입니다.

귀향! '돌아갈 귀(歸)', '시골 향, 마을 향(鄕)' 고향으로 돌아가는 것을 귀향(歸鄕)이라고 합니다. 항상 구정 연휴가 시작되면 민족 대이동이 일어납니다. 정확한지는 모르겠지만, 약 3,000만 명이 이동을 한다고 합니다. 인구 4,800만에 3,000만이나 움직이니 어떻게 되겠습니까? 왜 나오는지를 모르면서 그냥 움직입니다. 서울에서 부산까지 5시간이면 갈 거리를 18시간씩 소비하며 갑니다. 그토록 고생하면서 집에 가 봤자 별것도 없습니다. 힘만 듭니다. 그렇지만 우리 민족은 꼭 그렇게 1년이면 여러 차례 민족 대이동을 합니다. 매년 어김없이 찾아오는 설이지만, 왜 그리도 우리 가슴이 설레는지 고향은 그렇게 잊을 수 없는 좋은 곳이기 때문 아니겠습니까?

본문에 고향을 잃었다가 다시 찾은 사람의 이야기가 나옵니다. 바로 탕자 이야기입니다. 우리가 너무나 잘 알고 있는 이 본문을 통해서 깨달아야 할 교훈 7가지를 나누고자 합니다.

아버지 집

첫 번째 좋은 교훈은 우리가 정말 좋을 때 좋은 줄 모르고 산다는 것입니다. 이것이 우리의 약점입니다. 그랬다가 언제 깨닫는가? 귀향을 통해서 깨닫습니다. 아버지와 함께 사는 탕자가 무엇이 부족했겠습니까? 아버지 집에 있는 한 탕자에게는 필요한 것이 다 있습니다. 내 아버지 집에 없는 것이 무엇이 있겠는가 말입니다. 그런데 그 사실을 모르고 삽니다. 이 아버지 집, 그곳이 바로 에덴 아닙니까? 집을 나가서 죽을 고생을 다 하고 난 다음 그 어려움 속에서 깨닫는 것이 결국은 무엇입니까? 옛날 그 가정이 가장 좋았고, 가장 아름다웠다는 것, 그것을 깨닫지 않는가 말입니다. 좋을 때 좋은 줄 아시기 바랍니다. 건강할 때 건강 귀한 줄 아시기를 바랍니다. 젊었을 때 젊음이 귀한 줄 아시기를 바랍니다. 돈 있을 때 돈 귀한 줄을 아시기 바랍니다. 가족 있을 때 가족 귀한 줄을 아시기 바랍니다. 있을 때 좋은 것 깨달아야 합니다. 잃고 나서 후회하거나 깨달으면 어리석은 사람입니다. 있을 때는 모릅니다. 그것이 얼마나 좋은 줄 모릅니다. 원래 있는 것인 줄 압니다. 있을 때 깨달으면 잃어버리지 않는데, 있을 때 깨닫지 못하기 때문에 잃어버리는 것입니다. 있을 때 깨달으면 지킬 수 있는 것을 있을 때 깨닫지 못하니 못 지킵니다.

지금도 귀에 쟁쟁한 말이 있습니다. 어떤 집사님이 전화로 하는 말 "목사님, 돈이 없어지니까 돈 맛을 알겠어요."

돈이 없어지니까 돈 맛 알게 된 것인지 돈 맛을 알게 되니까 돈이 없어진 건지는 다시 분석을 해 봐야 하겠지만, 어쨌든 중요한 것은 있을 때 깨닫지 못했다는 것 아닙니까? 귀향을 통해서 지금 상태가 가장 좋은 때임을 우리는 깨닫게 됩니다.

유산

두 번째, 알아서 부모가 물려주는 재산과 자식이 억지로 요구하는 재산은 다릅니다. 31절을 봅시다.

> 아버지가 이르되 얘 너는 항상 나와 함께 있으니 내 것이 다 네 것 이로되 (눅 15:31)

영어 성경으로는 "My son, the father said, you are always with me, and everything I have is yours."입니다.

'My son; 나의 아들아!'

'the father said; 아버지가 말했다.'

'you are always with me; 너는 항상 나와 함께 있다.'

'and; 그러므로'

'everything I have; 내가 가진 모든 것이'

'is yours; 다 네 거다.'

아버지가 가진 모든 것이 다 큰아들 것이라는 것입니다. 그런데 철든 생각과 철없는 생각이 다릅니다. 부모를 믿고 저만 준비되면 어련히 알아서 다 아버지께서 주련만, 철들고 준비할 생각은 안 하고 달라고만 합니다. 바로 이것이 철없는 사람들의 생각입니다.

학생이 연애하는 것도 그렇습니다. 준비만 제대로 되면 좋은 여자가 줄을 서겠건만, 준비할 생각은 안 하고 여자부터 확보해 놓으려고 합니다. 준비도 되지 않은 채 데려다 놓은 여자가 얼마나 좋겠습니까?

지금 골라 놓아 봐야 소용없습니다. 연애하다 준비 안 되면 여자가 도망갑니다. 여자 사귀느라고 인생의 준비가 하나도 안 되면 그 여자가 있겠습니까? 군대 갈 때 바로 도망가 버립니다. 여자를 사귀는 것도 현상으로 사귀는 것이 아닙니다. 본질로 사귀어야 합니다. 내가 모든 것이 갖춰지면 여자보고 도망가라 그래도 안 갑니다. 내가 갖춰지지 않았기 때문에 오라고 해도 안 오는 것입니다.

그리고 가치관이 확립되지 않은 상태에서 고른 여자가 내게 평생 맞겠습니까? 평생 신을 신발은 내 발이 다 컸을 때 맞춰야 평생 신을 수 있습니다. 발이 계속 크는데 미리 맞춰 놓으면, 2년 지나면 작아서 못 신습니다. 그리고 여자는 과정 과정에 맞는 여자가 다릅니다. 소년 때 좋은 여자와 청년 때 좋은 여자가 다릅니다. 중년 때 와 노년

때 여자 취향이 다 바뀝니다. 이상형도 똑같지 않습니다. 적어도 내가 어느 정도 갖춰진 다음에 맞는 여자를 골라야 평생 같이 살 수 있습니다. 갖춰지기도 전에 미리 고르면 문제가 생깁니다. 왜냐하면 남자도, 여자도 변하기 때문입니다.

효자는 이렇게 말합니다.

"아버지, 아버지가 다 알아서 하세요."

불효자식은 말합니다.

"아버지, 빨리 주세요."

저에게는 나름대로 제 인생관이 있습니다. 저는 그렇게 생각합니다. '적어도 인생이라는 것이 주면서는 못 살지라도 달라고 하면서 살아서는 안 된다.'

그 시점이 어디입니까? 결혼이라고 생각합니다. 결혼 전까지는 용돈을 타서 쓸 수 있지만, 적어도 결혼한 후로는 그러면 안 됩니다. 결혼이 의미하는 것이 바로 그겁니다.

주는 것은 자식 소관이 아닙니다. 아버지의 소관입니다. 아버지가 필요하다고 생각하면 알아서 줍니다. 이런 것이 별것 아닌 것 같지만 모든 관계 속에서 굉장한 차이를 일으킵니다.

떡 줄 사람은 생각도 않는데 김칫국부터 마신다는 말이 있습니다. 아버지는 줄 생각이 전혀 없습니다. 왜 그렇습니까? 준비가 아직 안 되었기 때문입니다. 아들이 먼저 준비하는 데 신경 쓰면 어련히 알아서 주겠건만, 준비하는 데는 신경을 안 쓰고 달라는 데만 신경을 쓰는 것이 잘못입니다.

세 번째, 합당하지 않음에도 자식이 자꾸 요구하면 아버지는 줄 수밖에 없다는 것입니다. 이것이 하나님과 사람의 차이입니다. 여기에서 바로 인간이 깨달아야 할 아주 중요한 사실은 기도 잘해야 된다는 것입니다. 그리고 행동 잘해야 하다는 것입니다. 나가면 잘못될 것을 뻔히 알면서도 주시는 분, 그분이 바로 하나님이십니다. 사람 생각으로는 그쯤 되면 안 주지만, 하나님은 뻔히 다 날릴 걸 알면서도 주십니다. 그것이 하나님의 속성이기 때문입니다.

또한 하나님은 우리가 하나님의 진리를 거짓 것으로 바꾸어 피조물을 조물주보다 더 경배하고 섬기면 마음의 정욕대로 더러움에 내어 버려두십니다. 부끄러운 욕심에 내어 버려두십니다. 또한 우리가 마음에 하나님 두기를 싫어하면 하나님께서는 그 상실한 마음대로 내버려두십니다.

신명기 30장 19절, 20절로 잠시 넘어가 봅니다.

내가 오늘날 천지를 불러서 너희에게 증거를 삼노라 내가 생명과 사망과 복과 저주를 네 앞에 두었은즉 너와 네 자손이 살기 위하여 생명을 택하고 네 하나님 여호와를 사랑하고 그 말씀을 순종하며 또 그에게 부종하라 그는 네 생명이시요 네 장수시니 여호와께서 네 열조 아브라함과 이삭과 야곱에게 주리라고 맹세하신 땅에 네가 거하리라 (신 30:19, 20)

무슨 말입니까?

'가만있어라. 내가 알아서 주마.' 이게 아닙니다. 하나님께서 우리 앞에 생명과 사망과 복과 저주를 두시고 택하라고 하십니다. 그런데 문제는 무엇입니까? 우리 앞에 생명과 복만 놓여 있는 것이 아니라는 것입니다. 사망과 저주가 같이 놓여 있습니다. 생명과 복만 놓고 고르라고 하셔야 하는데, 우리 앞에는 생명과 복과 사망과 저주가 같이 있다는 것입니다. 그중에서 우리가 선택을 잘해야 합니다. 아버지의 뜻에 맞는 선택을 해야 합니다. 아버지가 골라주는 것이 아닙니다. 내가 선택해야 합니다.

사람에게는 또 묘한 특징이 있습니다. 자기가 구해 놓고, 자기가 응답받은 것입니다. 자기가 떠나 자기가 허랑방탕하게 산 것입니다. 그런데 자기가 죽게 생기면 꼭 하나님을 원망합니다. 인간의 속성이 참 묘합니다. 왜 그렇습니까? 우리가 잘 몰라서 그러는 것입니다. 하나님을 오해해서 그러는 것입니다. 나의 결정이 그렇게 중요하다는 것을 꼭 깨달아 삶에 책임감 있는 결정을 내리며 사시기를 바랍니다.

타락의 유혹과 하나님 품

네 번째, 우리에게는 때때로 타락의 유혹이 찾아옵니다. 그 타락이 무엇입니까? 바로 가출입니다. 옛날에는 가출은 주로 애들만 했습니다. 그런데 요즘은 아주 희한한 세상입니다. 아버지도 집을 나갑니다. 어머니도 가정을 버립니다. 아빠도 나가고 엄마도 나가고 너나 할 것 없이 가출합니다. 가정은 지키고 누리고 이루는 곳이지, 권태가 왔다고, 싫다고, 힘들다고 떠나는 곳이 절대 아닙니다.

하나님은 인간이 땅에서 누릴 수 있는 모든 행복을 가정 속에 숨겨 두셨습니다. 힘들지만 서로 찾고, 노력해야 합니다. 힘들지만 서로 지켜 가고, 만들어 내야 합니다. 좀 힘들다고 벗어나거나 달아나는 곳이 아닙니다. 누구나 한 번쯤은 가출하고 싶은 유혹이 다 들 수 있지만, 나가면 안 됩니다.

귀향을 통해 깨닫는 사실은 집을 나가면 뭐든 안 되고 타락하게 되어 있다는 사실입니다. 나가면 엄청 잘될 줄 알지만, 나가면 안 되게 돼 있습니다. 왜냐하면 벌써 정상적으로 나간 것이 아니라, 비정상적으로 나갔기 때문입니다.

왠지 되는 일이 없습니까? 그렇다면 지금 하나님 품인지 밖인지 한번 생각해 보시기 바랍니다. 하나님 품을 떠나면 돈을 버는 듯해도 내 마음에 기쁨이 없습니다. 되는 듯해도 내 마음에 평안이 없습니다. 아버지 집이 아니기 때문입니다. 돈은 벌었지만, 마음이 편치가 않습니다. 그것을 요한복음 15장 5절은 이렇게 표현합니다.

나는 포도나무요 너희는 가지니 저가 내 안에, 내가 저 안에 있으면 이 사람은 과실을 많이 맺나니 나를 떠나서는 너희가 아무것도 할 수 없음이라 (요 15:5)

그렇습니다. 우리가 예수 그리스도를 떠나서는 아무것도 할 수 없습니다. 그런데 왜 나가려고 합니까? 찬송 가사 속에도 있지 않습니까?

주 떠나가시면 내 생명 헛되네
즐겁고 슬플 때 늘 계시옵소서
기쁘고 기쁘도다 항상 기쁘도다
나 주께 왔사오니 복 주옵소서

주께서 떠나가시면 안 됩니다. 주님이 떠나셔도 안 되지만, 내가 주님을 떠나도 안 됩니다. 베드로를 보십시오. 주님 떠난 베드로가 잘 되던가요? 밤새도록 수고했으나 한 마리도 잡은 것이 없었습니다. 주님의 말씀 안에 들어오자, 그물이 찢어지도록 한번에 153마리가 잡혔습니다. 어떻게 그럴 수 있었는지, 그 해답이 요한복음 15장 7절에 나와 있습니다.

> 너희가 내 안에 거하고 내 말이 너희 안에 거하면 무엇이든지 원하는 대로 구하라 그리하면 이루리라 (요 15:7)

우리가 예수 그리스도 안에 거하고 예수 그리스도의 말씀이 우리 안에 거하면, 무엇이든지 원하는 대로 구하면 이루게 된다고 하셨습니다.

집을 떠나간 아들을 탕자라고 하고, 회개하고 돌아온 아들을 탱자라고 한번 해 보았습니다. 탕자는 안 되게 되어 있습니다. 그러나 탱자는 됩니다. 그 말을 조심스럽게 뒤집어서 생각해 봅시다. 내가 뭔가 되는 것이 없다면 혹 내가 탕자가 아닌가 깨달아 보십시오. 뭔가 내가 삶이 형통하거들랑 '내가 탱자구나' 하고 감사하십시오. 그렇다면 이것은 어떤 나의 노력의 문제가 아니라는 것입니다. 참는 인내의 문제도 아닙니다. 기도의 문제도 아닙니다. 아버지의 말씀 안으로 돌아가야 하는 귀향의 문제라는 사실을 깨달으시기 바랍니다.

탕자가 노력을 안 했겠습니까? 탕자가 기도를 안 했겠습니까? 노력해도 소용없었습니다. 기도해도 소용없었습니다. 왜냐? 탕자이기 때문입니다. 아버지와 아버지의 말씀을 떠났기 때문입니다. 정말 가출하면 안 됩니다. 말씀 떠나면 안 됩니다. 잘되어서도 아니 됩니다. 왜냐하면 되돌아오지 못할 것이기 때문입니다. 만약에 집 떠나서 잘된다면 누가 돌아오겠습니까? 안 돼야 돌아올 수 있습니다. 나의 위치가 탕자의 위치에 있는지, 탱자의 위치에 있는지 귀향을 통해서 깨달으시기를 바랍니다.

귀향의 축복

마지막 다섯 번째, 귀향한 자에게는 축복이 따릅니다. 탕자의 기도와 돌아온 탱자의 기도를 비교해 보겠습니다. 먼저 탕자의 기도입니다.

> 그 둘째가 아비에게 말하되 아버지여 재산 중에서 내게 돌아올 분깃을 내게 주소서 하는지라 (눅 15:12)

탕자의 기도는 지금 마음이 떠나야겠다는 마음을 품고 있습니다. 언어도 "내게 돌아올 분깃을 내게 주시옵소서"라고 말하게 됩니다. 그러나 회개하고 돌아온 탱자는 어떻게 기도합니까?

> 이에 스스로 돌이켜 가로되 내 아버지에게는 양식이 풍족한 품꾼이 얼마나 많은고 나는 여기서 주려 죽는구나 내가 일어나 아버지께 가서 이르기를 아버지여 내가 하늘과 아버지께 죄를 얻었사오니 지금부터는 아버지의 아들이라 일컬음을 감당치 못하겠나이다 나를 품꾼의 하나로 보소서 하리라 하고 (눅 15:17~19)

스스로 돌이키면서 이렇게 기도합니다.

"아버지여, 내가 하늘과 아버지께 죄를 얻었사오니 지금부터는 아버지의 아들이라 일컬음을 감당치 못하겠나이다. 나를 품꾼의 하나로 보소서."

21절의 기도도 보십시오.

아들이 가로되 아버지여 내가 하늘과 아버지께 죄를 얻었사오니 지금부터는 아버지의 아들이라 일컬음을 감당치 못하겠나이다 하나 (눅 15:21)

탕자의 기도는 한마디로 '주시옵소서' 입니다. 달라는 기도였습니다. 그러나 탱자의 기도는 죄인이라는 말 외에는 아버지께 할 말이 없습니다.

"아버지의 아들이라 일컬음을 감당치 못하겠나이다. 자격이 없나이다. 달라고 할 자격도 없고, 돌아올 자격도 없나이다."

품꾼의 하나도 안 된다는 것입니다. 하나님과 아버지께 죄를 지었다는 것입니다. 이렇게 기도가 바뀌었습니다. 중요한 것은 달라고 하는 기도인가, 감당치 못하겠다고 하는 기도인가 하는 차이입니다. 현상이 아닌 본질에 변화가 온 것입니다. 탕자와 탱자의 본질의 차이입니다.

탕자의 기도가 바로 바리새인의 기도요, 탱자의 기도가 바로 세리의 기도입니다. 그런데 그 기도의 응답이 다릅니다. 탕자의 기도는 그냥 그대로 기도한 대로만 응답이 왔습니다.

"주시옵소서~!!" 그랬더니 주었습니다. 그런데 탱자의 기도는 반대로 응답이 옵니다.

"나를 품꾼의 하나로 보소서 하리라."

그러면 품꾼이 되어야 하는데, 반대로 오히려 아들의 위치를 더 확고하게 세워 주는 응답이 따라옵니다. 어떤 경우에는 기도한 그대로의 응답보다 반대로 오는 응답이 더 귀할 수도 있다는 것입니다. 구한 대로 받았다고 해서 좋은 기도가 아니더라는 것입니다. 구한 대로 다 받았다고 해서 훌륭한 기도가 아니더라는 것입니다. 구하지 않아도 오는 기도가 더 위대한 기도라는 것입니다. 구해서 받는 기도의 차원에서 구하지 않아도 받는 기도의 차원으로 가야 제대로 되는 것입니다.

우리는 지금까지 기도해서 받는 응답만 중요하게 생각을 했습니다. 탕자도 기도하면 응답을 받았습니다. 그런데 탕자는 구하지 않은 것이 오는 응답을 받은 것입니다.

"이렇게 해 주세요. 저렇게 해 주세요" 라고 하지 않았습니다.

"자격이 없습니다. 받을 자격이 없습니다."

그런데 막 옵니다. 우리의 기도가 이렇게 구하지 않고도 받는 기도의 성숙함까지 나갈 수 있길 바랍니다. 성령으로 깊이 깨달으시기 바랍니다.

보통 우리는 어떻게 기도합니까?

"내가 하나님께 이런 기도를 했더니 응답이 왔습니다."

예. 그것도 훌륭합니다. 그런데 그런 훌륭함은 탕자에게도 있습니다. 탕자는 그런 기도 하지 않았습니다.

"깨닫고 보니 기도할 자격도 안 되고, 기도할 입장도 안 되고, 그저 내가 뭐라고 기도합니까? 그저 죄인입니다" 라고만 했습니다. 그런데 하나님이 다 들어주셨습니다. 바로 이것이 진짜라는 것입니다. 구해서 받는 기도보다 더 중요한 기도는 구하지 않았는데도 오는 기도입니다. 이것이 바로 탕자의 기도와 탱자의 기도가 다른 점입니다. 그 기도의 응답이 어떻게 왔습니까?

> 아버지는 종들에게 이르되 제일 좋은 옷을 내어다가 입히고 손에 가락지를 끼우고 발에 신을 신기라 (눅 15:22)

구하지 않았다니까요! 그런데 옷이 와 버렸습니다. 저는 여기서도 깨달은 것이 있습니다. 하나님은 옷을 잘 해 주신다는 것입니다. 아담과 하와에게는 가죽 옷을 해 주셨습니다. 요셉에게는 채색 옷을 해 주셨습니다. 여기 탕자도 옷을 해 주십니다.

가락지를 끼워 주십니다. 가락지를 끼웠다는 것은 권세를 의미합니다. 바로가 요셉에게 해 준 행동입니다. 자녀의 권세를 끼워 주었습니다. 그다음에는 발에 신을 신깁니다. 그 당시 노예는 신을 신지 않았습니다. 그런데 돌아온 탕자에게 신을 신겼다는 것은 '너는 내 자녀다' 라는 뜻입니다.

우리는 선물할 때 무얼 할까 고민할 필요 없습니다. 뭐 해 줄까 물어볼 것 없습니다. 성경에 선물 하는 순서가 다 나왔습니다. 첫 번째는 옷 사주고, 그다음에는 반지 사 주고, 그다음에는 신발 사 주고, 그다음에는 살진 송아지 잡아서 잔치하는 것입니다.

"우리가 먹고 즐기자."

이렇게 해 달라고 구하지 않았는데도 해 주신 것입니다. 구해서 받는 것은 보통 수준의 기도입니다. 그러나 구하지 않고도 받는 기도가 진짜 높은 수준의 기도입니다. 마태복음 6장 31절에서 33절을 보십시오.

> 그러므로 염려하여 이르기를 무엇을 먹을까 무엇을 마실까 무엇을
> 입을까 하지 말라 이는 다 이방인들이 구하는 것이라 너희 천부께서
> 이 모든 것이 너희에게 있어야 할 줄을 아시느니라 너희는 먼저 그
> 의 나라와 그의 의를 구하라 그리하면 이 모든 것을 너희에게 더하
> 시리라 (마 6:31~33)

우리가 먼저 그의 나라와 그의 의를 구하면 이 모든 것을 우리에게 더하여 주십니다. 우리 기독교에 조금 보완해야 할 부분이 있다면 무엇입니까? 탕자의 기도를 하지 말고, 탱자 기도를 하자는 것입니다. 탕자 기도는 무엇입니까? 무조건 막무가내로 '주시옵소서. 주시옵소서!!' 하는 기도입니다. 안 주면 믿음에 열심이 있을 수록 더 세게 합니다. 입을 삐쭉거려 가면서 입 모양이 벌써 다릅니다.

부흥회에서도 보면 믿음이 있을 수록 목소리가 굵어지고, 세지고, 쇳소리가 납니다.

우리 이번 기회에 한 가지 바꾸어야 할 것이 있습니다. 기도의 초점을 바로 잡읍시다. 물론 구해서 받는 것을 무시하자는 것이 아닙니다. 한국 교회는 너무 탕자식 기도 위주로만 합니다. 탱자의 기도는 자기의 정체성을 정확하게 아는 것입니다. 자기의 본질을 정확하게 찾아야 합니다. 구하지 않은 것도 분명히 더해 주신다고 주님께서 말씀하셨습니다. 물론 제 말이 꼭 옳은 것은 아닙니다. 그러나 어느 정도는 옳습니다. 오늘날 한국 교회는 탕자의 기도를 벗어나지 못하고 있습니다. 탱자의 기도는 바로 세리의 기도입니다.

> 세리는 멀리 서서 감히 눈을 들어 하늘을 우러러 보지도 못하고 다
> 만 가슴을 치며 가로되 하나님이여 불쌍히 여기옵소서 나는 죄인이

"나는 죄인이로소이다."

우리가 가슴을 찢는 죄인의 고백 기도가 없고, 진정한 회심 기도가 전혀 없이 신앙생활을 하니 신앙생활이 복잡해집니다. 내가 죄인이라고 고백해야 합니다. 이것이 참된 신앙생활이며, 이것이 제대로 신앙생활을 하는 변화의 생활입니다. 그렇게 할 때 아버지의 말씀이 무엇입니까?

이 내 아들은 죽었다가 다시 살아났으며 내가 잃었다가 다시 얻었노라 하니 저희가 즐거워하더라 (눅 15:24)

아들이 죽었다가 다시 살아났으며 아들을 잃었다가 다시 얻었다는 것입니다. 탕자는 살았으나 사실은 죽은 아들입니다. 일락을 좋아하는 이는 살았으나 죽었다고 했습니다(딤 5:6). 탕자는 살았으나 사실은 잃어버린 아들입니다. 누가복음 16장 19절 이하에 부자도 사실 살았으나 죽은 아들입니다. 있으나 잃은 아들입니다. 그러나 탕자는 다시 산 아들이요, 다시 얻은 아들입니다.

탕자의 이름이 귀향을 통해 탕자로 바뀌는 것처럼, 오늘 우리의 삶에 그러한 변화가 일어나야 합니다. 구하는 것도 탕자처럼 구하고, 기도하는 것도 탕자처럼 기도하시기 바랍니다. 내 욕심을 채워 기도하는 것이 탕자의 기도요, 하나님 앞에 나 자신을 발견하는 것이 탕자의 기도입니다. 구하지 않은 것도 들어주시는 것이 탕자의 기도요, 구한 것만 겨우 받아 내는 것이 탕자의 기도입니다. 그러나 그것 또한 하나님의 뜻에 합당하지 않은 기도였음을 깊이 깨달으시기 바랍니다.

이 모든 축복이 귀향을 통해 얻어진다면 우리가 어떻게 해야 합니까? 우리의 삶이 육신의 귀향만 추구할 것이 아니라, 내 영혼의 귀향도 이루어지도록 해야 합니다.

명절 때만 되면 육신의 고향으로 귀향하듯, 우리는 모두 천국 본향에 귀향해야 합니다. 교통 혼잡을 겪으면서도 때만 되면 고향을 찾아가듯이, 무슨 일이 있어도 기어코 천국 본향으로 돌아가야 합니다. 노숙자의 삶이 비참한 것처럼, 우리가 천국으로 들어가지 못한다면 영원히 구천을 헤매게 되는 불행을 겪게 됩니다. 돌아갈 집이 있다는 것은 참으로 큰 축복입니다. 나는 집을 나간 탕자인가, 돌아온 탕자인가? 귀향의 참된 의미를 깨달으시기 바랍니다.

13. 가족

아버지가 이르되 얘 너는 항상 나와 함께 있으니 내 것이 다 네 것이로되 이 네 동생은 죽었다가
살았으며 내가 잃었다가 얻었기로 우리가 즐거워하고 기뻐하는 것이 마땅하다 하니라

눅 15:31, 32

13

가족 _눅 15:31~32

5월은 가정의 달입니다. 요즘은 자꾸 개인화, 개인주의가 되어가고 있습니다. 개인만 있다 보니까 개인은 좀 잘되는지 모르겠지만, 가족의 개념이 점점 사라져 가는 것을 볼 때 아쉽기만 합니다.

아빠는 가족이 아닙니다. 가족의 구성원입니다. 자식은 가족이 아닙니다. 가족의 구성원입니다. 그러므로 우리는 나를 생각하기 전에 가족을 먼저 생각해야 합니다. 요즘은 '나'는 있는데 '가족'이 없어지고 있습니다. 가족을 회복해야 합니다. 가족을 개인 구성원으로만 생각하지 말고, 가족이라고 하는 통합적 의미로 생각해야 합니다.

제 13장 본문을 언뜻 보면 이런 느낌이 듭니다. 아버지가 두 아들 중 착하고 말 잘 듣는 큰아들은 사랑하시고, 속 썩이고 말 안 듣는 작은 아들은 미워하는 것처럼 보입니다. 그러나 이것은 일반적인 입장입니다. 형의 입장에서 보면 정말 말 잘 듣고, 착하고, 속 차리고 살아온 자기에게는 국물도 없습니다. 오히려 속 썩이고, 타락하고, 술과 여자와 놀아난 동생을 위해서는 아버지가 별별 것을 다 해 주십니다.

그래서 아버지가 자기보다 동생을 더 사랑하는 것처럼 느낍니다.

그러나 자세히 들여다보면 그렇지 않습니다. 아버지는 말 잘 듣고 집에 있는 형도, 말 안 듣고 나가 사는 동생도 다 똑같이 사랑합니다. 더 중요한 것은 그냥 두 아들이 자식이므로 사랑하는 것만이 아니라는 것입니다. 자식들이 속 썩일 때도 사랑하고, 회개하고 돌아왔을 때도 사랑합니다. 자식들이 착하게 있을 때도 사랑하고, 회개하고 돌아온 동생을 시기하고 있는 형도 다 사랑하신다는 사실을 우리는 알아야 합니다.

모든 것 그만두고 우리 한번 생각해 봅시다. 지금 건강하십니까? 건강하다면 감사할 일이고, 만약 건강하지 못하다면 내가 건강하지 못한 것이 과연 누구 잘못일까요? 잘 챙겨 주지 못한 아내 잘못입니까? 아니면 속을 썩여서 나로 하여금 질병에 걸리게 한 남편의 잘못입니까? 아니면 직장의 상관, 동료 때문인가요? 아니면 누구 때문에 내 건강이 상하게 되었습니까? 물론 어느 누구 때문일 수도 있습니다. 그러나 더 중요한 원인은 결국은 다 내 탓이라는 것입니다. 건강하지 못한 것은 결국 다 내 잘못입니다.

여러분의 재정 상태는 지금 괜찮습니까? 돈이 많이 있다면 감사할 일이고, 만약 돈이 없다면 그것은 누구 잘못입니까? 벌어 오는 것이 시원찮은 남편 잘못입니까? 아니면 함부로 다 써 버린 아내 잘못입니까? 아니면 내 돈 다 떼어먹고 도망간 사람 잘못입니까? 아니면 보증을 잘못 서서 날려 버리게 한 그 사람 잘못일까요? 물론 그럴 수 있겠지만, 중요한 것은 결국 그 또한 내 잘못이요, 내 탓이라는 것입니다.

지금 행복하십니까? 행복하시다면 감사할 일이고, 만약 그렇지 못하다면 과연 누구 때문에 불행한 것일까요? 내 행복을 빼앗아 간 그 사람 잘못입니까? 나를 불행하게 한 그 사람 잘못입니까? 물론 그럴 수도 있습니다. 그러나 깊이 살펴보면 그것 또한 내 잘못이요, 내 탓입니다.

우리는 적어도 인생을 살면서 누구 때문에 뭐가 어떻고, 누구 때문에 뭐가 어떻다는 말은 하지 맙시다. 우리가 핑계를 대면 왜 안 됩니까? 첫째, 그것이 진짜 이유가 아니기 때문입니다. 둘째, 그것이 또한 진짜 해답도 아니기 때문입니다. 셋째, 그것이 하나님의 방법이 아니기 때문입니다. 오히려 변명하고 핑계 대는 것은 마귀 스타일임을 알아야 합니다.

잠을 자는데 도적놈이나 강도가 들어와서 훔쳐 가는 것은 물론 그 도적이나 강도 잘못입니다. 그러나 그들은 본래 그렇게 사는 자들이니 결국 문단속 잘 못한 내가 잘못이라는 말이 더 맞더라는 것입니다. 도둑이 와서 훔쳐 가면 도둑놈 잘못이라고 말하지만, 그러기에 도둑놈인 것입니다. 도둑이 왜 도둑입니까? 도둑질 하니까 도둑놈입니다. 결국은 도둑이 들어오는 것을 방어하지 못한 내가 잘못입니다. 인생은 그렇게 살아가는 것입니다. 그래서 창세기 2장 15절은 이렇게 말해 주고 있습니다.

여호와 하나님이 그 사람을 이끌어 에덴동산에 두사 그것을 다스리며 지키게 하시고 (창 2:15)

우리는 다스리며 지켜야 합니다. 이것은 무엇을 의미합니까? 에덴의 행복을 깨 버린 마귀의 잘못이 아니라는 것입니다. 다스리지 못하고, 지키지 못한 내 잘못이라는 것입니다. 이것이 지금 하나님께서 우리에게 가르쳐 주시려는 의도입니다.

본문 비유에서는 세 가족이 등장하고 있습니다. 아버지와 아들 둘입니다. 식구가 나타난 그대로가 전부인지, 아니면 어머니와 딸들도 있는데 언급을 안 한 것인지는 모르겠습니다. 그냥 이것은 비유입니다. 실제로 있었던 것이 아니라, 예수님께서 비유를 드신 것입니다. 비유 속에 등장하는 가족이 아버지, 아들 둘, 이렇게 세 식구입니다. 그런데 가족 중에서 한 아들이 지금 뛰쳐나가려고 합니다. 더 나은 삶을 위한 유학도 아니고, 더 잘살기 위해서 아버지와 합의하에 나가는 것도 아닙니다. 아버지 뜻도, 원함도 아닙니다. 자기 몫을 가지고 아버지 집을 멀리 떠나 타락하면서 살아가는 삶을 원하고 있습니다. 말도 안 되는 일입니다.

우리는 내 식으로만 생각하면 안 됩니다. 가족 위주로 생각해야 합니다. 'I attitude'로만 하지 말고, 가족 식으로, 'Family attitude'로 생각을 해 보자는 것입니다. '나 편하면 편한 것이고, 나 불편하면 불편한 것이다.' 이렇게만 생각하지 말고, 내 편함이 가족의 편함이 되는가? 내 불편함이 가족의 불편함이 안 되겠는가? 그래서 '나' 속에서 나만 보지 말고, '가족' 속에서 나를 보아야 합니다. 나로 인해서 가족이 편안해야지, 나로 인해서 가족이 불편해지면 안 됩니다. 나를 희생시켜서 가족을 편안하게 해야 합니다. 나보다 중요한 것이 가족입니다.

그래서 예수님께서 가르쳐 주신 주기도문을 보십시오. '하늘에 계신 나의 아버지'라 하지 않고, '하늘에 계신 우리 아버지'라고 하셨습니다. '나의 아버지'가 아닙니다. '우리 아버지'입니다. 이것이 간단한 것 같아도 아주 중요합니다. 성경에 흐르는 아주 중요한 정신 가운데 하나가 무엇입니까? 바로 '내' 가 없어지고 '우리' 가 남는 것입니다. 세상에 흐르는 아주 고약한 정신이 있다면 무엇입니까? '우리' 가 없어지고 '나' 만 남아 있는 것입니다. 그것이 세상과 교회의 큰 차이입니다.

우리나라 속담을 보십시오. '못 먹는 감 찔러나 본다' 라는 말이 있습니다. 못 먹는 감을 왜 찔러 봅니까? 그대로 두어야 나중에 익으면 남이라도 먹을 수 있지 않습니까? 내가 못 먹는 감은 남도 먹으면 안 된다는 심산입니다. 심보가 아주 고약합니다. 못 먹는 감은 찌르는 것이 아닙니다. 못 먹는 감은 놔둬야 합니다. 그래야 남이라도 먹을 수 있습니다. 그것을 망쳐 놓으면 결국 나도 못 먹고 남도 못 먹게 됩니다.

세상은 속담부터 바뀌어야 합니다.

'사돈이 땅 사면 배 아프다.'

무슨 놈의 배가 내 땅 살 때만 편안한가 말입니다. 그것이 얼마나 이기적입니까? 이런 못된 속담이 어디 있습니까? 그것이 세상입니다.

위치의 타락

타락이라는 것은 첫 번째, 위치가 벗어나도 타락입니다. 아버지와 형 속을 썩이고 나가서 비록 착하게 살았다 할지라도 그것은 가족에게 아픔을 주는 것입니다. 이 가족의 아픔과 나의 기쁨을 복합적으로 생각해 봅시다.

남편들도 보십시오. 좀 늦으면 "여보, 나 오늘 늦네. 애들하고 그냥 밥 해서 먼저 먹어." 전화해 주어야 합니다.

아니면, "여보, 나 좀 늦는데 저녁을 못 먹었네. 가서 먹어야 되니까 좀 해 놓아."

이렇게 연락을 미리 주면 간단한 것을 못합니다.

느닷없이 나타나서는 밥도 안 해 놓았냐고 하면 어떻게 되겠습니까?

그것은 나만 있지, 가족이 없기 때문입니다. 기다리는 자식과 아내도 생각해야 합니다. 꼭 필요한 일이나 중요한 일이 아니라면 일찍 들어와야 합니다. 아니면 일찍 자라고 이야기라도 해 주어야 하는데, 그런 의식이 전혀 없습니다. 매너가 아주 꽝입니다.

"목사님, 의식할 것도 없어요. 연락 안 해도 다 알아서 잘 자요."

물론 그럴 수도 있습니다.

"오히려 연락하면 연락했다고 뭐라 그래요. 그냥 알아서 들어오지 전화는 뭐하러 하느냐고?"

이쯤 되면 아주 심각한 가정입니다. 가정은 서로 노력하며 만들어 가는 것입니다. 가족과 나는 같을 수 있지만, 다를 수 있습니다. 내 생각만 하지 말고 가족 위주의 사고로 살아가야 합니다. 부모들에게, 형제들에게 기쁨이 되어야 합니다.

행동의 타락

두 번째, 집을 나가면 결국 행동의 타락이 따라옵니다. 그래서 나타난 삶이 허랑방탕과 주색잡기입니다. 어찌 보면 탕자는 집에 있는 것이 불편했을지도 모릅니다. 먹고 싶은 대로 못 먹고, 마시고 싶은 대로 못 마시고 아버지 앞에서 구속이 되니 자유를 찾고 싶었을지도 모릅니다. 하지만 그것은 자유가 아니고 방종입니다. 이 탕자는 자유를 갈망한 것이 아니라, 방종을 갈망한 것입니다. 벌써 자세가 잘못되니 아버지한테 요구하는 것도 잘못되었습니다.

집에서 불효한 자식이 나가서 잘하겠습니까? 그냥 허랑방탕이지요! 그러니 집에서는 착했다가 나가더니 갑자기 잘못되는 것이 아닙니다. 이미 잘못된 요소 속에서 그것이 본격화되는 것뿐입니다. 위치가 타락되면 삶의 타락은 자동적으로 따라옵니다. 속 썩이는 사람이 연계선상에서 칭찬 들을 일을 못한다는 것입니다. 그러니 가족에게 아픔이 되는 것, 그 자체가 타락이라는 것입니다. 내가 무슨 타락된 삶을 살아서만 타락이 아닙니다. 가족에게 아픔이 된다면 그것도 타락입니다. 말씀의 의미를 잘 깨달아 가족의 일원으로서 가족에게 뿌듯함이 되시기를 바랍니다. 그것은 매우 중요합니다. 이것이 제대로 된 크리스천의 자세입니다.

가족을 떠나면 뭐든 안 되게 되어 있습니다. 사도 바울이 계속해서 강조하고 있는 단어가 하나 있습니다. 항상 '그리스도 안에서'를 강조했습니다. 예수님도 강조하셨습니다.

> 나는 포도나무요 너희는 가지니 저가 내 안에, 내가 저 안에 있으면 이 사람은 과실을 많이 맺나니 나를 떠나서는 너희가 아무것도 할 수 없음이라 (요 15:5)

예수 그리스도를 떠나서는 아무것도 안 되니까 우리는 항상, 반드시 예수 그리스도 안에 있어야 합니다.

> 너희가 내 안에 거하고 내 말이 너희 안에 거하면 무엇이든지 원하
> 는 대로 구하라 그리하면 이루리라 (요 15:7)

무엇이든지 기도해서 얻는 것만 중요한 것이 아닙니다. 전제 조
건이 무엇입니까? 예수 그리스도 안에 있어야 합니다. 주 안에 있으
면 무엇이든지 잘되고, 주 밖에 있으면 뭐든지 되는 일이 없습니다.
뒤집어 말하면, 뭐든 잘되면 주 안에 있다는 증거고, 뭐든 되는 게 없
으면 주님을 떠났다는 증거입니다. 주 안에 있으면 잘되고 안 되고는
둘째치고라도 마음이 평안해집니다. 근심이 없어집니다.

주 안에 있다는 증거가 무엇으로 나타납니까? 내 마음에 평안이
이루어져야 합니다. 주님을 떠나면 안 됩니다. 이것은 간단하지만 매
우 중요합니다.

게으르면 주 안에 있는 것이 아닙니다. 어떻게 주님 안에 있는데
게으를 수 있습니까? 주님 안에 있으면 열정이 생깁니다. 설교도 주
안에서 하는 설교가 있고, 주 밖에서 하는 설교가 있습니다. 주 안에
있는 설교는 열정이 있습니다. 그 설교 속에는 하나님의 역사가 있습
니다. 그런데 주님을 떠나면 어떻습니까? 하기 싫은 것을 억지로 합
니다. 그러니 잘되겠습니까?

일도 마찬가지입니다. 여러분에게 있어서는 일이 일입니다. 나
에게 있어서는 설교가 일입니다. 내가 설교를 기쁨으로 하듯, 여러분
은 출근을 기쁨으로 해야 합니다. 예수 그리스도 안에 있는 우리는 무
슨 일이든지 마음속에 열정이 일어나야 합니다. 그런 사람은 무엇이
든지 해냅니다. 그러니 잘될 수밖에 없습니다.

누가복음 16장 부자와 나사로를 보십시오. 부자는 돈 안에 있었지, 주 안에 있었던 것은 아닙니다. 돈 안에 있는 이것이 굉장히 좋은 것 같아도 돈은 근심을 절대 못 막아 줍니다. 돈이 행복을 지켜 주는 것이 아닙니다. 돈이 있으면 언뜻 생각에는 다 될 것 같지만, 막상 돈 있어 보십시오. 안 되는 것이 너무나 많습니다. 지금 우리에게 돈이 아쉬우니까 돈만 있으면 다 될 것 같습니다. 돈 가지고 안 되는 것이 너무 많은 것은 왜 그렇습니까? 평안이 돈으로 안 됩니다. 기쁨이 돈으로 안 되기 때문입니다. 주 밖에서 즐거움을 찾으니 술이 제격입니다. 밤이 새도록 마시고 또 마시고, 취하고 또 취합니다. 돈 가지고 다 해결된다면 부자가 왜 매일 술을 마시겠습니까? 돈 가지고 안 되기 때문입니다. 그러나 그 술 없어도, 돈 없어도 그리스도 안에 있으면 되는 것입니다. 말이 안 되는 소리 같지만, 되는 것을 어떻게 합니까? 그게 하나님 말씀인 것을 어떻게 합니까?

나사로에게 뭐가 있었습니까? 돈은커녕 아무것도 없었습니다. 그러나 그는 주 안에 있었습니다. 그랬더니 아무 근심이 없는 것입니다.

여러분이 위치한 곳은 지금 어디입니까?

본문 누가복음 15장 14절을 보십시오.

다 없이한 후 그 나라에 크게 흉년이 들어 저가 비로소 궁핍한지라
(눅 15:14)

탕자가 다 없이한 후 그 나라에 크게 흉년까지 들자 극도로 궁핍해졌습니다. 왜 다 없어짐과 큰 흉년이 맞붙어 있습니까? 왜 하필 돈이 없을 때 큰 불황까지 찾아옵니까? 그것이 세상이요, 그것이 인생

입니다. 사실은 그런 흉년이, 그런 기근이 그때만 온 것이 아닙니다. 전에도 있었습니다. 그런데 문제는 내가 돈이 있을 때는 그것을 기근이라고, 흉년이라고 못 느끼고 살았다는 것입니다.

탕자가 기근을 만난 것이 아닙니다. 그가 어려움 속에서 기근을 느낀 것입니다. 그러므로 우리는 적어도 기근의 의식 없이 살아가야 합니다. 경기 침체를 의식하지 못하는 삶을 살아야 합니다. 탕자와 아버지와 형도 지금 탕자와 같은 시대에 살고 있습니다. 그런데도 집에 있는 아버지와 형은 경기 의식이 없습니다. 바깥에 있는 탕자만 느끼고 있는 것입니다. 바로 주님을 떠났기 때문입니다. 그러면 무조건 예수 안에 있으면 다 잘되는가? 아닙니다. 예수 안에 있어도 어려움은 있을 수 있습니다. 그러나 예수 안에 있으면 어려워도 그것이 어려움인 줄 모르고 산다는 것입니다. 그것이 바로 하나님의 은혜입니다. 무슨 돈만 많이 벌어서 어려움을 모르는 것이 아닙니다. 돈이 없어도 그냥 어려운 줄을 모르고 사는 것입니다. 예수 안에 있으면 똑같이 힘이 드는 일인데도 힘든 줄 모르고 살 수 있습니다.

저는 정말 감사한 것이 있습니다. 미국을 가면 '미국인가 보다.' 한국에 오면 '한국인가 보다' 합니다. 미국과 한국은 12시간, 13시간 정도 차이가 나도 저에게는 시차가 전혀 안 느껴집니다. 제가 건강한 이유도 있겠지만, 워낙 제가 평소에 시차 없이 살아가고 있기 때문입니다. 그냥 낮이고 밤이고 따로 구분이 없습니다. 그러니 이쪽으로 가나 저쪽으로 가나 환하면 '환한가 보다.' 깜깜하면 '깜깜한가 보다' 합니다. 그렇게 힘든 줄 모르는 것이 은혜입니다. 대한민국에서 저보다 설교를 더 많이 하는 사람이 흔치 않다고 생각합니다. 제가 하루에 아무리 없어도 설교를 세 번 이상은 합니다. 많으면 여섯 번씩도 합니다.

어제도 미국에서 오자마자 철야하고 광주 로터리 클럽까지 가서 설교했습니다. 사실 저도 힘이 전혀 안 드는 것은 아닙니다. 힘이 듭니다. 그런데 힘든 줄 모른다는 그것이 저에게는 큰 은혜입니다.

'예수 믿으면 무조건 축복받는다.' 그러나 꼭 그런 것만은 아닙니다. 역시 어려운 것은 마찬가지입니다. 세상 사람들과 똑같이 어렵지만, 예수 믿으면 어려운 줄을 모를 뿐입니다. 왜 그렇습니까? 그것이 바로 은혜입니다. 꼭 축복을 받아서만이 아닙니다. 그 어려움이 어려운 줄 모르는 그것이 축복입니다. 그래서 또 축복도 사실 따라오기도 합니다.

타락의 해결책

세 번째입니다. "목사님, 그럼 이제 와서 어쩌란 말입니까?" 답이 없다면 제가 왜 이런 설교를 하겠습니까? 가족으로 돌아가는 것이 해결책이라는 것입니다. 이때 먼저 깨달아야 할 것이 있습니다. 누가복음 15장 17절을 보십시오.

> 이에 스스로 돌이켜 가로되 내 아버지에게는 양식이 풍족한 품꾼이 얼마나 많은고 나는 여기서 주려 죽는구나 (눅 15:17)

바깥에 그대로 있으면 죽는다는 것을 깨달아야 합니다. 그대로 있으면 망한다는 것을 깨달아야 합니다. 그대로 있으면 지옥 간다는 것을 깨달아야 합니다. 그래서 깨닫는 것이 은혜입니다. 지금 이대로 있으면 안 되는데, 안 되는 줄 모르고 있는 것이 문제입니다. 이것이 답답한 노릇입니다.

부자와 나사로 비유에서 부자도 그렇습니다. 그가 미리 깨달았다면 왜 지옥 갔겠습니까? 연락(宴樂)으로 안 된다는 것을 깨달았으면 당장 끊고 주님 안으로 돌아왔을 것입니다.

제가 미국에 갔더니 어느 분이 우리 조용기 목사님의 설교라고 하면서 CD 선물을 하는 것입니다. 그래, 받아서 들어보았더니 조 목사님의 간증이 설교 속에 있었습니다. 내용 가운데 아주 깜짝 놀랄 말씀을 하십니다. 당신은 폐병으로도 고생을 해 보았다는 것입니다. 별별 고통을 다 당해 보았지만, 그것은 오히려 천국이더라는 것입니다. 지옥의 고통이 얼마나 큰지 말입니다. 그래서 예수 믿고 구원받으라는 말씀이었습니다. 우리는 누구나 예수 믿고 죄 사함 받아야 합니다.

베드로와 가룟 유다도 마찬가지입니다. 가룟 유다가 그런 사실을 깨달았다면 왜 자살하고 지옥 갔겠습니까? 깨닫지를 못해서입니다. 우리 모두에게 깨달음의 축복이 있기를 바랍니다.

지금 탕자가 아주 훌륭한 것은 깨달았다는 사실입니다. 그는 이대로 있으면 죽는다는 것을 깨달았습니다. 이대로 있으면 망한다는 것을 깨달았습니다. 깨달아야 돌아올 것 아닙니까? 그가 깨닫고 돌아오자 신분의 변화가 옵니다.

내가 일어나 아버지께 가서 이르기를 아버지여 내가 하늘과 아버지께 죄를 얻었사오니 (눅 15:18)

그가 깨닫게 되니까 그의 신분이 자녀에서 종으로 추락해 버렸습니다. 그러나 그거 나쁜 것이 아닙니다. 본인에게 있어서는 자세가 아주 좋은 것입니다. 좋은 주인 뜻대로 하지만, 자식이기에 제멋대로 했습니다. 지금 요지는 내 맘대로 안 살고 아버지 뜻대로 살겠다고 결심한 것입니다. 그것이 바로 변화이며, 회개입니다. 내 맘대로 살면 안 됩니다. 아버지 뜻대로 살아야 합니다. 가족에게 아픔을 주는 것은 아버지의 뜻이 아닙니다. 아버지의 뜻은 무엇입니까? 아버지 뜻은 나 하나 행복하고 즐겁게 살자고 나가는 것이 아닙니다. 나 하나 괴로움을 갖더라도 가족이 함께 있어야 합니다. 그런데 가족 속에 있으면 절대로 괴롭지 않습니다.

벌써 가족 속에서 괴로움을 느끼고 있다면 그 가족이 무엇인가 문제가 있는 것입니다. 가족 속에는 참된 행복이 있습니다. 혼자 행복하려 하지 말고, 가족 속에서 행복해야 합니다. 바로 이것이 중요합니다. 나 혼자 즐겁게 살려고 하지 말고 주님과 더불어 즐겁게 살아야 합니다. 내 뜻이 주님 뜻으로 바뀌어야 합니다. '내 마음대로'가 '주님 마음대로'로 바뀌어야 합니다.

그렇게 하려면 더 중요한 것이 있습니다. 바로 나의 알량한 자존심입니다. 죽음 앞에서 나의 자존심은 사정없이 버려야 합니다. 실패하고 일어난 사람들의 공통점이 무엇입니까? 실패를 딛고 일어나면서 자존심이 없어진다는 것입니다. 미국에 이민 오면 금방 성공하는 사람이 있고, 실패했다 성공하는 사람이 있고, 계속 고생하는 사람이 있습니다. 이 세 부류 중에서 금방 성공하는 사람은 누구입니까? 완전히 다 내려놓은 사람입니다. 그래서 무슨 일이든 합니다. 청소부든, 식당 일이든 물불을 가리지 않고 일하는 사람은 성공합니다. 금방 성공합니다. 그런데 누가 힘든 줄 압니까? 돈도 좋지만 명색이 한국에서 이랬던 사람인데, 그런 일을 하게 생겼냐고 버티는 사람입니다. 체면을 끝내 못 버린 사람이 힘듭니다. 체면 붙들고 있는 사람은 성공하기 힘듭니다.

미국은 체면이 아무 소용없습니다. 그곳은 철저한 신용주의 사회입니다. 내 것이 없으면 아무 소용없습니다. 체면이 밥 먹여 주지 않습니다. 자존심을 다 내려놓고 낮은 자세로 임해야 성공합니다.

지금 탕자의 결정적인 훌륭함은 무엇입니까? 체면, 눈치, 자존심 다 죽였다는 사실입니다. 그런데 이 말을 오해하면 안 됩니다. 그렇다고 인생을 아주 쓸개 다 빼 버리고 개차반으로 살라는 것이 아닙니다. 비과학과 초과학이 다른 것처럼, 자존심을 죽인 것과 자존심을 버린 것은 다릅니다. 쓸개는 버리되 사람이 지켜야 할 근본은 지켜야 합니다. 사람이 지켜야 할 근본마저 다 내다 버리면 그것은 사람이 아닙니다.

참된 회개란 될 대로 되라고 삶을 그냥 아무 데나 내던지는 것이 아닙니다. 내가 본래 있어야 할 그 자리로 돌아가는 것이 참된 회개입니다. 본래 은혜 받았던 자리로 돌아가시기를 바랍니다. 본래 찬양했던 자리로 돌아가시기를 바랍니다. 본래 행복했던 자리로 돌아가시기를 바랍니다. 본래 사랑했던 자리로 돌아가시기를 바랍니다. 본래 기뻐했고, 본래 감사했던 그 자리로 돌아가시기를 바랍니다. 왜 그렇습니까? 돌아가면 그곳에는 더 좋은 회복이 기다리고 있기 때문입니다.

권세의 회복

탕자는 자존심 다 버리고 아버지께로 돌아가서 그저 머슴같이 살려고 모든 것을 포기했습니다.

"흥! 오긴 왔구나. 이제부터 너는 내 자식 아니다, 이놈아! 내가 널 호적에서 이미 지웠다! 그러니 오늘부터 일꾼처럼 살아!"

이럴 줄 알고 갔는데, 그렇지 않았습니다. 아버지는 옷부터 입혀 주십니다. 아버지께서 예비한 좋은 옷입니다. 주님께 돌아오면 주님이 그리스도의 거룩한 세마포로 입혀 주십니다. 그리고 손에다 반지를 끼워 줍니다. 바로가 요셉에게 반지 끼워 주었던 것처럼, 권세의 회복입니다. 그다음 신까지 신겨 줍니다. 원래 노예는 신발을 안 신습니다. 자녀이기에 신발을 신깁니다. 그리고는 잔치를 성대하게 베풀어 줍니다. 주님 앞에 돌아오면 그렇게 맞이해 주실 텐데 못 돌아갈 이유가 어디 있겠습니까? 돌아갑시다. 이것이 회복입니다. 이것이 우리가 있어야 할 곳이고, 우리가 누려야 할 삶입니다. 이제 우리 주님께로, 말씀 안으로 돌아갑시다. 나만 생각하지 맙시다. 아버지를 생각하고, 어머니를 생각해야 합니다. 자식들을 생각해야 합니다. 더 나아가 우리 주님을 생각해야 합니다. 나 혼자만 편하고 가족이 아프다면 이미 나는 타락해 있는 것입니다. 나로 인하여 가족에게 기쁨이 될 때 그것이 참된 회복이요, 회개입니다.

주님은 오늘도 우리가 주님 품으로 돌아가기를 원하고 계십니다. 그대로 돌아갑시다. 교회에 나와 앉아 있다고 주님께 돌아온 것이 아닙니다. 교회에 앉은 것과 주님께 돌아간 것은 같을 수 있지만, 다를 수도 있습니다. 주님은 우리가 주님 앞에 나오기를 간절히 원하십니다.

탕자가 타락된 삶을 살다가 어려움 속에서 회개하고 하나님 품으로 돌아갔습니다. 그렇게 돌아오니 하나님께서 모든 것을 전보다 더 좋게 회복시켜 주셨습니다. 이처럼, 우리 삶이 그런 탕자 같은 회개가 있기를 바랍니다. 주님 앞에 돌아가면 주님께서 우리의 모든 것을 씻겨 주십니다. 싸매 주십니다. 채워 주십니다. 고쳐 주십니다. 치유해 주십니다. 돌아갑시다.

14. 무익한 종

사도들이 주께 여짜오되 우리에게 믿음을 더하소서 하니 주께서 가라사대 너희에게 겨자씨 한 알만한 믿음이 있었더면 이 뽕나무더러 뿌리가 뽑혀 바다에 심기우라 하였을 것이요 그것이 너희에게 순종하였으리라 너희 중에 뉘게 밭을 갈거나 양을 치거나 하는 종이 있어 밭에서 돌아오면 저더러 곧 와 앉아서 먹으라 할 자가 있느냐 도리어 저더러 내 먹을 것을 예비하고 띠를 띠고 나의 먹고 마시는 동안에 수종 들고 너는 그 후에 먹고 마시라 하지 않겠느냐 명한 대로 하였다고 종에게 사례하겠느냐 이와 같이 너희도 명령 받은 것을 다 행한 후에 이르기를 우리는 무익한 종이라 우리의 하여야 할 일을 한 것뿐이라 할지니라

눅 17:5~10

14

무익한 종 눅 17:5~10

하나님 말씀을 대할 때에 우리가 염두에 두어야 할 사실이 하나 있습니다. 그중 하나는 말씀이 어떠한 배경에서 나왔느냐 하는 것입니다. 전후 문맥에 대한 이해 없이 하나님 말씀 일부만을 따서 보면 오해할 수 있습니다. 성경에서 말하려는 의도는 그런 의미가 아닌데, 자기의 필요에 의해서 성경을 잘못 해석할 때가 있는 것입니다. 누가복음 17장 1절, 2절에는 실족에 관한 말씀이 나옵니다.

> 예수께서 제자들에게 이르시되 실족게 하는 것이 없을 수는 없으나 있게 하는 자에게는 화로다 저가 이 작은 자 중에 하나를 실족게 할진대 차라리 연자 맷돌을 그 목에 매이우고 바다에 던지우는 것이 나으리라 (눅 17:1, 2)

실족게 하는 것이 없을 수는 없으나 있게 하는 자에게는 화가 있다고 하십니다. 작은 자 중에 하나를 실족게 할진대 차라리 연자 맷돌을 그 목에 매이우고 바다에 던지우는 것이 낫다고 했습니다. 내가 실족하게 했기 때문에 연자 맷돌을 내가 짊어지는 것이 아닙니다. 차라리 실족게 하려거든 그 사람 목에 연자 맷돌을 매라는 것입니다. 그리고 내가 물에 빠지는 것이 아닙니다. 그 사람을 차라리 물에 던지는 것이 낫다는 것입니다. 그 사람을 실족게 하느니 차라리 물속에 빠뜨려서 죽이는 것이 더 낫다는 말입니다. 적어도 주님이 지금 말씀하고 계시는 의미는 한 영혼이 실족하는 것이 얼마나 중요한가 하는 것을 우리에게 가르쳐 주고자 하시는 말씀입니다. 실족하면 그가 지옥 가게 되기 때문입니다. 실족게 한 자도 역시 화를 당하게 됩니다. 자살이 아니라 남의 손에 의해서 죽게 되면 적어도 그는 지옥에 가지는 않습니다. 예수 믿는 사람이라면 천국에 갑니다. 그리고 물에 빠뜨려 살인한 자는 회개할 기회가 있기 때문에 역시 천국에 갈 수 있습니다. 그러므로 이 사람도 구원하고, 저 사람도 구원하시고자 하는 하나님의 사랑을 잘 나타내 주고 있는 말씀입니다.

그다음에 이어서 말씀하신 것이 용서입니다.

> 너희는 스스로 조심하라 만일 네 형제가 죄를 범하거든 경계하고 회개하거든 용서하라 만일 하루 일곱 번이라도 네게 죄를 얻고 일곱 번 네게 돌아와 내가 회개하노라 하거든 너는 용서하라 하시더라 (눅 17:3, 4)

형제가 죄를 범하거든 경계하고 회개하거든 용서해 주어야 합니다. 일곱 번이라도 용서해 주라고 말씀하십니다. 즉 한없이 용서하라는 말씀입니다. 이런 말을 듣고 보니 제자들 생각이 '이거 보통 믿음 가지고는 이 일을 못 해내겠구나!' 싶었던 모양입니다.

그래서 주님께 큰 믿음을 요구합니다. 왜냐하면 사람을 실족지 않게 하려고 하니 믿음이 더 강해야만 되겠는 것입니다. 사실 예수 믿는 일이 쉬운 것만은 아닙니다. 나 혼자 주님과의 관계 속에서 유지되는 것이 아니기 때문입니다. 신앙생활하는 가운데에는 별별 일이 많습니다. 흉보는 사람이 있습니다. 시기하는 사람이 있습니다. 깎아내리는 사람이 있습니다. 가시 같은 사람이 있습니다. 그런 모든 것들을 자기가 스스로 이겨 나가야 합니다. 믿음이 약해서는 어렵습니다. 그래서 제자들도 믿음을 더해 달라고 요구합니다.

또 형제를 일곱 번씩 용서해 주려고 하니 지금 있는 믿음 가지고는 어림도 없는 것 같아 믿음을 더해 달라고 주님께 부탁하는 것입니다. 주님은 "구하라 그러면 너희에게 주실 것이요"(마 7:7) 그렇게 말씀하셨습니다. 그러니 아주 정당하게 간구하고 있는 것입니다.

믿음을 더해 달라는 말을 원문에서 다른 뜻으로 보면 뭔가 새로이 이적을 행할 수 있는 획기적인 믿음을 달라는 것입니다.

"내가 평범한 믿음으로는 다 감당해 낼 수가 없으니 좀 획기적인 믿음을 주셔서 나로 하여금 그런 일을 다 감당하게 해 주세요."

믿음이 부족하다고 느낀 사람이 믿음을 더 달라는데 무엇이 잘못이겠습니까? 그러나 그러한 당연한 요구 속에서도 잘 모르는 것이 있을 수 있으니, 그것이 바로 본문의 경우입니다.

제자들이 예상하는 주님의 답변은 무엇입니까?

주께서 가라사대 너희에게 겨자씨 한 알만한 믿음이 있었더면 이 뽕나무더러 뿌리가 뽑혀 바다에 심기우라 하였을 것이요 그것이 너희

겨자씨 한 알만한 믿음이 있었다면 뽕나무더러 뿌리가 뽑혀 바다에 심기우라 하면 그것이 순종한다는 것입니다. 겨자씨는 얼마나 조그마한지 먼지보다 조금 클까요? 씨를 들여다보다가 재채기라도 한번 하게 되면 씨앗이 순간 다 날아가 버립니다. 겨자는 일년생 식물입니다. 그러나 다 자라게 되면 그 높이가 약 십 척에서 열두 척이나 됩니다. 새들이 씨를 먹기 위해 그 가지에 머무르게 됩니다. 조그마한 것이 싹이 나면 그렇게 커집니다.

그리고 뽕나무를 말씀하십니다. 팔레스틴의 뽕나무는 뿌리박는 힘이 굉장히 강합니다. 겨자나무와는 달리 600년까지 살 수 있습니다. 아주 큰 나무가 될 수 있는 것이 바로 이 뽕나무입니다. 그러나 지금은 누에를 치기 위해 재배하므로 그렇게 크게 자라도록 놓아두지 않습니다. 가지만 뻗게 해서 뽕잎을 주로 많이 수확합니다. 그런데 그 정도로 큰 나무를 뽑아서 바다에 옮기우라 하면 그대로 된다는 것입니다.

다시 정리해 봅니다. 제자들은 큰 믿음을 요구했습니다. 그런데 예수님은 겨자씨만한 믿음이 있어도 된다고 하십니다. 가장 작은 씨앗만한 믿음만 있으면 가장 큰 나무도 뽑혀서 바다로 옮길 수 있다는 것입니다. 바로 이것이 주님 가르치심의 관점입니다.

살아 있는 믿음

겨자씨 믿음이 주는 교훈은 몇 가지가 있습니다. 첫 번째는 아주 작은씨가 엄청나게 큰 나무가 된다는 것입니다. 새들이 와서 깃드는 역사를 이룰 수 있는 나무가 바로 겨자나무입니다.

두 번째, 이것은 살아 있는 믿음을 말합니다. 작은 씨라도, 적은 믿음이라도 살아 있기만 하면 어떠한 어려움이나 문제도 다 해결해 낼 수 있다는 교훈입니다. 살아 있는 믿음은 어떤 믿음입니까? 행하는 믿음입니다.

큰 바위 속에 씨앗이 떨어져서 싹이 나고 큰 나무로 자라나게 되면, 그 바위를 둘로 갈라놓습니다. 그 위대한 믿음이 조그만 씨앗에서 나올 수 있다는 것입니다. 살아 있는 믿음은 행하는 믿음입니다. 행함이 없는 믿음은 죽은 믿음입니다.

이 말씀을 통한 중요한 지적은 무엇입니까? 우리는 큰 믿음이 있어야만 뭔가를 할 수 있다고 주로 생각합니다. 그러나 주님은 말씀하십니다. 무슨 일을 하기 위해서는 겨자씨 한 알만한 믿음만 있어도 다 해결할 수 있다는 것입니다. 큰 믿음이 필요한 것이 아닙니다. 우리의 잘못된 관점을 주님이 지금 수정해 주고 계신 것입니다.

우리 생각은 우리가 이 상태로는 아무것도 할 수 없으니 큰 믿음을 주셔서 우리로 하여금 용서도 하게 하여 주시고, 실족도 안 하게 하시고, 능력도 행하게 해 달라고 합니다. 그러나 겨자씨 알만한 믿음만 있어도 우리는 다 행할 수 있다는 것입니다. 겨자씨만한 믿음이라도 믿고 움직이기만 한다면 무슨 일이든지 다 해낼 수 있습니다.

예를 들어 봅시다. 한 사람이 예수 믿기로 작정하고 등록을 했습니다. 한 달쯤 다녔습니다. 그런데 성가대에서 "성가대 좀 앉으세요"하고 제안을 했습니다. 이때 "예. 감사합니다. 저를 써 주셔서 정말 감사합니다" 하는 사람을 저는 별로 못 봤습니다. 거의 95%이상이 못한다고 거절합니다. 왜 그렇습니까? 그 사람 생각은 '내가 이제 믿은 지도 얼마 안 되는데 감히 어떻게 성가대를 하냐?' 그 말입니다.

그러나 막상 강제로라도 앉혀 놓으면 잘합니다. 성가대에 앉아 있는 분들이 원래 잘해서 잘하는 것이 아닙니다. 성가대에 앉았기 때문에 잘하는 것입니다. 할 수 있다 이 말입니다. 하기만 하면 할 수 있는데, 우리는 지금 상태로서는 할 수 없으니 뭔가를 더 요구합니다. 주님은 지금 해도 얼마든지 잘할 수 있다고 말씀하십니다.

교회를 한 6개월쯤 다녔는데 대표 기도를 시켜 보십시오. 그러면 당장 교회에 그만 나오겠다고 그럽니다. 그 사람 생각에는 대표 기도를 하려면 적어도 예수를 20년은 믿어야 하는 줄로 알기 때문입니다. 그러나 믿음만 있으면 누구나 다 할 수 있습니다.

어린아이들도 기도를 얼마나 잘합니까? 주일학교 예배를 참석해 보면 애들이 대표 기도를 얼마나 잘하는 줄 모릅니다. 그저 뭐라고 이야기하는지 말이 되건 안 되건 참 잘합니다.

병든 자를 위해 기도하는 것도 그렇습니다. 하나님이 큰 능력을 주셔야만 할 수 있다고 생각합니다. 예수님 당시의 제자들이나 오늘 우리들이나 똑같지만, 그렇지 않습니다. 주님이 우리에게 주신 그 믿음만 가지고도 충분합니다. 지금 우리가 가지고 있는 능력만 가지고도 충분합니다. 600년씩 묵은 뽕나무라도 우리가 가지고 있는 겨자씨알만한 믿음이라면 뽑아서 바다에 옮길 수 있습니다. 말씀을 통해서 우리의 자세가 바뀌기를 바랍니다.

생각해 보십시오. 나는 못한다 그리고 주님은 할 수 있다 그러시면 누구 말이 옳은 것입니까? 예수님 말씀이 옳은 것 아닙니까? 예수님이 제자들을 불러서 구원하신 다음 어떻게 하셨습니까? 한 30년쯤 가르친 다음에 파송하신 것이 아닙니다. 성경을 자세히 보십시오. 예수님은 제자를 부르신 다음 12명 제자를 세우자마자 바로 능력 주어서 내보내셨습니다. 그런데 우리는 주님의 증인 역할을 하려면, 주님의 제자의 노릇을 하려면 예수 믿은 지 한 20년은 되어야 할 수 있는 것으로 잘못 생각하고 있습니다.

"교회 나온 김에 우리 전도합시다."

"아이쿠! 나는 아무것도 모르는데."

제자들도 아무것도 모를 때부터 시작했습니다. 무엇을 많이 안다고 해서 전도하는 것이 아닙니다. 아무것도 몰라도 할 수 있습니다. 왜 그런 줄 아십니까? 전도는 주님께서 하시는 것이기 때문입니다.

우리가 하는 것이 아니라, 내 안에서 예수님께서 하시기 때문에 우리는 그저 겨자씨알만한 믿음만 가지고 있으면 됩니다. 그리고 하나님께서 우리를 만드실 때 보잘것없는 존재로 만든 것이 아닙니다. 무엇인가 할 수 있는 존재로 만드셨습니다. 그러므로 우리는 순종하고 움직이기만 하면, 무슨 일이든 할 수 있습니다. 그것이 주님의 관점입니다. 우리는 할 수 있습니다. 주님은 그때나 지금이나 동일하게 말씀하십니다. 지금 우리에게 있는 믿음도 내가 사용하기만 하면, 산을 들어 바다로 옮길 수 있습니다.

큰 믿음

마태복음 8장 5절에 칭찬 들은 큰 믿음이 나옵니다. 그것은 바로 백부장의 믿음입니다. 그의 믿음이 큰 믿음이라는 것은 실제적으로 어떤 큰 믿음을 가져서가 아닙니다. 간단합니다. 주님이 말씀하시면 그대로 된다고 믿어 버린 것입니다. 그것이 바로 큰 믿음이었습니다. 예수님께서 분명히 그렇게 말씀하셨기 때문입니다.

겨자씨 한 알만한 믿음이 있으면 나무가 뽑혀 바다에 옮기우라 하면 그대로 된다는 것을 믿는 믿음이 큰 믿음입니다. 믿으면 그대로 이루어집니다. 우리의 삶에 어떠한 문제가 생기든지 걱정하지 마십시오. 우리가 가지고 있는 믿음이 그 문제를 다 해결해 줄 것입니다. 우리가 감당치 못할 시험을 하나님은 허락지 아니하십니다. 시험당할 즈음에 능히 피할 길을 내 주시므로 우리가 그 시험을 다 감당해 낼 수 있습니다.

선생님이 학생들에게 문제를 낼 때도 단 한 사람도 풀 수 없는 문제를 내지 않는 법입니다. 풀 수 있기 때문에 냅니다. 배우지도 않은 문제를 냈다면 그 선생님의 잘못입니다. 이처럼 내가 이겨 낼 수 없는 어려움은 오지 않습니다.

이 지구를 중심해서 우주가 얼마나 괴성벽력 같은 소리가 있는 줄 아십니까? 세미해서 들리지 않는 소리부터 해서 아주 엄청납니다. 지구가 지금 태양을 돌고 있습니다. 그것을 자전, 공전이라고 합니다. 그런데 말이 그렇지, 총알처럼 작은 것 하나만 날아가도 어떻습니까? 공기 가르는 소리가 굉장합니다. 작은 총알이 1초에 850m로 날아가는 속도도 그러하거늘, 하물며 이 엄청난 지구가 돌아가는 소리는 얼마나 더 괴성벽력이겠습니까? 이것을 소리로 들을 수 있다면 굉장할 겁니다. 그런데 우리가 그 소리를 감당 못하니까 아예 안 들리지 않습니까? 내 귀가 감당 못하니까 전혀 못 느끼는 것입니다. 만약에 그 소리를 내가 감당할 수 있다면 내 귀에 들려왔을 것입니다. 어려움이란 그런 원리와 똑같습니다. 우리 삶 속에 아무리 어려운 문제가 산재해 있다 해도 우리 엄살떨지 맙시다. 우리에게는 능히 해낼 수 있는 능력이 있습니다.

남편 월급이 좀 적어도 엄살떨지 마시기 바랍니다. 우리는 충분히 한 달 살아갈 수 있는 능력이 있습니다. 우리 삶 속에 육체의 질병이 찾아왔다고 엄살떨지 맙시다. 우리가 감당 못하는 병은 오지도 않습니다. 환난, 시험, 역경 속에서도 다 살아가고 있지 않습니까?

큰 믿음은 흉악한 귀신 들린 딸을 둔 가나안 여인의 믿음입니다.

> 예수께서 거기서 나가사 두로와 시돈 지방으로 들어가시니 가나안 여자 하나가 그 지경에서 나와서 소리질러 가로되 주 다윗의 자손이여 나를 불쌍히 여기소서 내 딸이 흉악히 귀신 들렸나이다 하되 예수는 한 말씀도 대답지 아니하시니 제자들이 와서 청하여 말하되 그 여자가 우리 뒤에서 소리를 지르오니 보내소서 예수께서 대답하여 가라사대 나는 이스라엘 집의 잃어 버린 양 외에는 다른 데로 보내심을 받지 아니하였노라 하신대 여자가 와서 예수께 절하며 가로되 주여 저를 도우소서 대답하여 가라사대 자녀의 떡을 취하여 개들에게 던짐이 마땅치 아니하니라 여자가 가로되 주여 옳소이다마는 개들도 제 주인의 상에서 떨어지는 부스러기를 먹나이다 하니 이에 예수께서 대답하여 가라사대 여자야 네 믿음이 크도다 네 소원대로 되리라 하시니 그 시로부터 그의 딸이 나으니라 (마 15:21~28)

우리는 가나안 여인이 어떤 큰 믿음을 가졌기 때문에 칭찬 들은 줄 압니다. 그러나 성경을 잘 보십시오. 아무것도 아닙니다.

고쳐 달라는 말만 계속 했더니 큰 믿음이라고 칭찬 들었습니다.

"고쳐 주세요" 했는데 주님께서 안 들어 주셨습니다. 이때 여인이 포기했다면 적은 믿음입니다.

"고쳐 주세요."

"나는 이스라엘 집의 잃어버린 양 외에는 다른 데로 보내심을 받지 아니하였다."

"고쳐 주세요."

"자녀의 떡을 취하여 개들에게 던짐이 마땅치 아니하다."

"고쳐 주세요."

"여자야, 네 믿음이 크도다. 네 소원대로 되리라."

이렇게 된 것입니다. 우리도 할 수 있습니다. 시험 봐서 믿음이 측정되는 것이라면 말이 달라집니다. 그러나 성경에 나타난 큰 믿음은 그렇지 않습니다. 그 믿음들은 다른 것이 아닙니다. 단순하게 믿어버리는 믿음이었습니다. 또 하나는 끈덕지게 매달리는 믿음이었습니다. 믿음은 선물입니다. 하나님이 주신 것 가운데 시원찮은 것이 하나라도 있습니까? 하나님이 주신 것 가운데 별 볼 일 없는 것이 어디 있습니까? 하나님께서 주신 것은 다 온전합니다.

그렇기 때문에 우리에게 주신 믿음이면 충분합니다. 다만 우리가 할 수 없다고 생각하기 때문에 못 해내는 것뿐입니다. 할 수 없다고 생각하기 때문에 더 큰 믿음만 요구합니다. 하나님은 우리에게 주신 믿음이면 충분히 해낼 수 있다고 판단하시기 때문에 그만큼만 주신 것입니다. 그러므로 우리는 믿음을 달라는 데에만 신경 쓰지 맙시다. 그 믿음을 내가 어떻게 사용할 것인가에 더 신경을 씁시다. 하나님께서 할 만한 것을 주셨지, 못할 것을 주셨겠습니까? 못 쓸 것을 주셨겠는가 말입니다.

다만 제자들이 그 사실을 몰랐듯이 우리가 모르고 있을 뿐입니다. 우리에게 있는 믿음은 딱 그만큼이면 됩니다. 아주 충분합니다. 아무리 없어도 겨자씨 한 알만큼도 없단 말입니까? 그 정도는 다 있습니다.

주님께서 "너희가 황소만한 믿음만 있으면 산을 들어 바다에 옮기우라 해도 옮겨질 것이다"라고 하신 것이 아닙니다. 겨자씨 한 알만한 믿음이라고 하셨습니다. 우리는 할 수 있습니다. 우리 믿음이면 할 수 있습니다.

주님은 할 수 있기 때문에 그 믿음을 주신 것입니다. 그러면 왜 우리가 바라는 대로 안 이루어집니까? 할 수 없다고 생각하기 때문이며, 안 하기 때문입니다. 믿음을 실행하시기 바랍니다.

종의 도리와 특성

그렇게 할 수 있다는 믿음을 가진 자에게 이제는 주님께서 종의 도리를 가르쳐 주십니다. 본론은 종의 도리입니다. 우리는 무익한 종입니다. 그런데 그 종의 도리를 감당하려면 할 수 있다는 믿음이 필요합니다. 그 믿음이 있어야 하나님의 사역을 감당할 수 있습니다. 우리는 종에 대해서 잘 알아야 합니다. 우리를 종 삼으시고는 잔인하게 부리십니다. 이때도 "네가 누구냐?" 하고 물으시면 대답은 무익한 종인 것입니다. 이 말씀을 언뜻 들으면 기분이 몹시 나빠집니다. 사람의 기를 완전히 죽이는 것이기 때문입니다. 그러나 종을 하나의 비서로 생각해 보십시오. 물론 별 볼일 없는 사람의 비서라면 창피할 것입니다. 동냥하는 사람 대장의 비서라면 창피합니다. 그러나 같은 비서라도 대통령 비서실장이라고 해 보십시오. 그 직책을 맡기면 거절 하시겠습니까? 그 자리가 어떤 자리입니까? 장관도 마음대로 할 수 있는 자리입니다. 하물며 우리의 신분이 하나님의 종일 때는 어떠하겠습니까? 아주 매력 있는 직업인 것입니다.

그래서 바울은 서신서를 쓸 때마다 서두에 꼭 자기가 그리스도의 종이라는 사실을 밝혔습니다. 하나님의 종이라는 사실에 굉장한 자부심을 가지고 있었습니다. 사람의 뜻으로 된 것도 아니요, 사람의 방법으로 된 것도 아닙니다.

종에게는 몇 가지 특성이 있습니다. 첫 번째, 종은 자기의 소유권이 없습니다. 종이 일을 많이 해서 아무리 많은 돈을 벌었다 해도 그것은 다 주인의 돈입니다. 아무리 종이 내 것이라고 주장해도 그것은 나의 존재 자체가 주인 소유이기 때문입니다. 심지어는 나의 생명까지도 주인의 것입니다. 그러므로 종은 세상을 사는 동안 축복을 받기 위해서 축복이 아니라, 주인을 위해서 쓰기 위한 축복이 되어야 합니다. 이런 자세가 되어 있을 때 축복이 따라옵니다. 그렇게 되기까지가 쉽지 않기 때문에 축복을 받지 못하는 것뿐입니다.

어떤 임금이 자기 나라에 있는 학자들을 전부 불러 모았습니다. "이 민족의 무지를 깨우치고 지혜를 심어 주어야겠다. 지혜로운 말을 집대성해서 편집하라" 라는 명령을 내렸습니다. 책이 12권이나 나왔습니다. 너무 많았습니다. 그렇게 많은 분량을 국민들이 어떻게 다 읽을 수 있겠는가 해서 분량을 좀 줄였습니다. 이제는 1권이 나왔습니다. 그것도 많으니까 더 줄이라고 했습니다. 그렇게 해서 나온 한마디의 말이 있습니다. 바로 '세상에는 공짜가 없다' 였습니다.

저는 이 글을 읽을 때 세상에 좋은 말이 그렇게도 없어서 '세상에 공짜는 없다'는 말이 최고의 지혜였나 했습니다. 그런데 날이 지날수록 그 말이 얼마나 지혜로운 말인지를 깨닫게 되었습니다. 세상에는 정말 공짜가 없습니다. 이것은 하나님의 창조의 원리와도 맞습니다.

어느 누가 사과를 한 상자 갖다 주었다고 해 보십시오. 그것이 공짜이겠습니까? 아닙니다. 뭔가가 있는 것입니다. 선한 표현이든 아니든 간에 공짜는 세상에 없는 법입니다. 마태복음 25장 달란트 비유를 보십시오. 한 달란트 받은 사람이 이렇게 이야기합니다.

> 한 달란트 받았던 자도 와서 가로되 주여 당신은 굳은 사람이라 심지 않은 데서 거두고 헤치지 않은 데서 모으는 줄 내가 알았으므로 두려워하여 나가서 당신의 달란트를 땅에 감추어 두었나이다 보소서 당신의 것을 받으셨나이다 그 주인이 대답하여 가로되 악하고 게으른 종아 나는 심지 않은 데서 거두고 헤치지 않은 데서 모으는 줄로 네가 알았느냐 그러면 네가 마땅히 내 돈을 취리하는 자들에게나 두었다가 나로 돌아와서 내 본전과 변리를 받게 할 것이니라 하고 (마 25:24~27)

"한 달란트 받았던 자도 와서 가로되 주여 당신은 굳은 사람이라."

이 말이 무슨 뜻입니까? 하나님은 공짜 좋아하시는 분이시라는 말입니다. 심지 않은 데서 거두면 그것이 무엇입니까? 그것이 어디서 나온 것입니까? 공짜로 생긴 것 아닙니까? 헤치지 않고 모으면 그것이 어떻게 생긴 것입니까? 공짜로 생긴 것입니다. 이 한 달란트 받은 사람이 하나님의 능력을 인정하는 것은 좋습니다. 그러나 하나님이 졸지에 어떤 하나님이 되신 겁니까? 공짜 좋아하는 하나님이 된 것입니다. 그래서 그때 주님께서 말씀하십니다.

"이 악하고 게으른 종아! 나는 심지 않은 데서 거두고, 헤치지 않은 데서 모으는 줄로 네가 알았느냐?"

이것은 주님의 속성이 아니라는 것입니다. 하나님의 법칙은 심은 대로 거두는 것입니다. 우리가 우리의 삶을 통해서 심지 않고 거두려 한다면, 그것이 공짜입니다. 세상에는 공짜가 없는 법인데 공짜로 처리하려고 했으니 잘못된 것입니다.

왜 화투가 잘못입니까? 공돈 벌려고 하기 때문입니다. 화투는 쳐서 딴다 해도 망하고, 잃어도 망합니다. 왜 그렇습니까? 공짜 정신이 그 속에 있기 때문입니다. 이 세상에 공짜는 없습니다. 모든 것이 성실하게 땀을 흘리고, 노력의 대가로 얻어집니다.

정치하는 사람들과 화투 치는 사람의 어리석은 공통점이 하나 있습니다. 정치하는 사람들 보면 2등 해 봐야 소용없습니다. 항상 1등만 해야 합니다. 그러니까 10명이 나와도 이번에는 다 자신이 된다고 장담합니다. 그러나 대통령이 되는 사람은 한 사람밖에 없습니다.

이처럼 화투 치러 들어가는 사람들 자세를 보십시오. 전부 다 오늘은 자기가 딴다고 장담합니다. 10명이 들어가도 다 자기가 딸 것이라고 큰소리칩니다. 그러나 따는 사람은 한 명밖에 없습니다. 나머지 9명은 울어야 합니다.

그런데 잘 생각해 보십시오. 따도 돈이 아니고, 잃으면 돈이고 그렇습니다. 노름에서 딴 돈은 금방 없어집니다. 'easy come, easy go' 입니다. 노름에서 딴 돈 가지고 절대 바르게 쓸 수 없습니다. 노름을 하게 한 원수 마귀가 그 돈을 바르게 쓰게 하지를 않습니다. 그러니까 어영부영 그냥 없어져 버립니다.

또 잃게 되면 어떻게 됩니까? 말이 그렇지, 몇 십만 원을 순간에 다 잃어버리면 그 심정이 어떻겠습니까? 한 달 내내 일해야 번 돈을 하루저녁에 잘못해서 후딱 잃었으니 말입니다. 한 달 내내 일 해서 그것을 복구해야 한다고 생각해 보십시오. 일이 제대로 손에 잡히겠습니까?

"내가 지금 일하게 생겼냐? 엊저녁에 돈을 얼마를 잃었는데. 오늘 내가 가서 본전 쳐야지."

그래서 거기에 또 사로잡히게 됩니다. 일도 못하고 사람 완전히 망치는 일이 바로 화투입니다. 화투 치지 마시기 바랍니다. 이 나라의 망국병이 고스톱입니다. 잘 참았다가 명절에 괜히 또 발동 걸지 마시기 바랍니다. 아예 끊은 김에 딱 끊으시기를 바랍니다. 공것이 없습니다. 공것으로 벌려고 하는 그 착상이 하나님의 창조의 원리와 맞지를 않습니다. 우리는 일해서 벌고자 하는 정신을 가져야 합니다.

전 세계적으로 가장 잘사는 나라가 스웨덴입니다. 스웨덴은 아무 걱정이 없다고 합니다. 아파도 병원비 다 대줍니다. 학비도 다 대줍니다. 생활비도 다 대줍니다. 아무 걱정이 없습니다. 그렇게 걱정이 없으니 좋은 나라인 줄 알았습니다. 그러나 세계에서 자살을 최고 많이 하는 나라가 어디인 줄 아십니까? 바로 스웨덴입니다. 그들이 그렇게 풍족하면 주면서 살아야 합니다.

우리가 돈 버는 목적이 모으는 데에만 있을 때 문제가 따릅니다. 그것을 성경은 어리석은 부자라고 이야기합니다. 우리가 돈을 왜 법니까? 주기 위해서입니다. 많이 주기 위해서입니다.

　　동서고금 세계 역사를 통해서 위대한 인물들마다 공통점이 있습니다. 그들은 모두 위대한 것을 주고 간 사람들이었습니다. 우리는 주기 위해서 일해야 합니다. 내 가정에 주기 위해서입니다. 내 사회에 주기 위해서입니다. 내 교회에 주기 위해서입니다.

　　많이 모아서 자식에게 많이 물려줘 보십시오. 자식 버립니다. 많이 벌어서 이웃에게 많이 주시기 바랍니다. 자식은 벌 수 있는 기술만 가르쳐 주고 끝내십시오. 그것이 자식 살리는 길입니다. 돈은 버는 법부터 배워야 합니다. 쓰는 것부터 배우면 자식 버리게 됩니다. 살아생전에 부모 피눈물 빼는 자식 됩니다. 그것은 부모가 그렇게 만드는 것입니다. 우리는 주기 위해서 일해야 합니다.

　　성경을 잘 보면 하나님 앞에 빚을 내 주는 것이 두 가지가 나옵니다. 가난한 자에게 주는 것은 하나님께 빚을 주는 것이라고 했습니다. 하나님께서 그 빚을 갚아 주십니다. 사람도 철저한 사람은 틀림없이 자기가 진 빚을 갚습니다. 법이 있건 없건 간에 아무 조항이 없어도 이자까지 쳐서 줍니다. 사람도 그렇게 틀림없거늘, 하물며 하나님이 얼마나 틀림없는 분이십니까? 부지런히 돈 벌어서 하나님께 많이 내놓으시기 바랍니다. 그렇게 하는 방법이 두 가지입니다. 첫째가 헌금입니다. 둘째가 가난한 사람에게 주는 것입니다. 하나님은 분명히 말씀하셨습니다.

　　하나님은 신실하신 분이십니다.

　　"나는 심지 않은 데서 거둔 적이 없다."

　　하나님께서 주시려고 보니 투자한 것이 없습니다. 투자한 게 있어야 주시지요. 하나님에게, 가난한 사람에게 아낌없이 주기 위해서 버시기 바랍니다. 벌어서 쌓아 놓으면 뭐 합니까? 그것은 어리석은 일입니다. 주려고 버는 사람은 재미가 있습니다. 신이 납니다. 그것이 별것 아닌 것 같아도 잘 관찰해 보십시오. 주는 나라들만 존재하고, 받으려고만 하는 나라들은 결국 사라지는 것을 보게 됩니다. 우리가 이 원리를 잘 깨달아야 합니다. 주려고 하는 사람은 삶이 신납니다. 벌면 주고, 벌면 또 주니까 어떤 일을 해도 신납니다.

그러나 모으려고 버는 사람은 속만 끓입니다. '내가 저것을 어떻게 갖지?' 그 사람은 오래 못 삽니다. 마음이 오래 살게끔 놓아 주지를 않습니다. 애만 타다 죽습니다. 이것은 아주 큰 교훈입니다. 주기 위해 일한다는 마음을 품으시기 바랍니다. 그러면 기쁨이 있습니다. 위대한 인물이 되려면 주는 법부터 알아야 합니다.

> 주라 그리하면 너희에게 줄 것이니 곧 후히 되어 누르고 흔들어 넘
> 치도록 하여 너희에게 안겨 주리라 너희의 헤아리는 그 헤아림으로
> 너희도 헤아림을 도로 받을 것이니라 (눅 6:38)

이 말씀대로 한번 해 보십시오. 진실인가, 거짓인가 시험해 보십시오. 성경은 수천 년 동안 그것이 사실이었기 때문에 미국 사람들이 아메리카 대륙에 들어가서 원주민이었던 인디언들에게 선교했습니다. 먹을거리도 주고, 입을 것도 주고, 학비도 대주고 무상으로 지원해 주었습니다. 미국 사람들은 열심히 벌어서 열심히 주었습니다. 그런데 몇 십 년이 지난 지금 보십시오. 어떻습니까? 인디언들은 거의가 다 알콜 중독자, 마약 중독자들입니다. 이제는 인디언을 찾아볼 수 없을 정도로 사라져 가고 있습니다.

그러나 그렇게 주기를 좋아하는 미국 사람들은 어떻습니까? 지

금도 세계에서 버티고 건재하고 있지 않습니까?

"주면 내가 후히 되어 누르고 넘치게 너희에게 안겨 주리라" 하는 말씀을 아멘으로 받아들이시기 바랍니다. 귀 있는 자는 들으시기 바랍니다.

예수를 열심히 따르다 뭔가 좀 이루어진다 싶으면 배가 불러서 떠나 버리는 사람들은 어리석은 사람입니다. 예수를 따르다가 뭔가 좀 어려운 일이 생기면, 예수님을 훌쩍 떠나 버리는 사람들도 어리석은 사람입니다. 종이 주인을 떠나서는 어디 갈 데가 없습니다. 그분이 나의 주인이라면 나는 죽든지 살든지 아골 골짝 빈들이라도 따라가야 합니다.

두 번째, 종은 절대 순종해야 합니다. 하나님의 말씀에 100% 순종해야 합니다. 절대 순종에는 따지는 것이나 불평, 불만이 있을 수 없습니다.

제가 주의 일을 하면서 느낀 것이 있습니다. 주의 일은 배워서 순종하는 것이 아니라는 것입니다. 주의 일은 순종해야 배워집니다.

요한복음 2장 1절에 보면 예수님께서 물로 포도주를 만든 사건이 나옵니다. 물이 포도주가 된 것을 이론으로 안 다음에 이적을 본 것이 아닙니다. 그냥 순종 하였더니 물이 포도주 되는 것을 체험했습니다. 하나님의 말씀에 순종할 때 배우게 되는 것이지, 말씀을 배워야 순종하는 것이 아닙니다.

세 번째, 종은 보상이 없습니다. 다만 주인의 처분을 바랄 뿐입니다. 그런데 하나님은 어떤 분이십니까? 우리가 하나님을 모르면 하나님처럼 나쁜 신이 없고, 하나님을 제대로 알면 하나님처럼 좋으신 분이 없습니다.

하나님께서는 내 백성이 영화를 알기를 원한다고 하셨습니다.

"너희가 나를 알았더라면 왜 너희가 내 종 되는 것을 두려워하겠느냐?"

하나님은 내 자신이 죄인인 줄도 모르고, 내가 멸망당하는 사실도 모르고 있어도 나를 위하여 십자가를 져 주신 분입니다. 그래서 나의 죄를 해결하신 분이십니다. 나의 간구하는 기도마다 들어주시는 분이십니다. 이 세상에서 육체의 장막을 벗는 날 주님이 영원한 영광의 천국으로 갚아 주십니다. 이러한 분이 하나님이시거늘, 왜 그분의 종이 되지 못합니까? 왜 그분의 말씀에 순종하지 못하는가 말입니다.

네 번째, 종은 끝까지 충성하고도 그저 '나는 무익한 종이니이다' 하는 자세가 되어야 합니다. 언뜻 들으면 좀 억울합니다. 그러나 이것은 오히려 우리에게 주어진 하나님의 가장 큰 축복입니다. 내가 뭔가를 했기 때문에 하나님이 대가로 준다면 나는 큰소리칠 수 있습니다.

그러나 하나님의 선물은 내가 어떻게 했으니까 주신 것이 아닙니다. 하나님이 은혜로 그냥 주신 것이기 때문에 우리는 큰소리칠 수가 없습니다. 하나님은 우리를 그분의 종으로 삼기를 원하고 계십니다. 우리는 주의 종입니다. 그렇다면 주의 종답게 살아야 합니다. 하나님의 것이 결국은 우리 것이요, 우리 것이 결국 하나님 것입니다. 그런데 우리를 종이라고 하신 반면에 하나님은 우리를 또 자녀라고 하셨습니다.

"네가 왜 내 종이냐? 너는 내 자식이다"라고 하십니다. 탕자는 집으로 돌아갈 때 어떤 자세였습니까?

"아버지여, 나를 품꾼의 하나로 써 주세요."

말을 바꾸면 "나는 종입니다"라고 한 것입니다.

지금부터는 아버지의 아들이라 일컬음을 감당치 못하겠나이다 나를
품꾼의 하나로 보소서 하리라 하고 (눅 15:19)

그랬더니 하나님의 반응이 어떻습니까?

이 내 아들은 죽었다가 다시 살아났으며 내가 잃었다가 다시 얻었노
라 하니 저희가 즐거워하더라 (눅 15:24)

"무슨 소리냐? 이 내 아들은 죽었다가 다시 살아났고 잃었다가
다시 얻었느니라"라고 하셨습니다. 나는 종 된 자세를 가지고 사는
데, 하나님은 나를 자녀 삼아 주십니다. 종은 유업을 못 얻어도 자식
은 유업을 얻으니, 하늘나라 유업을 우리에게 보장해 주시는 것입니
다. 그뿐입니까? 땅에 사는 동안에도 자녀의 권세와 능력과 축복을
허락하셨습니다. 하나님의 자녀는 가는 곳마다 놀라운 축복의 역사
를 일으키십니다. 하나님의 종으로서 하나님 앞에 나아갑시다. 그러
면 하나님은 우리를 하나님의 자녀로 삼아 주십니다. 탕자를 종으로
받아주지 아니하시고 아들로 받아주신 하나님, 우리를 자녀로 삼아
주심을 인하여 진실로 감사드려야 합니다. 하나님의 자녀이지만, 평
생 종의 자세를 가지고 살아가는 우리 삶을 통하여 하나님의 놀라운
축복이 넘쳐 나기를 바랍니다.